政治の理論

リベラルな共和主義のために

稲葉振一郎

中公叢書

はじめに

本書はアカデミックな言い方をすると、「政治理論」(political theory) についての本である。

現在、政治学界隈、ことにアメリカ合衆国を中心とした英語圏の学界では、普通に「政治理論」(political theory) と言ってしまうと、「規範的政治理論」(normative political theory) のことだ、と思われてしまうことが多い。「規範的政治理論」というのは、「実証的政治理論」(positive political theory) と対になる言葉である。後者は実証科学としての、つまり「理想の国家とは」、「正しい政策とは」とかいった「べき」論ではなく、現実に展開している政治現象を客観的に観察し、それを解明するための社会科学的な理論、実証的政治分析の道具となる理論のことである。つまり「べき」論に対して「である」論だ。

それに対して前者は、「べき」論と「そもそも」論を中心にしている。つまり規範的政治理論の仕事の一つは、「現実はともかく、理想の国家はかくあるべし」とか「いかなる政策を行うべきか」といった「べき」論、現実の政治のありようを客観的に踏まえた上で(もちろんその際実証的政治科学の知見を頼りにしつつ)、そこにある様々な問題を批判し、よりましな政治、よりよい社会を目指して高く理想を掲げること、である。

しかし、規範的政治理論の仕事は、それだけでは終わらない。そこには「べき」論とは区別される「そもそも」論、つまり「「現実の政治」とか「よりよい政治」とか言うけれど、そもそも「政治」とは何か？　また何をもって政治の善し悪しを測る尺度とすればよいのか？」といった、「べき」論や更には実証的政治科学を行うための前提となるはずの問題を問う、という仕事がある。だから規範的政治理論はしばしば、「政治哲学」(political philosophy) とも呼ばれ、いわゆる職業的政治学者以外にも、多くの哲学者が参入してくる領域となっている。それ以外にももちろん法律学、憲法や行政法学などの公法学の研究者や法哲学者、更には経済学者、社会学者も参入してくる。

政治・政策・行政

本書はその過半において、どちらかと言うと「そもそも」論に重点を置き、規範的政治理論の解説——というより例示、一つの模範演技をやってみようと思う。具体的には、「政治」という言葉、概念の、歴史を踏まえた上での哲学的な吟味、それを通じたその鍛え直しを試みる。と言うと大げさになってしまうが、とにかく、「政治」という言葉——現代英語の「politics」という言葉の対応語、翻訳語と考えていただいて構わない——を、今後自分なりに納得して使うための準備作業をしていこうと思う。現代の日本語におけるその普通の使われ方から極端に外れることなく、しかもある程度明晰で厳密な思考を可能とするような仕方で、「政治」という言葉に対して自分なりの意味づけを行いたいのだ。こういう作業は「概念分析」と呼ばれ、哲学の中心的な仕事として位置づけられている。もちろんそれは、一人勝手な「俺定義」ではなく、第三者にも「なるほど、おまえの言うような意味で「政治」という言葉を使うと、何かと世の中の見通しがよくなってすっきりする／これまで見えてこなかったものが見えてくる」と納得していただけるような形での、公衆への提案としてなされねばならない。

そこでは当然、我々の日常的な言葉づかい、更にはジャーナリズムでの政治談議で用いられる言葉づかいを意識しつつも、もう少し厳密な言葉づかいを行っている領域を参考にする。その場合当然ながらアカデミックな政治科学や公法学の用語法は念頭に置かれるだろう。しかしながら、大学教科書などにありがちな、学説史上の重要人物の名前をずらっと並べ、彼らの名とともに知られている様々な理論やアイディアを手際良く紹介していく、というやり方は避ける。もちろん偉大な先人の胸を借り、その仕事を読み込みつつ、それを敷衍し、あるいはそこに欠けている部品を付け足すという形でこの本は書かれているが、直接のアプローチの対象はあえてごく少数に絞り込み、「葦の髄から天井覗く」アプローチを取ろうと思う。具体的には、二〇世紀後半の政治思想史上、非常に特異な存在感を放つふたりの学者・思想家、ハンナ・アレントとミシェル・フーコーの仕事をベースキャンプとして、そこから少しばかり上に登ってみようと思う。

しかしながら巻末、全体の総括に際しては、実証的政治理論をも考察の俎上に載せる。ただその場合にもやはり、政治学の歴史を網羅的に概観するということはせず、ある特定の研究者たちの仕事に焦点を絞り込む。具体的には、現在まさに脂の乗り切った政治学者――というよりむしろ経済学者であるダロン・アセモグルらの研究グループが取り組んでいる「制度と成長の政治経済学」とでも呼ぶべき研究プログラムについて紹介、検討してみる。

本書全体を通じてのテーマと言うべきものがあるとすれば、それは、狭い、強い意味での「政治」と、「政策」、「行政」とを区別した上で、両者の関係についてきちんと考え直すことである。そして、「政策」、「行政」の対象であると同時に、「政治」の基盤であるところの「社会」、「経済」とは果たして「政治」から見て何であり、また反対に「社会」、「経済」にとって単なる「政策」、「行政」を超えた「政治」とは果たして何でありうるのか、について、少しでも明晰な理解を得ることである。

現代の政治理論における中心問題

後に詳しく見ていくが、アレントという人は、「政治」(politics) という言葉をとても独特の意味合いで使っていた。とりわけ「政治」と「社会」(society) との間にある距離、断層を強く意識し、「政治のある社会」(あるいはここで「社会」という言葉さえアレント自身は用いたくないのだろう)」と「政治のない社会」との間の区別をとりわけ強調した。一見、それはあまりに高踏的で、政治にかかわる余裕や能力のある一部のエリートばかりを重んじ、凡俗の生きる世界である経済社会を軽視する、時代遅れの貴族主義のようにさえ映る。しかしながら我々の解釈では、アレントによる「政治」と「社会」の区別には、とても重要な意味合いが込められており、それは決して我々凡俗、安逸と豊かさを追い求める大衆社会人にとっても無意味ではない。そのことを、一見アレントの仕事とは対極の位置にある、現代の社会学者、経済学者たちによる政治分析と照らし合わせつつ、浮かび上がらせていきたい。

かように、本書はやや偏った視点から書かれた本であるので、万人向きの本ではない。少なくとも高校の公民科レベルの予備知識は持っておられないといくつかの固有名詞の前に往生してしまうだろうし、議論の中身もそれなりに手強いものだ。だから、右も左もわからぬ若い学生さんよりは、大学を出てからしばらく経って、仕事と家庭で難渋し、テレビで見るだけでなく実際にわが身に降りかかる政治の不条理に少しばかり慨嘆して、学問というもののありがたみが少しばかり身に染みてきた、向学心のある社会人の皆さんの方が、本書を楽しんでいただけるだろう。

それでも、本書をきちんと読んでいただければ、現代のアカデミックな政治理論における中心問題――と著者が考えるものについての、それなりに筋の通ったパースペクティブが得られるであろうことは、保証する。

目次

政治の理論——リベラルな共和主義のために

第一章　政治権力はどのように経験されるか

「権力を振るう側」と「権力を振るわれる側」

前章、「はじめに」では「本書ではあえて焦点を絞り込み、偏った議論を展開する」と大見得を切ったが、いきなりアレントやフーコーといったかなり癖のある人々の、それなりに準備をしてかからなければその仕事の意味がよくわからなくなる著作の検討に入るのもやっぱり不安であるので、本格的な議論に入る前の大前提として、もう少し「常識」的なところから話を始めよう。

「政治」と縁が深い言葉として「権力」という言葉がある。この「権力」という日本語はなかかなか趣深い言葉で、英語の「power」、ドイツ語の「Macht」の訳語と考えてよいのだが、たとえば英語の「power」が自然界の力、工学的な意味での動力、電力などをも含めた（なお厳密に物理学的な意味での「力」の英訳は「force」）一般的な言葉であるのに対して、「権力」という言葉はもっと狭く、人間同士の間のそれこそ社会的、政治的な力という意味合いしかない。

この「権力」という言葉の定義は一筋縄ではいかないが、とりあえず簡単に「ある人Aが他の人Bに対して、Bの意に沿わない行為をもさせてしまう力」とでも言っておこう（「Bの意に沿わない行為」とは「Bの意に反する行為」のみならず「Bとしてはしてもしなくてもどちらでもよい行為」、更には「そもそもBの意中になかった行為」をも含む。「Bの意に沿う行為」は他者が働きかけるまでもなく勝手にBがやってしまうであろう行為だが、そこであえてAが働きかける可能性も排除しないために「をも」という言い回しをしたままで、もちろん焦点は「Bの意に沿わない行為」の方にある）。

ただしこの定義「もどき」からは「ここで言う「力」とは何なのか？」という疑問がすぐに浮上してしまう。少なくともこの「力」をたとえば「学力」や「腕力」のように、Bとは無関係にA自身に内在している性質・能力のようなものとして理解するのではうまくいかない。たとえここでAの腕力が、AのBに対する権力の構成要素であったとしても——いやがるBをAが腕力でねじ伏せていたとしても——、「Aの腕力」それ自体は、「AのBに対する権力」とは別個のもの——この場合は、前者は後者の「部分」をなす——、と考えた方がよい。つまり「権力」という言葉は、この例に即して言うと、「AがBに対して、Bの意に沿わない行為をもさせてしまうことができる」という事態に対する不正確な描写「Bに対して、Bの意に沿わない行為をもさせてしまう力を、Aが持っている」におけるこの「力」に当たる。だからそれは本当は、AとBとの関係のある特性を、あたかもAのみに属する性質であるかのように見なす、不正確な言葉づかいである。

それでも我々がこの不正確な言葉づかいを日常的に行ってしまっているのには、何らかの理由があるだろう。そのような理由はAのような「権力を振るう側」、「権力者」サイドにも、Bのように「権力を振るわれる側」にも、それぞれあると思われる。ここではまずBの「権力を振るわれる側」、「権力に服する」サイドに視点を据えて、その理由について少し考えてみよう。

なぜ「権力を振るわれる側」から話を始めるのかと言えば、単純に考えれば「自分からはただひたすら権力を振るうばかりで、自分自身は一切他人に権力を振るわれることがない」という生き方と、その反対に「ただひたすら他人から権力を振るわれるばかりで、自分の方からは一切誰に対しても権力を振るうことがない」という生き方とでは、厳密に言えばそのどちらもあまりありそうにないが、あえて比べるならば前者の方がその「ありそうになさ」は——おそらく格段に——高いだろう。なぜなら「他人に対して権力を振るう」ことは、ただ単に自分の側からそうしようとするだけでは成功せず、実際に相手が自分の意図に従ってくれることが必要であり、当然そこには失敗する可能性があるからだ。それに対して「他人に権力を振るわれる」ことにはそうした失敗の可能性を云々する意味がない。それゆえ、実際に現実世界ではどうかはともかく、理論的には「権力を振るう」ことよりも「権力に服する」ことの方がより基本的である、と考えられるだろう（実際にも世の中で「権力者」と見なされる人は少数者であるが、それはさておき）。

更に、ただひたすら「権力に服する」だけの人々の生にあっては、彼らの営みは、他人の命令、他人による強制の下、それに従って行われるか、あるいはそうした権力による干渉の外で、それに関係なくなされるか、の二つに大まかに分かれるだろう。このような生を送る人々にとって、では、そのどちらが「正常」な生のありようだろうか？

ここで「正常」というのは、それが「普通」だとか「通常」のことだとかいうよりも、それが「本来」のありようとして、物事の判断の基準となっている、というほどの意味である。「あるべき理想」という意味ではない。「あるべき理想」であってもかまわないのだが、「全くありえない絵空事」であってもらっては困る。空想ではあっても、人々の日常的な想像力が容易に及ぶ範囲のそれであり、部分的になら時たま実現している程度のものとして考えていただきたい。そのような意味において解釈するならば、絶対的な権力に圧伏される日常を送る人々にとっても、こうした権力による制約がない状態、権力から自由な生活の方が、「正常」なものとしてイメージされる、と言ってよいことになるだろう。

回りくどい言い方になって申し訳ないのだが、ここでは、「権力」の存在、権力を振るわれ、それに拘束されることが「異常」なことであり、その不在が「正常」と見なされる、というありようが、私たちの日常的な権力理解の基本である、と言いたいのだ。非常に大ざっぱに言えば、私たちの多くは日常的に「権力」を振るう主体として自分たちのことを意識してはいない。むしろどちらかというと「権力」を振るわれる側、権力を行使される客体の側であると感じている。

しかしながらそれにとどまらず、私たちは自分に向けられる権力を、どこかよそよそしいもの、自分たちが生きていくにあたって、存在するにあたって本当は必要ないもの、としても感じている。

このような考え方、感じ方の下で日々を送る人々にとっては、「権力」という言葉で表される関係性について、自分もその一端を担っているものとして考えることには努力を要するだろう。むしろそれをあたかも自然現象であるかのごとく、自分の意志や働きかけではどうにもならない、外的な環境として受動的に受け止め、自然環境に適応するかの如くに、それに一方的に合わせて生きることが普通の生き方、生存戦略となるだろう。

そして付言するならば、このような人々に対してその力を振るう「権力者」――例外的な少数派であるだろうが――の側からすれば、反対に自分が人々に対して影響を及ぼすことも、土木工事などによって自然の外的環境を改変するのと同じように、ただ一方的に手を加えることとしてイメージされ、そのありようはあたかも自分の側に一方的に帰属する「力」の行使としてイメージされることが自然になるだろう。

政治権力は「みんなのもの」

それでも――あえて言おう――「近代社会」に生きる我々は、「本当は」、「権力」が普通の人々にとってよそよそしい外力ではないこと、「権力者」の固有の性質とかその私有財産などではないことを知っている。「近代」的な意味における「政治」はこの「権力」の「正体」への自覚とかかわっている。「政治」とはこの権力作用を何とか飼いならそうという営み、社会における権力を、特定の「権力者」がその私的利益のためにのみ用いるのではなく、権力の働きが及ぶすべての人々のために、それこそ「公的」に用いられるようにうまくコントロールしようという営みである。「正常」ならざる「権力」をそれでも「正当」なものたらしめよう、少なくともその「本来」の「あるべき姿」においてはそうである。

「近代社会」における——今日でもなお——最も由緒正しい、正統的な（現代の憲法においてもその原理は健在である）政治理論であるところのいわゆる「社会契約論」（本当はそう呼ぶことには問題がないではないのだが、それについては後に論じる）は、そのような発想に則っている。その原点であるところの一七世紀イングランドの思想家、トマス・ホッブズ（『リヴァイアサン』他）やジョン・ロック（『統治二論』）は、まさにそのように議論を進めた。「私的権力」をそれぞれに勝手に行使して互いにぶつかり合う者たちの「内戦」（civil war）を克服して、社会を構成する全員の力を結集した「コモンウェルス」（Commonwealth）——直訳すれば「みんなのもの」であり、我々の言葉に翻訳すれば「政府」（government）を備えた「国家」（state）で構わない——を設立し、他人に強制的に言うことを聞かせる「権力」を一切これに独占させて唯一の「公的権力」を確立し、もって「私的権力」を廃絶すること、これが彼らによれば「政治」の最初にして最重要の課題であった。そこにおいて「権力」は、コモンウェルス設立に参加した人々すべての合意に支えられ、その行使の目的も人々すべての——つまりは公共の——利益を守ることとされた。この、公益を志向した合意、こそが「公的権力」を正当なものならしめるのである。

しかしながらこの「近代社会」の「正統的な政治理論」である「社会契約論」の存在にもかかわらず——というよりある意味ではむしろそれゆえにこそ、普通の人々にとっての「権力」の——そして「政治」の——よそよそしさは決して解消されてはいない。一切の「私的権力」が否定され、すべてが「公的権力」に集中されてしまえば、その唯一残った権力の圧倒的な強さと、普通の人々の無力との間の非対称性は空前のものとなってしまっている。もちろんその権力の樹立は、普通の人々によって、自分たちみんなの利益のためになされたはずなのだが、しかしその日常的な実際の行使は、普通の人々によってではなく、その権力を授権された「政府」の専権事項となっている。

だから「近代社会」に生きる我々にとっては「公的権力」は、「政治」は、「本来」自分たち自身のものであるはずなのに、日常的な生活感覚においては相変わらず遠いものであり続けている。しかもその「遠さ」は「本来そうではないはずなのに……」という「疎外」の感覚を伴ってしまっている。「権力」の、「政治」の「遠さ」が自然で本来的なものと感じられているならば、この「疎外」の感覚は発生するまい。

「自然状態」という理論装置

次は、まさにその「近代社会」における「正統的な政治理論」であり、日本国憲法をも含めた今日の先進諸国の政治体制においても、なおアクチュアリティを保っている「社会契約論」がどのようなものであるのか、ざっと見ていくことにしよう。

「公的な権力」の担い手であり、それによって統一された社会共同体をとりあえず「国家」と呼ぶことにしよう。厳密に言えばこうした言葉づかいは、「近代社会」の所産である主権国家、国民国家の枠組みをそれ以外、それ以前の社会における「権力」や「政治」のありように無理やり投影することになりかねないので、危険なのだが。しかしながらそれを承知であえて、近代以前の日本の天皇制国家や戦国時代の領国、あるいは革命以前の中国における歴代王朝や古代ローマなどの広域帝国、更には古典古代ギリシアのポリスなどの都市国家までをも広い意味での「国家」の仲間として一括してしまうことは、それなりに便利ではある。

そのようなごくごく広い意味での「国家」の起源（どうして国家などというものができたのか？）の説明、あるいはその正当化（どうして国家などというものが必要なのか？）の理屈としての「社会契約論」自体は、よく知られているとおり、非常に古いものである。「どうして人々は国家による支配を受け入れるのか、と言えば、自らそうすることを選んだからである」、「国家権力は、もとはと言えば、その支配を受け入れている人民自身が設立したものである」という理屈自体は、たとえばプラトンの対話編『国家』にも、必ずしも著者プラトン自身の主張というわけではないが、明確に登場してくる。また中世ヨーロッパにおいても、王の権力の根拠を臣下との契約、合意に求める理論がある（典型的にはいわゆる暴君放伐論（モナルコマキ）が主張されていたことは、今ではよく知られている）。

それらに対してホッブズ以降の「近代」的な「社会契約論」の新しさをどこに見出したらよいのか、と言えば、重要なことは「自然状態」(state of nature) なる理論装置の登場だろう。

中世ヨーロッパにおける「社会契約論」においては(世俗的な国家のみならず教会もまたその主題になっていたことでもあり無理からぬことだが)、組織としての国家や教会の編成・統制の論理がメンバーの合意・契約に基づくものとされることはあっても、国家や教会の設立それ自体は大体において神の御業とされていたのに対して、ホッブズ以降は違う。神の御業は人間とその住まう世界の創造のところで終わっており、そこから先、人間世界を作り上げるのはあくまで人間である。国家も法も具体的には人間が考案し、人間が作り上げるものとして考えられている。「自然状態」という言葉は、「そこで神の仕事は終わり、そこから先は人間の仕事」という出発点を言い表すものとして解釈することができる。世界を秩序ある場所として作り上げたのも、人間をその中に生み出したのも神であるが、そこから先、どのような社会が作り上げられるのか、は人間に任されている、というわけである。

ここで一言注意しておきたいのは、これら「自然状態」概念を用いた論客たちが、大体において神が造りたもうた人間の性質、人間本性、人間性 (human nature) を、所与の、不変のものとして受容した上で議論を進めている、ということである。実はこれは、西洋政治思想の伝統からすれば、大きな路線変更である。たとえば、西洋政治哲学のそもそもの原点たるプラトンの『国家』からして、そういう議論ではない。そこでの理想のポリスは、素質ある人間を選抜して、統治者階級に相応しく訓練して改造する。アリストテレスもまた『ニコマコス倫理学』において有徳の市民の育成という課題をクリアした上で、『政治学』におけるポリス論に入る。しかしホッブズ以降の「自然状態」論者たちは違う。あるがまま人間性を所与の条件として受け入れた上で、より善き国家の構想はあくまでも制度設計としてなされている。

もちろんこの「(近代的)社会契約論」の主題はどちらかというと、「はじめに」で提示した言葉を用いれば「規範的政治理論」であり、政治の現実を客観的に分析することよりは、政治のありようの善し悪しを判定したり、あるいはより善い政治体制を構想したりすることの方に眼目がある(より正確に言えば、この時代においては「規範的」と「実証的」の区別自体がそれほど明確には意識されていない)。しかしながら彼らがあるべき政治、あるべき法制度を構想する際には、人間性そのものを「あるべき人間性」の方へと変えていく可能性はほとんど念頭に置かれていない。この問題については、後に突っ込んで議論するので、覚えておいていただきたい。

「理想の、あるべき人間像」、「人として正しい生き方」といったものが前面に出されていないのであれば、「より善い国家」、「あるべき、望ましい国家」を構想する際の基準や目標はどこに置かれるのであろうか? ここで提示される国家目標は、今日の政治哲学風に言えば極めて「薄い」(thin)。あるがままの人間性は所与として受容されるだけではない。そうしたあるがままの人間たちが、共存していくために必要とする共通のインフラストラクチャーを作り維持することこそが、想定される国家の機能の核心である。そうした共通利害、公益の実現こそが、人々があえて合意し、協力して国家を作る理由である。それ以外の共有されない各人ごとの別個の利害は、互いに衝突し合わない限り、各自の自由な追求に任される。それぞれの人が生きる理由、生きる目標（これらは先の「薄い」国家目標と対比すれば「濃い」〔thick〕わけである）は基本的には個人的、私的なものとされ、他者のそれや公益を侵害しない限りは放任される。

ではこのインフラストラクチャーとは何か？　その中心は「各人の個別的・私的な利害の追求がお互いに衝突し合わないように境界付け、調整する仕組み」としての「法」の確立である。まず何より、お互いの生命、身体を侵害しないこと。そこから更に進んで、人が生きていくために活用すべく、占有支配している、自分の身体以外の様々な物財や空間領域——つまりは「財産」もまたお互いにその安全を保障し、侵害しないこと。これら、人の身体生命の安全と、身体以外の財産の安全を互いに保障するルールを作り、それを互いに遵守させるより具体的な仕組み——法執行機関や裁判制度——もまた作って維持すること。これが「法」の中心であり、こうした「法」の作成とそれに基づく秩序の維持が国家の主たる任務である。こうした「法」は主として人々に対する命令、指図からなるが、その重点はあくまで「他人の営みを妨害したり、財産を侵害したりするな」という禁止の方にあり、積極的に「ああしろこうしろ」とはあまり言わない。国家は人々に対して「このように生きよ」と具体的には要求せず命じない。生き延びて自分の欲望を実現するために具体的に何をなすべきか、の決定は基本的には各人に任されている。

政治の主体と目標

このような近代社会契約論の国家像は、先に見た、近代人の政治に対する疎外感と微妙に触れ合い、互いに支え合っていることに注意しなければならない。近代社会契約論の構想する国家は、一方でこの疎外感を醸成しつつ、他方でそれを癒す、まさにマッチポンプである。近代人は「政治の主役は自分たちである」という理念、建前と「政治は自分たちの外側にある」という実感との間に引き裂かれているが、近代社会契約論において国家は、政治は、政治の外の私生活に生きがいを求める人々を支えるためにこそ存在している。つまり公的生活からの疎外が、私生活の充実によって補償される、という構図がここにはある。「政治は自分たちの外側にあるが、しかし自分たちのためにある」と。

社会契約論においてはそれでも、私生活の外側に立ってそれを支える国家を設立するのは「それぞれの私生活を守るための共通利害」の下に結束した、私生活に生きがいを求める人々自身であり、人々の利害の裏付けは自分自身の意志である、という構図がとられている。しかしながら近代社会契約論は通常、近代民主主義政治思想の原点と見なされているにもかかわらず、まさにその原点の更に中心に位置する思想家としてのホッブズとロックは、必ずしも民主主義者ではない。国家を設立する社会契約自体に対しては、人々、全人民が互いに対等な立場で参加するとしても、その契約の結果樹立され、日常的に政治権力を行使する統治機構それ自体は、必ずしも全人民の合議体（実際にはその代表であるとはいえ、その選出は人民の直接参加による）を主体とする民主政である必要はなく、一部の特権身分の合議体である貴族政であっても、またたった一人の君主とする君主政でもありうる、としている。国家、政治体制の編成原理として君主政、貴族政、民主政の三つのタイプを典型とするという議論は、それこそアリストテレス、古代ギリシア以来西欧にとってはおなじみのものであるから、彼らの民主主義に対する距離の置き方は非常に興味深い。一七世紀の社会契約論者の中では、ベネディクト・スピノザが政体間の比較分析を明確に行い、はっきりと民主政を最上位に置いている（『政治論』）が、彼はむしろ例外である（付け加えるならば、スピノザの民主政の主体からは女子どもと奉公人が省かれているので、今日の我々の目から見れば「民主政」というよりは「共和政」である。この問題については後に詳らかに論じる）。

そこから更に一〇〇年を経て、一八世紀のスコットランド人、デイヴィッド・ヒュームやアダム・スミスは、ホッブズ、ロックらの社会契約論を嘘くさいものとして批判しつつ（ヒューム「原始契約について」、スミス『法学講義』等）、それでも国家、政治権力の主たる機能を社会契約論者たちと同じく、人々の私生活のインフラストラクチャーとしての「法」の維持に求める。すなわち、そこでは政治、統治は統治される人民（の利益）のために行われるが、人民によって（人民をその主体として）行われるわけではない。あるいは「政治」という言葉の定義の仕方によっては、そこには本来の意味での「政治」(politics) はなく、あるのは「政策」(policy) だけだ、ということになるだろう。これについては後に改めて論じる。

政治の主体ではない人民の利益の実現が、なぜ人民を主体とはしない政治の目標でありうるのか？　それこそ「自然状態」概念以前、現世の社会秩序をも神の意志の直接の所産と考えることができた中世の政治思想においてなら、「それが神の意志、神の命令だから」とすれば話は済む。国王その他の権力者は、民の幸福の実現という任務を神から託されているのだ、と。しかしホッブズ以降の政治理論においては、そのような論法は許されないはずなのだ。仮にそうだとしても、その神の命令に忠実に従う動機が、権力者たちにあるとは思えないからこそ、権力者たちをして人民の利益に配慮せしむるような政治体制が必要となる。こうした問題意識が、民主政や社会契約論における、人民の政治への主体的コミットメントの要請を支えていたはずである。それが欠け落ちた後では、何がその替わりを務めうると言うのだろうか？　このパズルについても、記憶にとどめておいていただきたい。

自由主義と民主主義は切り離し可能？

このヒューム、スミス的な吹っ切れた国家像と政策論の意義については後に詳論するとして、再び社会契約論の方に戻ろう。

ホッブズ、ロックらの社会契約論の本旨を乱暴に要約すると、

①　普通の人々、人民は公事よりも私事中心で生きているものである。

②　私事、私生活中心で生きる人民にとっての公事の眼目とは、それぞれの私事を安心して追求できるための条件の整備である。具体的には法と秩序の維持や、その他私的には運営できない大規模な公共事業などがそれに当たる。

③　そうした公事をそのメンバーが協力して行う共同体としての国家、その具体的な執行機関と

しての政府の樹立は、共同体のメンバーたる人民の総意、全員の合意に基づいて設立され、維持されねばならない。

④ しかし設立されて以降の機関としての政府の具体的、日常的な運営は、必ずしも人民全員の参加によってなされる必要はないしそれが可能とも思えない。なぜなら、人民各自の第一の関心事は、それぞれの私生活にあるからである。その運営は、人民全員の総意によるのであれば、たった一人の君主に委託されてもかまわない――

ということになる。ここに孕まれている緊張を一言で言うと、

人々は私生活にかまけていたいけれども、私生活にかまけるためにも政治が必要であることはわかっていて、その限りで政治にコミットしなければならないともわかってはいる。しかしながらその負担は、できる限り軽くしておきたい。

というものである。だからこそホッブズ、ロックらにおいては民主主義の扱いは軽い。一世紀を経たヒュームの同時代人であり、海を隔てた大陸ヨーロッパで社会契約論をラディカルに突き詰めた（というより「社会契約」〔social contract〕という表現自体が、彼に起源を持つ）ジャン＝ジャック・ルソーは、ホッブズ、ロックとは異なり政治原理としての民主主義をはっきりと択んだが、それには相応のコストが伴った。すなわちルソーが『社会契約論』で描く、社会契約によって樹

立され、民主政治によって運営される国家像は、ホッブズ、ロックのそれよりもずっと時代錯誤的な印象を我々に与えてしまう。

第一に、ルソーの民主国家の規模は、当時既にヨーロッパにおける相場となりつつあった主権国家のそれを下回り、古典古代的な都市国家のそれに等しいものとなっている。そして第二に、百歩譲って古典古代のポリスをモデルとすることを許容したとしても、ルソーが好むのは世俗的な商業都市アテナイよりも、都市というよりも収容所に近い、兵営国家スパルタであって、「私事を大切とする人々の公的な連帯」としてのホッブズ、ロックの構想とは正反対のものである。すなわちルソーの国家は、その規模においてのみならず、その目標、その精神のレベルにおいて、我々の「自由民主主義」とは相容れないところが大きいのだ。それは人民が心を一つにし、団結して共同事業にあたることを要請するだけではない。その一人ひとりに対して、その生において私事よりも公事、この国家事業の方を優先させることを求めるのである。

それゆえにこそ、ホッブズやロックの精神は、社会契約論それ自体の後継者であるルソーによりは、この理論自体の批判者であるヒュームやスミスの方にこそ受け継がれているとさえ言える。そしてその系譜の上に、今日我々が自由民主主義（liberal democracy）と呼ぶ枠組みはある。無論、先も言ったようにヒュームもスミスも民主主義者ではない（反民主主義者というわけでもないだろうが、そこは彼らにとって重要ではない）。つまり「自由」（liberty）、「自由主義」（liberalism）と「民主主義」（democracy）は切り離しが可能なのであり、ホッブズ、ロック、そしてヒューム、スミスらにおいては重要なのは「自由」の方なのである。あるいはミシェル・フーコーの言葉づかいを借りれば、そこに一貫しているのは「統治理性」(gouvernementalité, governmentality) としての「自由主義」なのである。

この意味での自由主義は、本章初めに触れた、普通の人々の政治に対する距離感、権力に対する受動性そのもののことではない。しかし、それを受容し、それを前提とするものである。もう少し踏み込んで言えば、人々が私事にかまける存在であることを容認し、そのような存在である人々の権利を守り、福祉を実現しようとする立場である。それにしても、なぜそんなことをしなければならないのか？ 誰が、あるいは何がわざわざ、そんな仕事を引き受けてくれるというのか？ いるとして、このような立場をあえて引き受けるという動機は、どのような人々に生まれ、どのようにして実現されるのか？ 社会契約論はそのパズルへの答えを、「私事にかまける当の人民自身が、私事にかまけるために引き受けねばならない（インフラストラクチャーの維持の）負担の共有」という形で出したのであり、その回答のもっともらしさは我々をもある程度は引き付けているが、それがありうべき答えのすべてというわけでもない。では、他に何がありうるのか？ これも詳しくは後で論じる。ただ、人民とは別の誰か、ないしは何かが、わざわざ人民のためにその負担を引き受けてくれる（無論相応の理由があって）、という構想もまた、自由主義の射程の中には入っている、ということは覚えておいていただきたい。

立憲的国家論と市民社会論

この意味での「自由主義」、リベラリズム——そこには自由民主主義、リベラル・デモクラシーもまた含まれるが、イコールではない——こそは、現代の我々にとっての政治の原風景だ——とあえて言ってしまおう。とは言っても、それは必ずしも単色では、一枚岩ではない。ホッブズ、ロック的な世界と、スミス的な世界の間には、微妙だが重大な違いがある。前もって言っておくが、それはデモクラシーのあるなし、ではない。ホッブズ、ロックの社会契約論にとって民主主義は——おそらくそれが最もすんなりとそこにはまるはずではあるが——必須ではないし、スミスの「立法者の科学」の方は、民主主義を必要としてはいないと称するが、かといって民主主義を排除するわけでもない。

我々が中学、高校で習う、日本国憲法という形で明示された、日本という国家の政治体制——その主たる源流の一つは、言うまでもなくホッブズやロックの社会契約論である。彼ら自身は必ずしも民主主義者ではないが、権力分立に基づく現代の議会制民主主義の構想、更にはその自己統制の論理としての立憲主義（Constitutionism）という発想は、明らかに彼らの理論にその源流を持つ（もちろん、それがすべてではないが）。そしてアダム・スミスの『国富論』においてその原型が確立された経済学においては、そのような政府の統治機構によってその権利を、その生命、身体、財産の安全を保障された人々が、どのような私生活を送るのか、そして膨大な人民の私生活の集積の結果が、いかなる形で政治へとフィードバックされるのか、を考えるための枠組みが提供されている。大ざっぱに言って前者では、国家がどのように人々の自由を守るのか、が主題とされるのに対して、後者では、国家に自由を保障された人々がどのように振る舞うか、が主題とされる。

「スミス以降の経済学が我々の政治の原風景を形作っている」という言い方は、やや型破りに響くかもしれない。何となれば、財政規模を小さくし、民間経済に対する政策介入を極小化することを求める「小さな政府」論の原点として、普通スミスは記憶されているからだ。この問題については後に詳しく見ていくが、一言だけ言っておくと、スミスは国家財政と民間経済、国家と市民社会とを明確に区別し、後者の自律性を強調することによって、逆にそのような「市民社会」から超越して中立的に対峙できる「国家」の姿を浮かび上がらせたのである。

ともあれ現代の規範的政治理論は、乱暴に言えばこの二つのリベラルな、自由主義的な知、具体的に言えば憲法理論、立憲的国家論と、市場中心の市民社会論、理論経済学とを両輪とし、その両輪が張り巡らす近代社会論と、古代以来の哲学的伝統とを行き来する形で出来上がっている、と言ってよい。その原型は、一九世紀中葉の英国を代表する思想家として、まさに上述の伝統の正統な継承者たるジョン・スチュアート・ミルの仕事（『自由論』、『経済学原理』、『代議制統治論』等）に見て取ることができるが、我々にとってもう少し近しくまたわかりやすいのは、二〇世紀末以降の、アカデミックなジャンルとしての政治哲学、規範的政治理論の一大ブームのきっかけとなったジョン・ロールズの『正義論』（一九七一年）である。再分配を行う福祉国家を、自由な個人たちの自発的な合意の所産として導き出しうるか、というその思考実験は、現代的な経済学、意思決定理論の道具立てを用いてなされているが、それは言うまでもなく社会契約論の現代的再生を目指したものである。そこでは、人々の自由を平等に保障するためには、いかなる政治体制が必要か、また、そうした政治体制はどのような政策的介入を、自由な人々の私生活の領域たる市民社会に対し行うべきか（あるいは行わざるべきか）、が主たるテーマとなっている。

自由な市場経済を軸とした良循環

既に見たようにスミスは、民主政治を積極的に推してはいない。自由な市民社会は民主的な国家がなくても可能である、と少なくとも一部の自由主義者は論じている。また社会契約論者の中にも、ルソーのように市民社会における私生活を軽視し、市民に対して共同体としての国家への貢献を第一義とする生を要求するタイプの論者が存在する。だからこの両輪、社会契約論的立憲主義と、経済的自由主義との関係は必ずしも麗しい調和、完全な相互依存関係にあるとは言えない。だが既に述べたように、支配的な見解はこの両輪の間には少なくとも緩やかな相互依存がある、とするものである。その論理は大ざっぱに言えば以下のとおりである。すなわち――

自由主義的な政策を行う国家においては、個人の私的権利をできるだけ侵害しないように、公的な政治の主題はある程度限定されるにしても、それでも多岐にわたって幅があり、そこでどのような政治理念に基づき、どのような政策が実施されるべきか、は必ずしも自明ではない。そのような場合には、政治理念の錬成と政策決定においては、多様な見解が提示されて討論において精査され、実施された政策も事後的に検討されて試行錯誤が繰り返されることによってはじめて、とられるべき政治理念、実行されるべき政策が明らかになってくる。このような集団的試行錯誤の政治を行うためには、政治制度的には、政治的意思決定への参加者が、それぞれに自由な意見を平等な立場で戦わせる民主主義的な仕組みが望ましい。しかしそれだけではなく、政治に参加し、政策を提案する人々が多様な意見を持ちうるためには、人々がそれぞれに多様な価値観、多様な知識、多様な能力を備えていることが望ましい。そのためには人々の私生活の基盤もまた、多様であることが望ましい。そのような生活の多様性を保障する市民社会の仕組みとして、私有財産制度に基づく自由な市場経済は、最善とは言わないまでも、知られている限りではそう悪くはない。かくして、自由な市場経済を軸とし、言論の自由が保障された市民社会において、多様な知識と価値観を持った人々が生まれ、そうした多様な人々の政治参加によって支えられたリベラル・デモクラシーが、自由な市民社会を守り育てていく——という良循環が描き出される。

——この緩やかな相互依存の存在を主張する議論が、どれだけ堅固なものであるのかはしかし、これまで十分に検討されてきたとは必ずしも言えない。既に見たとおり、自由な市場経済は必ずしも民主的な政治を必要とはしない（公正な独裁でも構わない）、という有力な異論があるし、また市場経済がもたらす富の不平等が、政治的な権利の平等を掘り崩す恐れも、ルソーやマルクスにインスパイアされて強く指摘されている。

独自の利害や理念で行動する「集団」

さて、以上のような規範的政治理論の展開に対して、実証的政治科学の方は、政治制度の構造を法的に描くにとどまらず、経済学のみならず、心理学や社会学の影響を大きく受け、政治活動をする人間たちの行動を分析する枠組みを求めてきた。具体的には組織としての政党や官僚制の行動を、社会学・経営学の組織論によって分析したり、あるいは選挙における大衆の投票行動やそれに対するマスメディアの影響を、心理学や社会学のツールを援用して分析してきた。それらの業績はもちろん多岐にわたって膨大であるが、大ざっぱに言って二〇世紀以降の実証的政治科学の中心的なコンセプトは「集団」(group) だった。

この「集団」には、明確なルールに基づいて作られた公式組織である政党や、政府を構成する官僚組織も含まれるし、他方で非公式の人間関係に基づいた自然発生的なグループも含まれる。場合によっては、普通の意味での実体を持った集団ではなく、メディアが人々の想像力の中に投影しただけの虚像かもしれない「大衆」までもがこの「集団」の中に入ることもある。ただあえて政治研究においてとりわけ焦点となる集団を挙げるならば、政党と圧力団体、ということになるだろう。

今日の我々の議会制民主主義にとって、政党は実質的に不可欠の存在であるが、理論的には政党なしの議会制民主主義もありうる。そもそも日本国憲法を含め、少なからぬ憲法典には、政党に関する条文がない。議会において人民の代表として振る舞うのは議員という個人であって、その議員が政党という組織に属することを、多くの憲法は別に必須としてはいない。

しかしながら実際には、政党は、今日の議会制民主主義においてほとんど不可欠の存在である。非常に単純に言えば、議会という仕組みは、全人民の合議体の替わりに、人民代表による合議体を設置するというものだが、そもそもその代表たる議員をどうやって選出するのか？　通常は投票による選挙によって、というのがその答えだが、それはただ単に国家の側が用意した手続に過ぎない。どのような資質、どのような思想を持った人間を、どのようにして見つけ出し、選び出すか、は選挙制度自体の機能ではない。それに対して政党は、どのような政治、政策を行うべきかということについての理念をある程度共有した、政治活動に意欲的な者たち――政治家の組織として、人民、選挙民に対して自分たち（のメンバー）を代表候補として提示する。実際にはこの政党という媒介があってはじめて、議会は人民代表として機能する。

もとはと言えば政党という仕組みの源流は、英国議会における議員たちの間に自然発生した徒党、派閥にあって、人民と議会を媒介するためのものではなかった、と言われる。しかしながら選挙権が拡大することによって、当然その性格は変わるし、そうした古い政党とは全く別のタイプの政党も出現してきた。当然のことながら、その起源と現在におけるその機能とは、別個の問題である。

圧力団体

そしてもう一つ重要な政治学上の存在が、「圧力団体」である。またしても英国議会政治史、政党史に材を求めるなら、一九世紀までの二大政党の一方を担ってきた自由党に替わり、二〇世紀以降保守党のライバルとなった労働党のことを考えてみよう。労働党はもともと、社会主義的な知識人たちとともに、議会における活動を主眼とする政党ではない、市民社会レベルの自発的結社たる——その主たる任務は労働者の互助活動と雇用主との団体交渉である——労働組合が主体となって作り上げたものであり、今なお労働組合を重要な支持基盤としている。つまり本来は市民社会内の自発的結社であり、議会政治における活動をその任務としてはいないはずの労働組合が、市民社会レベルでの活動に限界を感じて、議会政治に影響を及ぼすべく自分たちの政党を作り上げたのである。——無論いったん出来上がった政党としての労働党は、労働組合から自立し、時に対立する存在にさえなってしまったが。

ここで重要なことは、政党ではなく、政治活動を行うことを主目的とはしていない市民社会レベルの団体、組織、集団も、自分たち（団体自体とまたそのメンバー）の利益のために、政党や政府の官庁組織に直接働きかけて政治的要求を行うことによって、政治活動を行う主体となる、ということである。こうした政党以外の政治的活動団体のことを「圧力団体・集団」（pressure group)、「利益団体・集団」(interest group) と政治学では呼ぶ。

二〇世紀の実証的な政治科学の焦点は、このような政党や圧力団体の行動分析である。のみならず、本来政府機構の一環であり、独立した団体ではないはずの官庁組織までも、こうした集団と同じく、独自の利害や理念で行動する「集団」として分析されることが多い。そして、このような多種多様な団体の間の政治権力・影響力をめぐる競争として、現代の自由民主主義を描き出すアプローチを、広い意味での「多元主義」(pluralism) と呼んでよいだろう。これは第一義的には規範的政治理論上の立場を指すものではなく、あくまでも実証的政治科学上のテーゼであり、現実の自由民主主義体制における、現実の政治のありようの性格付けのために使われる言葉である。しかし実際には多くの規範的政治理論家が、社会契約論的、あるいはロールズ的な自由民主主義、立憲民主主義構想によって、現実存在としての多元主義的政治体制を正当化できる、と考えている。

多元主義的政治理論

規範的政治理論としての自由主義と、実証的政治理論としての多元主義論との関係についてはさておいて、今少し多元主義論の来歴を確認するならば、それは実はマルクス主義の存在が大きく関係し、あくまでもそれとの対決を念頭に置いた議論であったことがわかる。

マルクス主義の政治経済学は、スミス以降の一九世紀のいわゆる古典派経済学の影響を強く受けているが、市場を中心とする経済プロセスの運動と、それに対する政策の影響についての関心が主であった主流の古典派経済学に対して、そのような経済プロセスがどのような社会構造を生み、更にそれが政治に対してどのような影響を与えるのか、という問題について、まさに政治権力を掌握して社会を変革しようという実践的立場から強い関心を示した。

マルクスによれば、自由な市場の全面化としての資本主義経済の展開は、人々の政治的権利と社会経済的地位を法的に直接結び付ける旧来の身分制度を解体して、社会構造を新たに地主、資本家、賃金労働者という、法的身分の違いではなく、その所有する資産の違い、ないし資産所有そのものの有無によって区別される三大階級からなるものへと変えていく。そこでは人々は法的、政治的には対等になっていくものの、その所有する財産の多寡によって不平等である。そしてその階級的地位に応じて、政治に対して、政府に対して要求するものも違ってくる。

マルクスは、資本主義の社会における政治的支配階級は、資本主義経済において最もアクティブでかつ支配的な階級たる資本家たちである、と考える。そしてこの資本家たちが、資本主義社会における国家の政治的支配者ともなる、とする。この資本家の政治的優位は資本主義経済の持続する限りは揺るがない（ゆえに資本主義を打倒し社会主義に移行するためには暴力革命が必要）、と考えるのがオーソドックスなマルクス主義者たちであり、それに対して、資本主義経済の下でも、議会制民主主義体制さえ整っていれば、その下で労働者が政権を獲得する（そして議会政治の枠内で社会主義的政策を行い、ゆくゆくは経済体制自体を変えていく）ことは可能である、と考えたのが社会民主主義者たちである。このあたりの細かい話は措いておこう（この辺についてのマルクスの考え方は、最も簡明にはエンゲルスとの共著である『共産党宣言』や、いわゆる「フランス三部作」に表れている。社会民主主義の嚆矢はドイツのエドゥアルト・ベルンシュタインであるが、その著作の邦訳は現在では入手しにくい)。重要なのは、市民社会における社会経済的地位、利害の違いに応じて、様々な社会集団が生まれ、それぞれの社会集団が、それぞれに違った政治に対する利害関心、政治構想を持って、政治にかかわってくる、という思考の枠組みである。社会主義革命の必要性や不可避性という結論は拒絶しながら、この分析枠組み自体は受け継ぐ、という戦略は、政治学者にとって大いに魅力的だったということである。そうやって多元主義的政治理論は形成された。

そこでは社会民主主義理論と同様、議会制民主主義は必ずしも資本家支配をもたらすとは考えられてはいない。しかしまた労働者大衆の支配が必然とも考えない。そこには、不確定の可能性が開かれている。更に多くの場合、市民社会における分裂は階級的利害によって生じるのみならず、宗教や民族の違いによっても生じるのであり、階級利害を反映したもの以外に、そうした利害や理念を反映した政党・圧力団体が成立して、政治権力をめぐって競争する、と多元主義的政治学においては想定される。

独占と独裁——経済学とのアナロジー

一見したところ、複数の政党や圧力団体が政治権力の獲得、行使を目指して競争する、という構図は、経済学が描く市場における競争の素朴なアナロジーである。しかし細かく見ていくと、ことはそう簡単ではない。これは仮に経済学的市場論のアナロジーだとしても、ある特定のタイプの市場のアナロジーなのである。

多元主義政治理論における政治的な主体の中心は、個人としての市民ではなく、政党、利益団体、あるいは官僚機構といった組織体である。そこにおいては、これらの組織体がそれぞれの政治理念、政策綱領をもとにメンバーや資源を集め、具体的な政策を構想し、選挙などにおいて一般市民の支持をめぐって競争し、政権に参加して政策を実施し、その成果を一般市民に還元する——といった風に政治過程が描かれる。

経済学のアナロジーを使えば、個人としての一般市民は消費者（家計）に、政党や利益団体は生産活動の主体としての企業に対応する、と言ってよいだろう。しかし話はそれだけでは済まない。問題の性質上、政党や利益団体といった国家レベルでの主要な政治主体はそれぞれに巨大でかつ数も少ない。つまりそこで政治過程と経済過程とのアナロジーを用いるとしても、それは多数の小企業の争う自由市場のアナロジーではなく、少数の巨大企業が争う独占・寡占市場のアナロジーにならざるをえない。

そのどこが問題なのか？　実証科学としての政治学にとっては、政党政治、圧力団体政治が寡占市場のアナロジーとして語られても、大きな問題はない。しかしながら規範的政治理論にとってはどうだろうか？

経済学においても規範的なレベルでは、独占・寡占市場は自由な競争を制限し、資源配分を歪め、経済の効率を下げる危険がある、という理由で批判の対象となりうる。市場における自由な競争も、より効率的な資源の活用法をめぐる集団的試行錯誤であるが、独占・寡占はこの試行錯誤の効率を低めてしまう。それと同様に、規範的な政治理論としての自由民主主義にとっても、個人としての市民よりも巨大な組織である政党・利益団体が主役であるような政治体制は、自由で開かれた政治的討論の障害となりかねないものとして、とりあえずは批判的・懐疑的な評価を下さざるをえない対象である。

しかしながら、規範的政治理論としての自由民主主義を支持する論者の大半は、こうした多元主義的な政治体制に対して、ありうべき最善、ファーストベストとしての積極的な支持ではないにせよ、セカンドベストとして消極的な承認は与え、それを受容している。その論理は経済学における寡占市場の容認のそれのアナロジーであると言える。すなわち少数の巨大組織の間では、多数の主体の間に比べて、馴れ合いが発生しやすく、競争が鈍る危険はある。しかしながらそれでも複数性が残っている限り競争は消滅せず、理念や政策のある程度の多様性は確保され、よりよい政治を目指しての試行錯誤も弱まりこそすれ消滅はしない、というわけである。少なくともそれは単独の主体によって政治的意思決定が独占された、独裁よりははるかにましだ、と。限定的であれ異なる党派間の競争があれば、そこには理念と政策の競争があり、試行錯誤を通じた洗練のメカニズムが働くし、また一般市民にとっても、積極的な討論への参加の機会などは限定されたとしても、多様な理念や政策のメニューからの選択の自由は提供されているのだから。

以上、やや長くなったが、まとめてみよう。

私たちの多くにとって政治というものは、やや縁遠いものであり、「本当はそうではない」と頭ではわかっていても、日常感覚とは齟齬を来すものである。

しかしながら重要なのはそうした政治に対する疎外感（本当は政治は「我々のもの」であるはずなのにそう感じられない）には根拠があるということだ。今日私たちにとって当たり前のものとなっているリベラル・デモクラシー、自由民主主義の政治理論とそれに基づく体制は、そうした疎外感を否応なく生み出すものである。なぜならそれは「私生活を第一に日々を生きる人々が、そうした自分たちの生を支える政治権力を求めた結果、作られた体制」であるからである。しかもそうした疎外感は、必ずしも悪いものとは言えない。この疎外感があればこそ、逆に人々はある程度、政治にコミットせざるをえないという義務感を保ち続けられるだろう。

上のように考えるならば、我々の多くがしばしば感じる、政治からの疎外感は、必ずしも病理的なものではなく、むしろそれは自由民主主義に基づく体制が、それなりにうまく機能しているからこそのものであることになる。だとすれば、もし仮に自由民主主義という政治体制が、当面他によいオルタナティブ、代替選択肢が見つからない、少なくとも「セカンドベスト」な政治的選択であるならば、我々はこの疎外感に耐えねばならない、ということになるだろう。すなわち、政治からの疎外を不快に感じる程度には、政治への関心を持ち続け、多少はコミットする一方で、その疎外感を全面的に解消できるほどの政治への没入と熱狂もまた、禁じられるべきだ、と。そうしなければ、「私事のための公事」という自由民主主義の本義が損なわれる、と。

――しかし、本当にそうなのだろうか？

功利主義とカント主義

以上の議論が成り立つためにはある前提が必要である。第一に「大半の人間は、公事より私事を優先するものだ」ということ。そして第二に「そのような人間の行動様式は、いわば変えようがない「人間の本性」である」ということ。上で見てきた意味での自由民主主義、いやそれを含めたリベラリズムとは、あくまでもそのような前提、仮説の上に成り立っている議論である。

近代の規範的政治理論、倫理学の世界においては、特にロールズ以降、規範倫理学説上の主要な対立として、功利主義（utilitarianism）とカント主義という二つの立場の間の対立がクローズアップされることが多い。ロールズの作業は経済学的道具立てを駆使しつつ、従来どちらかと言うと経済学に親和的な道徳思想とされ、それゆえに政策科学においても隠然たる影響力を及ぼしていたと思しき功利主義倫理学を批判し、カント主義倫理学を現代的に再生しようという試みとして知られている。

ヒューム、スミスの同時代人にして、ジョン・スチュアート・ミルの父ジェイムズの師たるジェレミー・ベンタムを、その最初の本格的提唱者とする功利主義の特徴は、乱暴に言えば以下のとおりである。

第一にそれは帰結主義、すなわち、人の行為や法的制度、政府による政策の道徳的評価の基準を、それがもたらす結果によって評価しようとする立場である。

第二にそれは快楽主義、すなわち、そこで言う「結果」をあくまでも人（並びに感覚を持った動物全般）の快楽・苦痛ベースで判断する立場である。

そして第三にそれは集計主義、すなわち、たくさん存在する人（並びにその他快楽・苦痛を感じ、それゆえに道徳的配慮に値する動物全般）の感じる快楽・苦痛を何らかの形で集計することによって、人々（並びに動物）からなる集団としての社会全体の状態の善し悪しの道徳的評価の基準を作り出そうとする立場である。

それに対してまさにその同じ時代、海を隔てた大陸、それゆえ議会政治と産業革命の先進地たるイギリスから離れていることはもちろん、同じ大陸で隣り合う、啓蒙思想の中心地にして革命の震源地たるフランスからも離れたドイツの東北（現代ではポーランドの一部である）において、観念論的な哲学体系を大成しつつあったイマヌエル・カントにその名を負う、いわゆるカント主義の倫理学は、まず何よりも人々の幸福・不幸を集計して社会の善し悪しを評価しようという集計主義を厳しく批判し、一人ひとりの個人のかけがえのなさ、尊厳を道徳の中心に据える。集計主義のどこがカント主義の気に入らないかと言えば、言うまでもなく、集計主義は「少数者の犠牲の上に多数者の利益を確保する」という政策に対するガードが弱い、というところである。集計主義的功利主義は「ごく少数の豊かな人々の富を多数の貧困者に再分配する」という政策を正当化することができる一方「ごく少数の貧困者を切り捨てて多数の豊かな人々の利益を保つ」政策の正当化にも使える。しかし後者は直観的におかしい、とカント主義者は主張する。

更にカント主義は功利主義とは違い、人の行為の道徳的評価の対象も、それがもたらす帰結以上に、人がそれをしようとする動機、理由を重視する。功利主義においては道徳的に善い行いとは、結果的に多くの人をより幸せにする行為、であり、その行為を行った人がそれをどのような動機で行ったのかは問わないわけではないが二の次である。つまりそこでは「偽善」それ自体は別に批判の対象とはならない。しかしながらカント主義の倫理学においては、善き行為とは善き結果をもたらす以上に善き動機によって引き起こされていなければならない。つまり、善い行いをすることはいわばそれ自体が目的でなければならず、善い行いの結果得られる名声や報酬といったものを目当てに行われては、その価値が損なわれてしまう。なぜそう考えるのかと言えば、一つには、そこでは道徳の中心が人の尊厳だからである。人の尊厳とはその人の存在のかけがえなさ、唯一無二性であり、その具体的な表れとして最も重要であるのは、人の行為の自由である。ではどのような行為が本当の意味で、まさに人間の尊厳の体現として「自由」であるのかと考えた時、乱暴に言うとカント主義においては、「その行為それ自体とは別個の何事か」を目的としてなされる行為よりも、純粋にその行為自体を目的としてなされる行為の方が、まさに「自由」を体現して価値の高いものとして評価されるきらいがある。それゆえに道徳的行為についても、その帰結への配慮よりも、その行為自体をなそうという意思が重視されてしまう。

集計主義、行為の道徳性の評価の根拠、といった多くの重要な論点において真っ向から対立する功利主義とカント主義は、しかしながら、共に自由主義政治哲学・倫理学として一括される。それはなぜだろうか？　一見したところカント主義の発想は立憲主義のそれと関連が深いのに対して（実際カント自身もまた社会契約論者である）、功利主義は経済学的政策思考と強く結び付いている。となれば、この問題につき考えることは、立憲主義と経済的自由主義を共に「リベラリズム」と呼びうることの根拠について考えることにもなるだろう。

人間の平等

さて、そもそもカント主義においては行為の「自由」は上記のごとく根本的な意義を占めるが、功利主義にとってはそうではない。功利主義にとっては、重要なのは行為の帰結であるのだから、それがどのような動機でなされたのか、どころか、それが行為者の自由意志によってなされたかどうか、さえも二次的な問題でしかない。

しかしながら我々は「自由」という言葉によって指示される対象を、自由意志や自由な行為といった能動的な物事に限定すべきではない（注意しておくと、アイザイア・バーリン「二つの自由概念」以来有名になった「積極的自由」と「消極的自由」は、この能動性の中での区分に過ぎない。普通の意味での「消極的自由」もまた行為の自由には違いない。ただ単にその成果が保障されていないだけである）。たとえば信教の自由とは、積極的に自ら何かの信仰を選び取る、ということの自由だけではない。むしろそれ以上に重要なことは、既に持ってしまっている信仰を捨てることを強制されないことであり、それに加えて、いちいちどんな信仰を持っているのか、あるいはそもそも信仰などないのか、といったことについて、詮索を受けないこと、である。すなわち、何かを能動的に行う「自由」も大事であるが、いわばその前提として、いかなる介入からも、「自由」であることこそが、いわゆる「自由主義」において尊重されるべき対象なのではないだろうか（繰り返すが、ここで言う受動的な、いわば「無為の自由」、「存在の自由」はバーリンの言う「消極的自由」とは区別される。正確に言えばそれは「消極的自由」の基底的な層をなし、その上に普通の意味での「〔行為の〕消極的自由」が成り立つ、と考えるのである）。

その意味においてはカント主義も功利主義も等しく、自由主義的な思想である、と言いうることになるだろう。すなわち、あるがままの人間の性質を肯定し、その上で、あるがままの人間になしうる範囲での行為や、それを導く政策や制度を、道徳的評価の対象とする、という意味において。すなわちそこでは、人を「あるべき人間性」へと、特定の「よき生き方」へと強制しようという志向はもちろんのこと、導こうという志向さえもほとんどない。道徳的評価の対象となるのは基本的には行為であって、行為の主体たる人格それ自体は、カント主義の場合にはそれ自体で尊厳あるものとして、功利主義の場合には道徳がそれに対して貢献すべき目標として、普通は道徳的評価の対象とはならない。仮に「よい・正しい行為」をなしがちな「優れた人格」が想定されたとしても、それでもって個別の人の人格の道徳的価値を裁断する基準とはなされない。この意味において、人間は互いに平等なのである。

この「あるがままの人間性の受容――それゆえの人間の平等」という思想はしかし、道徳思想、政治思想の歴史において、実際には自明ではないし、伝統的でさえない。二〇世紀後半という時代は、そのことを人々が痛切に思い知らされる時代となった。

本書前半で主題的に検討の対象となる、ハンナ・アレントとミシェル・フーコーは、そうした「人間性」の歴史とその再審という課題を、我々に突き付けた思想家たちである。

第二章　アレントの両義性

「思想の冷戦体制」

ハンナ・アレントはよく知られているように、第二次世界大戦期、台頭するナチス・ドイツの脅威に追われて、ヨーロッパ大陸からアメリカ合衆国に逃れてきたユダヤ系の亡命知識人の一人である。彼女は出世作『全体主義の起源』の上梓以降、アメリカを中心とする西側自由主義圏と、ソ連・中国を中心とする東側社会主義圏とが対峙する「冷たい戦争（冷戦）」期の西側世界において、独自の存在感を放つ政治思想家として広く読まれてきたが、とりわけ注目されるようになったのはその死後しばらくを経てから、特に八〇年代末以降、ソ連・東欧社会主義圏が崩壊し、冷戦が終焉してからのことである。九〇年代以降の政治学、哲学界隈での「アレント産業」の隆盛は、冷戦の終焉、旧社会主義圏の崩壊によって、それまでは西側世界の資本主義経済、自由民主主義政治に対する批判理論の屋台骨として重要な役割を果たしていたマルクス主義思想が、深刻なダメージを受けてしまったことと無関係ではない。

アレントは『全体主義の起源』において、イタリアのファシズム、ドイツのナチズム、そしてソ連のスターリニズムを含めた、全体主義の運動・政治体制を、単なる異常な逸脱現象としてではなく、西洋の思想・政治的伝統の自然な、ありうべき帰結として理解することをはっきりと要求していた。またこれに関連して、カール・マルクスとマルクス主義を西洋政治思想の伝統の中に――もちろん「マルクス主義」を標榜する党派の自己理解とは全く別の仕方で――適切に位置づけるという作業にも、『人間の条件』、『革命について』などで先鞭をつけていた。つまりアレントは、「思想の冷戦体制」とでも呼ぶべきものから、早い時期からはっきりと距離をとっていた。

「思想の冷戦体制」とここで乱暴に呼ぶのは、以下のような気詰まりなシチュエーションのことだ。たとえばあなたが、西側世界において主導的な政治・経済両面のリベラリズム――その何たるかについては、前章で素描したとおりである。すなわち、社会契約論をベースとした立憲的自由民主主義政治と、スミス的経済学をバックボーンとする市場経済体制へのコミットメント――を批判したとしよう。そうするとあなたは非常に高い確率で、マルクス主義者、ないしはそのシンパ扱いされてしまう。実際、マルクス主義のドクトリンよりも体系的で説得力を持ったリベラリズム批判が他になかなか見当たらない――そうではないリベラリズム批判は、「昔は良かった」式の復古主義、反動思想になることが非常に多い——ので、リベラリズム批判者の多くは、たとえいやいやながらであっても、マルクス主義の方へと引き寄せられる。何と言ってもマルクス主義こそが、自由な市場経済——マルクス主義風に言えば資本主義経済が、社会経済的な不平等を解消できず、それがひいては政治的な平等をも掘り崩して、民主主義を空洞化させてしまう、という危険を、的確に指摘してきたからだ。

異様な政治思想

しかしもちろん、特にスターリン批判以降の時代であれば、そして西側世界に住んでいれば、「マルクス＝レーニン主義」を体制の指導原理とする「現存した社会主義」の、個人の自由が大幅に制限された世界——そして後には、相対的に貧しい世界であったことも判明した——に住むのは、多くの人が御免蒙るだろう。つまりスターリン批判以降、マルクス主義は資本主義体制の批判の論理としては鋭利でも、それにとって代わりうる社会体制の構想の論理としては、あてにならないのではないか、という深刻な疑惑が生じたのである。それでも、西側世界にも存在する様々な不正や社会問題を批判する際に、マルクスとマルクス主義はとても有用な手掛かりになってくれるから、マルクス主義シンパは、「マルクス＝レーニン主義」は拒絶できても、ご本尊マルクスと総体としてのマルクス主義はなかなか拒絶できない。それでも、そうやってマルクス主義シンパをやめずにいると、外野からは

「おまえはソ連の肩を持つのか！」

といった言いがかりが絶えず飛んでくる。その一方で「正統派」の、ソ連や共産中国を支持したり、あるいは各国の共産党のメンバーだったりする人々からは、

「おまえらはニセ左翼だ！　おまえらは利敵行為をしている裏切り者だ！」

と批判される。右からも左からも罵られ、いいことがない。

そしてもちろんその一方で、もしあなたが、

「おかしいのはマルクス＝レーニン主義だけじゃない。「レーニン、スターリン、ロシア人どもがマルクスとマルクス主義を歪曲したのが悪い、あんなのは真のマルクス主義ではない」などと一部のマルクス主義シンパが言いつのるのは、気持ちはわかるが後ろ向きの言い訳に過ぎない。マルクス主義には、もとから、それこそマルクスの頃から、どこかとても不健全なところがあったんだ」

などとはっきり言ってしまうと、今度はマルクス主義シンパ（はもちろん、ソ連や中国をストレートに支持する人々も含めて）から「それではあんたは、西側世界を支持するんだな、肯定するんだな！」と批判されてしまう。たとえあなたが「資本主義経済や議会制民主主義には深刻な欠点がある」と主張していてもだ。その一方であなたは、あなたが腹の底ではひどく嫌っているはずの、おめでたい自由市場礼賛論者たちから秋波を送られてしまうかもしれない。

――このようなとても鬱陶しい雰囲気から、アレントはきっぱりと距離を置いた。自由市場体制や議会制民主主義を批判したからと言って、マルクス主義者になる必要などないし、逆もまた

しかり。またたからと言って市民革命の意義を否定する、復古的反動主義者になることもない。今日であればいかにも当たり前に見えるこうしたスタンスを、それがまだひどく取りにくかった一九五〇年代、六〇年代において、アレントは決然としてとった。そのような彼女の思想が、社会主義の崩壊後に改めて注目されることになったのは、没後十余年を経ていたとはいえ、自然なことだったと言えよう。

しかしながらアレントの政治思想は、同時代においてはもちろんずいぶんと異彩を放っていたではあろうが、先に触れたようにブームを経た今日でもなお、極めて異様なものに見える。アレント研究が「産業」と呼びたくなるほどに隆盛している理由は、それがまさに「冷戦以後」の時代の要請に応えているように見える一方で、何とも謎めいて理解し難い側面を未だに持っているという両義性にあるのだろう。

西洋古典古代と政治思想の正統

アレントが「政治」を考える際のパラダイム——お手本、基準点、参照枠組みは、西洋にとっての古典古代、つまりはアテナイを頂点とするギリシアのポリスの民主政と、共和政期のローマである。そこでは政治とは、公的領域と私的領域の厳然たる区別を前提として、私有財産としての家——オイコス（oikos）、レス・プリヴァータ（res privata）を基盤として、他人による支配から独立した自由人が、公の――開かれた場所としてのポリス（polis）、レス・プブリカ（res publica）において他の自由人と交わり、対立し、あるいは協働すること、として理解されている。

もちろんこうした理解自体は、まさに「西洋政治思想の正統」を継いでいる。マキアヴェッリを頂点とするいわゆるルネサンスの政治思想も、ギリシア、ローマの法と政治をパラダイムとする、市民たちの共和国を構想するものであった。しかしながらアレントは、ルネサンスの共和主義者、人文主義者たちについてはともかく、更にそのルネサンスの流れを汲むはずの近代の立憲主義とリベラリズムに対しては、奇妙なまでに冷淡である。

ルネサンスから更にホッブズ、ロック、ルソーらの契約論を立憲主義の基礎として理解し、更にその延長線上にジョン・スチュアート・ミルの議会制論を経由して、現代リベラル・デモクラシーへとまっすぐな線を引く、という歴史観は、大学教養レベルの政治思想の教科書においては十分に生き延びている。現代の議会制民主主義を、まさに古典古代以来の西洋政治思想の正嫡と見なすこの歴史観それ自体は、もちろん現代の先進諸国のリベラル・デモクラシーを、かつて話題になったフランシス・フクヤマの言葉を借りれば「歴史の終わり」、ラスト・リゾートと見なすそのあまりのおめでたさゆえに、多くの批判に晒されてきた。ただし、その強力な批判者であったマルクス主義の後退以降、リベラル・デモクラシーは「欠点は多々あれども他に積極的な代替案が見当たらない」ものとして、消極的にではあれそれでも強力な支持を得るようになってしまっている。リベラル・デモクラシーへの批判は、もはやその揚棄や超克のためにではなく、もっぱらその修正と洗練のためになされるかのごとくである。それゆえこの歴史観も、相対的に訴求力を強めている。その意味でもこの史観は「西洋政治思想の正統」なのである。前章で瞥見したような現代のリベラリズムは、結局はこうした史観を前提としている。

だがアレントは、こうした史観にはくみしない。やや先取りして言えば、アレントはリベラリズムとマルクス主義の対立を、所詮は同じ地平の上でのものと見なしている。そしてこの伝統は、古典古代からルネサンスへと、更にはアメリカ合衆国憲法を経て、第一世界大戦期、ロシア革命初期の本来の意味での「ソヴィエト」あるいはドイツ革命における「レーテ」といった草の根の評議会へと流れ込む、(あえて名づけるなら)共和主義(republicanism)の伝統からは決定的にずれている、と考えている。

だが、あえて近代リベラリズムと切断した形での古典古代的な共和主義を模範とするとは、どういうことだろうか? たとえば既に見たとおり、近代的な社会契約論においては、契約に参加する人民は実力行使による自力救済の権利を封印し、それをすべて主権者、統治権力に信託する。そこでは正当に実力を行使しうるのは統治権力だけである。しかしながら古典古代の共和主義においては、人々は自分の身と財産を基本的には自力で守るとされる。政治的共同体としての国家の業務の眼目は、人々が個人で(というより自分の家の子郎党を動員して)なしうる範囲を超えた共同事業にあって、人民それぞれの権利の保障にはない。

仮にアレントが非常に強い意味で、古典古代的共和主義を政治のパラダイムとしているのであれば、上記のごとき武力、実力行使の問題についてはどう考えているのだろうか? この武力の問題をさておいても、こうした共和主義はともすれば、普通のヨーロッパの反動のごとき、中世的封建秩序やカトリック教権主義への回帰どころか、更に極端な、古典古代への回帰を促す超保守主義になってしまうのではないだろうか？

もちろんよくよく見ていけば、アレントの議論は単純な「古典古代への回帰」論などではない（そうでなければ今日まで読み継がれるわけもない）。しかしアレントのリベラリズム批判は、それこそリベラリズム的な、常識的発想とかなりずれているために、大きな構図の中で理解していかなければならない。

自由主義への懐疑――マルクス主義

そもそも自由主義への懐疑は、アレントの登場など待つまでもなく、特に一九世紀末から二〇世紀にかけて大いに高まっていた。マルクス主義による資本主義批判もまた、そうした潮流の中にあった。経済的自由主義が社会的な不平等を容認しがちであること、リベラル・デモクラシーによってもそうした不平等が十分には是正されないことへの不満はもちろん、前章で触れたような中途半端な疎外感、公共世界と私生活の間で宙ぶらりんに引き裂かれる感じへの不満が高じていた。そしてその行き着いた果てに、公と私の区別を解体し、すべての人々を「国家」なり「民族」なりあるいは「階級」といった集団的「全体」へと動員していこうとする、二〇世紀前半における全体主義の台頭があったのである。つまり全体主義の思想には、リベラリズムへの批判という側面が明らかにあった。しかし第二次世界大戦の惨禍を経て、大量虐殺と粛清を正当化する思想としての全体主義は、どうあっても拒絶せねばならないことについて極めて広範に合意がなされた時、逆にそれによって批判されていたはずのリベラリズムの株が、いわば敵失のおかげで自動的に上がってしまったのである。それはある意味、仕方のないことだった。

二〇世紀後半以降の政治思想における、同時代を生きる者としての最重要課題の一つは、まさにこの全体主義との対決であり、更にその背景、土壌となったと思しき、一九世紀末以降のいわゆる「大衆社会」状況とその下での政治に対する批判であった。そして二〇世紀後半のマルクス主義社会科学者・思想家たちもまた、この課題に果敢に挑んだことは言うまでもない。何となればマルクス主義は、一方ではファシズム、ナチズムによって仮借なく弾圧された思想として、「全体主義の敵」を名乗りえたと同時に、他方では全体主義の一環としてのスターリニズムに対しては、それを生んだ当事者としての責任も負わねばならない立場だったからである。マルクス主義には、全体主義とリベラリズムの両面批判という課題が課せられたのである。

この「全体主義とその背景としての大衆社会批判」という文脈を踏まえての、マルクス主義によるリベラル・デモクラシー批判の要点は「リベラル・デモクラシー——とりわけ典型的には、ヒトラーの台頭を許したヴァイマール共和国——は全体主義の台頭を防げなかった」というものだった。伝統的なマルクス主義の枠組みにおいても、ドイツ、イタリア、日本のファシズムはリベラル・デモクラシーといっしょくたにはされない——「ファシズムはたかだかリベラル・デモクラシーの枠内の現象である」とまではさすがに言われない。しかしマルクス主義社会科学においてはファシズムは、リベラル・デモクラシーの支持基盤であったはずの市民階級、ブルジョワジーによる、労働者階級の台頭を恐れての反革命運動として理解された。労働者階級の台頭が社会主義革命をもたらすことを警戒したブルジョワジーが、リベラル・デモクラシーの原則を踏みにじってでも革命を防ぐために打った先手が、ファシズムだった、というわけである。つまりファシズムはリベラル・デモクラシーには敵対的ではあったが、資本主義経済、経済リベラリズムとは必ずしも矛盾しない、と考えられていた。つまりリベラル・デモクラシーは、その主たる担い手だったはずのブルジョワジーに裏切られた、というわけである。またその観点からは当然、スターリニズムとファシズムを「全体主義」と一括することも許されなかった。スターリニズムにいかに問題があろうとも、それはれっきとした「社会主義」だったからである。

このようなファシズム理解は今日の歴史学・政治科学の水準ではもちろん否定されている（たとえば便利なまとめとして山口定『ファシズム』がある）が、『全体主義の起源』に明らかなごとく、アレントは極めて早い時期からこうした理解を拒絶し、全体主義を単なるブルジョワジーの反動ではなく、労働者を含めた様々な階級や勢力の野合に支えられた、ラディカルな体制転覆運動として捉えていた。つまりアレントによれば全体主義は、ブルジョワジーによるものであれマルクス主義政党によるものであれ、単なる独裁ではないし、反デモクラシーでもない。それどころか一種のラディカル・デモクラシーかもしれないのである。

だからアレントは、全体主義とマルクス主義とを切断しないことにおいてマルクス主義者とは意見を異にするが、西側において当初支配的だった、全体主義とマルクス主義を一括して拒絶した上で、リベラル・デモクラシーにコミットする——つまりは、マルクス主義を含めた全体主義と、リベラル・デモクラシーを対立させる論者の多くともまた対立する。そしてアレントは、全体主義をリベラル・デモクラシーを正嫡とする「西洋政治思想の正統」からの単なる逸脱、堕落と片づけることもしなかった。

全体主義は西洋政治思想の帰結

このような単純な「逸脱」、「堕落」論は、冷戦たけなわの時代の全体主義研究においてはそれほど珍しいものではなかったが、今ではほとんど忘れ去られている。しかしたとえば、フリードリヒ・フォン・ハイエクの思想（典型的には『隷従への道』）は、こうした発想の射程を福祉国家批判にまで広げて、後の新自由主義（Neoliberalism）へとつなげるものとして解釈することができる。

単純化して言えばハイエクは、全体主義を国家主義の極北と捉え、社会民主主義やケインズ主義的福祉国家も、ソ連型社会主義からリベラリズムを守る防波堤ではありえず、マイルドな国家主義として「滑りやすい坂」の上で向こう側に転げ落ちる宿命にあると考えた。ハイエクにとっても国家は必要不可欠な存在だが、厳しく制限をかけられるべきものであった。ハイエクの国家構想は「法の支配」重視の、極めて強い憲法的制約の下での議会制民主主義であり、その発想法はリベラリズムと国家主義の対立軸上での思考の典型であると言えよう。

しかしアレントの発想は、ハイエクに比べるとずっとひねくれている。まずアレントによれば、全体主義は単なる病理的逸脱現象ではなく、マルクス主義と同様に、西洋政治思想の伝統のある意味当然の帰結なのであり、もし何かそこに病理的なものがあるとしたら、その病理は西洋政治思想の伝統そのものに内在した何かである。更に言えばそれは、リベラリズムと地続きでさえある。すなわち、大方のリベラル・デモクラシー論者においては、ホッブズ以降の契約論からミルの代議制論までが近代政治の模範、パラダイムとされた上で、二〇世紀の全体主義はそこからの逸脱と捉えられることが多いのに対して、アレントはそこに逸脱や断絶を認めない。

ただ、他方で、単に逸脱や病理として裁断はしないにしても、アレントにとってリベラル・デモクラシーはパラダイム、思考の準拠枠としての価値を持たないかのごとくである。すなわち、彼女は、古典古代のデモクラシー、共和政と、近代リベラリズムの間に断絶を見出している。

なぜか？　その理由の一つは、前章で見たとおり、近代政治思想、国家統制の原理としてのリベラル・デモクラシーは、社会経済思想、民間市民社会の編成原理としてのリベラリズムとセットになったものであるからだ。リベラル・デモクラシーを支える多様な思想、多様な言論の社会的基盤は、自由な市場経済をその生活基盤とする社会である――大多数の政治的リベラリストはそう考えている。自由な市場経済こそが、公的領域と私的領域、政治と民間の市民社会の私生活の区別を確固たるものとし、人々に対して政治的な自由のみならず、政治から遠ざかる自由さえをも保障する、と。

公的領域と私的領域

しかしアレントは、社会経済的リベラリズムに対して批判的である。近代的な市場経済――資本主義に対して、彼女は強い警戒心を以て対峙している。ただ、誤解してはならないが、アレントは公私の区別を否定し、すべてを政治化しようとしているわけではない。彼女によれば古典古代の現実も、そこでの人々の考え方もそうであったわけだが、公私の区別は政治の成立にとって不可欠の前提である。それなしには政治の空間としての公的領域はありえない。

ただやはりアレントは、近代のリベラリズムに立つ論者とは、私的領域、私生活の意義について異なった考え方をしている。簡単に言えば近代リベラリズムにおいては、ほとんどの人々は私生活、私的利益を優先し、ただそれが実現するために必要な社会的環境、インフラストラクチャーを共同で整えるために公事――政治――にコミットする、と考えられている。つまり、目標としては公益に私益が先行する、と考える。しかしその一方で、実際的にはこうした公的インフラストラクチャー――法と秩序、統治権力機構――が整備されることなしには、個人が安心して私益を追求する生活を送ることもできない、と考えられている。つまり近代リベラリズムの枠組みにおいては、理念的には私生活が優先されるのに対して、実践的には公共事業、公共政策――ここではわざと「政治」の語を避けている。その理由は後でおわかりになるだろう――が先行していなければならない。

それに対して、古典古代に準拠するアレントの共和主義的枠組みにおいては、構図がちょうど逆転している。つまり、実際的にはまず市民の私的自立があって、そうした自立ゆえに自律的な――他人に力ずくで言うことを聞かされる恐れのない――市民が、強制されることなく自発的に、自由に参加する事業として、公的領域における政治がある、というわけである。

こうした市民の自立を支える私有財産、生き物としての個人を公的領域に剝き出しで放り出されることから保護し、その生存を支える基盤としての財産を、アレントは近代的な市場経済――資本主義の下でのそれ――とは、ことにその政治的な意義において対照的な存在と見ている。アレントによれば、財産それ自体は、市場経済の外側に位置し、商取引の対象とはならないからこそ、人々の生存、ひいては私的自立を支える基盤たりえているのである。民法、財産法の言い回しを借りるならば、財産の中核は土地建物や固定資本財などの「元物《がんぶつ》」であり、市場で取引されるのは「元物」よりもむしろそれを元手に生産される「果実」、すなわち田畑から収穫される農作物、鉱山から採れる鉱物、工場から出荷される製品などである。

アレントにとっての「社会」

しかし近代的な市場経済＝資本主義は、あらゆる財産を――「果実」のみならず「元物」をも――市場で評価され、取引されうる「資本」と化してしまう。そこでは土地も、地代という収益を生む限りにおいて、株式や債券などの金融資産と択ぶところはない（いやそもそも人々の共同行為に他ならない「企業」が「株式会社」として市場で売り買いされるとは、一体どういうことか?)。かくして資本主義は、土地や企業体を丸ごと売り買いの対象とすることによって、公と私の区別を確保するどころかむしろ弱らせ、溶解させ、それによって公的な政治と、真正な意味における「私」生活との双方を衰退させる。この、公と私の区別が衰退したところに出現する、どちらともつかないもののことをアレントは非常に独自の意味を込めて「社会」(society)と呼ぶ。この「社会」こそが大衆を生み出した母胎であるのだから、大衆社会はまさに、そしておそらくは全体主義もまた、リベラリズムの延長線上に生じた何者かである。

ハイエク的な構図が、市場中心の市民社会を拠点とする自由主義と、社会主義から全体主義までをも含めた国家主義との対立でものを見ているのに対して、アレントの場合には、市場中心主義も国家主義もひとしなみに「社会」に魅入られ呑み込まれた発想として一括されてしまう。それに対して古典古代的な政治像——ポリス的民主主義、ローマ的共和主義?——が対置されるのである。

しかしながらこの特殊アレント的な「社会」という言葉づかいは、それ自体難解で、何を具体的に指しているのかすぐには理解できないだけではなく、それを措いても非常に時代錯誤的で非現実的に映る。繰り返すが、彼女はマルクス主義者とは異なり、「私的所有を廃絶せよ!」などとは言わない。その反対に、公私の区分の橋頭堡としての私的所有の維持に断固としてコミットする。しかしながら彼女は、市場経済に——少なくとも近代の「資本主義」と呼ばれるものに対しては、極めて敵対的な態度をとっているように見える。つまるところ彼女の社会経済思想は、先にも示唆したが、社会主義、国家主義もリベラリズムもひっくるめて近代的なるものを拒絶し、古典古代的な社会経済――それが何かはよくわからないが――への回帰を目指すもの、あるいはそのような回帰自体を実践的には目指さないまでも、それを以て――資本主義、社会主義、全体主義すべてをひっくるめた？――近代社会批判の基準となす、というものに見えてしまう。

しかしそのような立場は、今日の状況下で――とりわけ、アレント・ブームをもたらしたのが社会主義、マルクス主義の凋落であればなおのこと――いかなる意味を持ちうるのだろうか？私的所有は支持するが、市場経済を批判する、とは、人々に対して、ロビンソン・クルーソーのように自給自足に近い生活を目指し、できるだけ他人と取引するな――ということだろうか？他者とのかかわりは、自給自足を成し遂げた上での、余裕の範囲内でなすべきだ、というのであれば、それは先に示唆した武装した市民による自力救済のヴィジョンと同様、あまりにも、時代錯誤――と言うも愚かな、まともに取り合うに値しない要求ではあるまいか？

アレントの政治思想に意味はあるのか

またこの論点に関連して更に厄介なのは、これもまたマルクス主義的革命論、階級闘争史観に対して、極めて早い時期における根本的な批判を提起した『革命について』における彼女の主張である。革命を階級闘争による社会革命、社会経済体制の転覆・変革と同一視する思考図式は、主としてマルクス主義が広めたものであるが、非・反マルクス主義の論者まで含めて強い影響力を発揮し、二〇世紀の「ほとんど常識」にまでなってしまった（無論それは、二〇世紀実証的政治学の集団理論が、マルクス主義的階級理論の継承者であったことの当然の帰結でもある）。しかしながらアレントはこの著作において、革命をあくまでも政治革命、政治体制＝憲法、国体の変革として理解することを提唱した。二一世紀の我々にとっては、今やこのアレント的な革命観は、少なくともマルクス主義的なそれと並んで「もう一つの常識」というレベルにまで浸透しているが、それは出てきた当初は斬新な、どちらかと言えば異端的な発想だったということにも注意を喚起しておきたい。

しかしアレントは、ただ単に階級闘争論、社会革命論を批判しただけではない。『革命について』で彼女は、現実の革命——フランス革命、そしてとりわけ、マルクス主義政権を生んだロシア革命——において、空理空論としてではなく、現実の政治路線として、社会革命論が「生きて」いたことを認めている。だが彼女はそれをもって自分の革命観の欠点とは見なさない。むしろ逆に、社会革命論に導かれていたことこそが、フランス革命やロシア革命を惨事へと導いた原因の一つだった、と主張するのである。

アレントによれば、フランス革命やロシア革命がアメリカ独立革命とは違ってテロリズム、粛清を引き起こしてしまった理由の一つは、それが「社会問題」(social question)、具体的に言えば貧困者の救済を革命、そして政治の中心課題として取り上げてしまったことにある。しかしながらアレントによれば、そもそもこうした社会問題は、政治の課題としてはなじまないもの、政治によっては解決し難いものなのである。これを政治の中心課題としてしまったがゆえにフランス革命以降のフランス政治は混迷を重ね、そしてロシア革命以降のロシアはソヴィエト社会主義の到来、更にはスターリニズムへの道を開いてしまった、というわけである。

しかしながらこうしたアレントの主張は、結論だけをとってみれば、実に意外にもハイエクや一部の新自由主義者のそれにひどく似通ってしまっている。そしてそれは、二〇世紀以降の政治について真剣に考えようとする者にとっては、ほとんど受け入れ難い主張である。ことは革命だけの問題ではない。アレントの「社会問題」批判は社会革命に対してのみならず、社会経済政策全般に対してまで及んでしまうのだから。

数百年から千年単位という超長期的な趨勢においては、武力衝突による死者が漸減傾向にあり、特に先進国間の戦争が極めてまれとなった現代、我々の多くにとって最も重要な政治課題は社会経済政策であり、先進諸国、中進国においては社会保障・社会福祉サービスを備えた福祉国家体制の維持・確立、途上国においてはその前提としての経済発展である。しかしながらアレントにとって、こうした社会経済政策は「政治」の名に値しない何事かである。アレントによれば「社会問題はつまらない些事だ」というのではなく（いやそうでもあるのかもしれないが、それ以上に）、「社会問題は政治の手には負えない」というのである。しかしそのような政治理解は、我々にとってほとんど意味を持ちえない何かなのではないか？　アレントの言う本来的な「政治」などというものがあるとして、それは我々にとっての政治とはほとんど関係のないものなのではないか？

いかにその批判の刃が、リベラリズムに対しても、マルクスに対しても、全体主義と大衆社会状況に対しても比類なく鋭いものだったとしても、「社会問題」に対してまともに応えることを拒絶しているのだとしたら、その政治思想は我々にとって、――少なくとも「政治思想」としては――ほとんど意味を持たないのではないか？

アレントの議論の今日的な意義について考えるためには、最低限この問いに答える必要がある。次章ではその目的のために、ミシェル・フーコーの一九七〇年代の講義における「統治」にまつわる議論を検討するという迂回路をたどってみる。

第三章

フーコーにとっての政治・権力・統治

遍在する権力の発見

戦後フランスの知的流行の先端を行くスターであったが、時代とともに忘れられるどころか、一九八四年の死後三〇年を経てもなお、その知られざる面が発掘され続けているミシェル・フーコーは、その奇妙な科学史的探究によって、我々の権力理解を刷新した、と言われている。

第一に彼は、精神医学や刑事司法をめぐる、理論的な著作から実務的な文書までの様々な言説の詳細な歴史的分析によって、従来は「権力」とは見なされてこなかった社会的営み、そしてそれらの営みを組織する学問的・技術的知識の体系の中に、「権力」――人々を拘束する、しかし自然ではなく社会的なものであり、それゆえ可変的であるような、そのような力――の作動を見出した。非常に簡単に言えば、刑事警察・司法はまだしも、学校教育とか、病院とか、精神医療といった諸制度や、あるいは結婚や売買春といった風俗習慣など、普通は誰もが当たり前の「伝統」、「常識」、「生活習慣」として、それに「従う」ということさえ意識せずに従っているような社会的な実践の中に、権力――つまりは人の振る舞いをある特定の方向へと導く社会的な相互作用――を見出したのである。

第一章でも論じたが、常識的には「権力」という現象は、暴力装置を備えて法を強制する公共団体としての「国家」が典型的に体現するものと思われている。ということは、国家とはそれが民主政であれ君主政であれ、人為的、意図的に作られ維持された仕組みであり、それが振るう権力もまた、その主体が「国家」ないしはその中の誰かとしてはっきりと存在している、と考えられている。それに対して、病院などの医療現場において医者が患者に対して、あるいは学校などの教育現場において教師が生徒に対して振るう「力」、影響力は、しばしば暴力的な強制を伴いつつも、「権力」とは見なされてこなかった。それに対してフーコーは、そのような国家の外、ありふれた日常生活の現場で人から人へと及ぼされる権力を、主として、それが権力であることを人々に意識させず、あたかも「自然」なことであるかのように思わせる力としての知識――医療現場における医学看護学、保健学、教育や司法における心理学など――の分析を糸口に、はっきりと、それらは国家の権力と同様に、「自然」でも「自明」でもなく、人々の営みによって生み出されるし、歴史的にも変化してきた社会的な力なのだ、と論証した。

しかしフーコーは、「権力」が至るところに遍在していることを喝破しただけでは満足せず、その性質についての理解を変更する必要を力説した。つまり彼は、「法を通じたある種の行為の禁止」、という、国家権力を典型とした時にまず思い浮かぶ権力イメージ、言い換えるなら「人間の自由な主体性を外側から拘束する、否定的で抑圧的な力」という権力イメージがあまりにも偏って貧しい、と指摘した。そのかわり彼が、日常生活に遍在するミクロな権力の分析を通じて提示したのは、「人間の主体性そのものを形作る、積極的で生産的な力」という、新たな権力イメージだった。それこそ学校における教育がわかりやすいが、そこでは生徒たちはただ単に自由を拘束され、本来できること、実行可能だった行為をできなくさせられるだけではなく、それまでやろうともしなかった新しいこと、場合によっては知らなかったし思いつきもしなかったことをやれと命じられ、それができない場合にはできるように新たな知識を与えられ、訓練される。

更に、学校などの教育・訓練の現場で生徒や見習いに与えられるそうした新たな目標は、ただ単に個別具体的な「あれをやれ」、「これをやれ」という命令として与えられるだけではない。しばしば「なぜそれをすべきなのか・した方がよいのか」という理由も明示的に教えられるし、明示的に教えられなくとも、暗示され、それを生徒・見習いが自ら体得することもまた教育の目標とされる。そうやって生徒・見習いが自らのなすべきことについて、その理由を体得し、その理由に基づいて、言われなくとも自分でなすべきことを判断して行動できるようになる、そうした主体性そのものを体得させることが、教育の普通の目標である。すなわち、そこでは既にある生徒・見習いの主体性に対して働きかけるだけではなく、彼ら彼女らの主体性そのものを作り変えること、端的に言えば新たな主体性を彼ら彼女らのうちに作り上げることが目標とされているのである。

かくしてフーコーは、伝統的な「暴力装置を備えた国家による、法的な統制」をモデルとした権力と政治の理解に対して、「日常生活の隅々にまで浸透して、人々の欲望を煽り、行為を導く学問その他の知識のシステム」をモデルとする権力、そして政治理解を提示した。

フーコーが発掘した野蛮な言説

しかしながら彼の権力研究が、国家のそれを含めて伝統的に「権力」、「政治」と呼ばれてきた領域について無関心だったわけではない。関係者の間では早くからその存在が知られていたが、没後二〇年ほどを経て、二〇〇〇年代に入ってからその記録がようやく書籍として公刊され始めた、勤務先コレージュ・ド・フランスでの講義においては、伝統的な意味での国家、法、政治の領域に、フーコーの手は伸ばされている。

生前にはついに書籍にまとめられなかった、伝統的、常識的な意味での「政治」を扱った、フーコーの一九七五―六年、七七―八年、七八―九年の三つの講義はしかし、先にアレントについて触れた時にそういった意味での「西洋政治思想の正統」からはやや外れたテーマを扱っている。

七五―六年の『社会は防衛しなければならない』は、乱暴に言うと、一九世紀以降「人種」、「民族」あるいは「階級」といった言葉で語られることになった何事かの、更に一七、一八世紀におけるその先駆形態をテーマにしている。つまり、法や制度ではなく生身の人間、ただし個人ではなく、はっきりとわかりやすい主体性を持った組織でもない、不定型な塊としての人間集団についての言説を主題としている。

普通「人種」、「民族」というくくりと「階級」というくくりは、互いに全く異質なもの――前者は「自然」な特徴、性質の共有に基づく集団で、後者は経済的な利害の共有に基づく集団――と考えられている。しかし、ここでフーコーとともに我々が問題としたいのは、どういう基準や理由で出来上がったものであれ、企業や軍隊のように、明確な組織を作って意志統一をして動く公式組織でもない、ベネディクト・アンダーソン風に言ってみれば「想像された共同体」でしかない無定形な塊をあたかも「主体」のごとく扱う語り口という点では、人種・民族史観も階級闘争史観も変わりない、ということだ（アンダーソン『想像の共同体』）。

先に我々は「西洋政治思想の正統」を、古典古代のポリス時代のギリシアや、共和政ローマを原点とし、その原点の復興をいわゆるイタリア・ルネサンスの法学者たちやあるいはマキアヴェッリに見出し、その延長線上にホッブズ、ロックらの契約理論、更にはミルの代議制論へと連なる流れとして乱暴にまとめた。もちろんそこには一八世紀のフランスその他の啓蒙思想や、ドイツ観念論哲学、更にカール・フォン・サヴィニー以降の概念法学なども数え入れることができよう。それは大ざっぱに言えば「古典古代の共和政を原点としつつ、その復興と更なる洗練、全面化が近代政治の歴史である」というストーリーである。そこにはもちろん様々な契機が含まれ、それらの間には緊張や対立も孕まれているが、おおむねこの伝統は、政治を非常に乱暴な意味における「法」的な営み、法を組み合わせての「制度」作りとして政治を考える、という一線を外さない――つまりは広い意味での「立憲主義」(Constitutionalism) を焦点とする――ものとして理解してよいだろう。先に私はアレントにならって、社会契約論的リベラリズムと、共和主義とをあえて強く区別し、対立させたが、こうした意味合いにおいてであれば、いずれもこの「正統」に属するものと言ってよい。

そう考えた時、『社会は防衛しなければならない』の主題は見事にそこから外れている。しかしながら、その主題となっている野蛮な言説は、後世の人種主義――それはアレントが『全体主義の起源』で問題としたものでもあり、全体主義の構成要素でもある――にまで影を落としているだけではない。無造作に「人種」や「民族」、あるいは「階級」といった不定形の人間集団を一個の主体であるかのごとく形容して、そうしたマクロ主体間の角逐のプロセスとして歴史を語ってしまう、というやり口は、無論卑俗であり、現在のアカデミックな歴史科学においては、もはや到底許されるものではないにしても、今でもなお、ことに歴史学の素人ならば、ともすれば採用してしまいがちなものではないか。たとえば、歴史を諸民族の興亡の歴史として、つまりはあたかも民族というものを意志ある主体であるかのごとく想定して、その闘争の歴史として描いたりすることはないだろうか？ また、一見これより洗練され、自ら「科学的」たることを標榜していたマルクス主義の歴史観も、歴史を階級闘争のプロセスとして語ってしまう、というあたり、こうした語り口から十分に解き放たれていないのではないか？

そしてこれは実は、先述の、アレントが近代独特の現象として特別な意味を込めてそう呼ぶ

「社会」（society）と重なってもいるのであるが、それについては改めて論じる。

〈統治〉という概念の系譜

とは言え、この『社会は防衛しなければならない』講義は、フーコーの仕事全体の中でもその位置づけがやや不分明である。公刊された著作との関連で言えば、まだしもわかりやすいのは次の七七―八年の『安全・領土・人口』の方である。そこにおいてフーコーは、伝統的な、国家による法的統制に対応する、否定的・制限的な「法メカニズム」、それに対して『監獄の誕生』で主題とした、個人をミクロ的な身体動作や内面のレベルで誘導する積極的・生産的な「規律」（discipline）メカニズム」、そしてこの「規律権力」と対をなすものとして『性の歴史I　知への意志』で予告された、「生権力」に対応する「安全（security）メカニズム」という、三種類の権力メカニズムを提示する。

そしてこの講義、更に翌年の七八―九年の『生政治の誕生』においてフーコーは、自らの主題を統治（government）、あるいはこの統治を導く合理性、すなわち統治理性（governmentality）である、と宣言する。ただ、この〈統治〉という言葉（以後フーコー的な意味合いにおいて用いられる場合についてのみこの言葉を〈統治〉という風に山括弧とともに表示して、カギ括弧「　」付きや括弧なしの場合とは区別する。その含意については後論）には注意せねばならない。それはもちろん、近世以降の西欧の主権国家の営みをも含意するものとして用いられてはいるが、それだけではない。

『安全・領土・人口』においてフーコーは〈統治〉という言葉、概念の系譜を過去へと遡って探究する。その時、そこに見出されるのは、先述した「西洋政治思想の正統」の原点であり、アレントにとってもパラダイムであるところのポリスのデモクラシーやローマの共和政ではない。むしろアテナイ民主政の敵対者であったろうプラトンにおける、政治家を機織りや牧者の比喩で語るというやり方（『国家』、『政治家』）、そして何よりキリスト教における「司牧」――司祭、教会による一般信徒に対する教導と支配を、支配する羊たちの群れ全体にも一頭一頭の羊にも共に配慮を絶やさない「羊飼い」の比喩で語る――の概念が、フーコーの言う意味での〈統治〉の原点である。それはアレントがあれほど重視する、古典古代的な意味における「政治」――ポリスにかかわること――の正反対でさえある。つまりそれはポリスよりは、それと対になるオイコスにかかわること、オイコノミア（oikonomia）――家の切り盛り、家政の方によほど近いことになるのだ。

もちろんキリスト教の歴史もまた複雑なものであり、そこには様々な契機が入り込んでいるが、世界全体が神による創造のみならず支配、統率の対象と見なされ、そうした神による世界統率もまた「オイコノミア」――現代英語でも「economy」、日本語では「経綸」と訳されている――と呼ばれていることの意義は軽んじられるべきではない。キリスト教徒の共同体としての教会もまた、法によって構築され、会議によって運営されるポリス的な側面を持つと同時に、それ自体でキリストの身体の延長と神秘的に観念され、教皇を頂点として末端の一般民衆を司牧する――教え導く、つまりは規律しかつ保護する――官僚機構でもある。

一八世紀末に起こった転換

現実の政治史を見てみるならば、近世主権国家における王権と臣民との対決の構図は、一方における、身分制議会を拠点として、法や伝統を頼りに、王権の中央集権志向を掣肘しようという共和主義的・立憲主義的志向と、他方における、臣民の領地を含めた国家全体を王権の統制下に置いて、いわば王権の・国家の「家政」として経営しようという絶対主義的志向とのせめぎあいとして解釈することができる。共和主義や社会契約論といった流れを重く見る「西洋政治思想の正統」では前者の方が重視される。それに対してここでのフーコーは、後者の方に焦点を当てているわけだ。

しかしながら第一章で描いたように、我々現代の一般庶民にとっては、このフーコー的な意味での〈統治〉の概念の方が、正統的な意味での「政治」のそれよりもよほど近しいものであると言えないだろうか？　何となれば、それは政策——社会経済政策、「行政」のことだからだ。一般市民がその主体ではないが、その客体として権力の作用を受ける、政策、行政は、まさにこのフーコー的な意味での〈統治〉なのである。

繰り返しになるが、大学で普通に用いられる政治思想の通史的教科書であれば、マキアヴェッリ、ジャン・ボダンらによる、一定の地域において権力を独占的に行使する主権国家の観念の形成に続いては、ホッブズ、スピノザ、ロック、フーゴー・グロティウス、ザムエル・フォン・プーフェンドルフといった自然権思想に基づく契約論者の、広い意味における立憲主義的な構想を紹介していくだろう。そこでは主権国家は古典古代の共和政と同様、法的構築物として捉え直される。しかしマキアヴェッリ、ボダンからはもう一つ、フリードリヒ・マイネッケがその重要性を指摘した「国家理性」という線が伸びている（マイネッケ『近代史における国家理性の理念』）。フーコーが言う「統治理性」はこちらに照準を当てている。そして彼の筆はブルボン王朝の宰相リシュリュー、『反マキアヴェッリ』をものした「国家第一の僕」フリードリヒ二世の権力政治に、そして彼らの政治と呼応しつつ成立していった官房学（Kameralismus）、ポリツァイ（Polizei, police）学といった、後の財政学、行政学、経済学の原型を提供した政策科学へと及んでいくのである。

ただもちろんここで我々には、一七、一八世紀のポリツァイ学、そしてその延長線上にあった初期の政治経済学（political oeconomy）と、一八世紀後半の重農主義、そしてとりわけアダム・スミスの『国富論』以降の経済学（political economy――英語では、この「o」なしの「economy」という表記は一九世紀以降一般化する）との違いのことがどうしても気になってしまう。スミスの「見えざる手」以降、意図的な設計と構築によらない自生的な社会秩序の概念が成立し、その前後でpolitical oeconomyはpolitical economyという全く別の学問へと変貌した――為政者による国家の「家政」についてのノウハウの学から、為政者の意志とは独立のメカニズムである、自生的な社会秩序を客観的に分析する学へと転換した、という理解は経済学説史上の定説である。

それだけではない。他ならぬフーコー自身が、既に六〇年代の『言葉と物』においてこの重商主義的な political oeconomy から、デイヴィッド・リカードゥ以降の political economy への転換を、スミスを旋回軸として描き出している。そして『安全・領土・人口』の翌年の講義『生政治の誕生』においても、別の観点からこの転換と、それ以降についての分析がなされている。つまりスミスは、アンシャン・レジームからポスト革命期まで〈統治〉が一貫して成立している、と主張すると同時に、一八世紀末の革命前後に、ある種の転換が〈統治〉においても起こっている、と認めているというわけである。

これをどう解釈したらよいのだろうか？

ロックの「統治」とフーコーの〈統治〉

問題の三つの講義の直前に刊行され、刑事司法・行刑を主たる素材としてフーコー独自の権力分析を初めて明確な形で世に問うた『監獄の誕生』の規律権力論においても、スミスの時代、一八世紀末は転換期として描き出されている。そこでは功利主義の鼻祖ジェレミー・ベンタムの監獄プラン「パノプティコン」が、一人ひとりの個人を自分自身の規律の主体、いわば自己統治の主体へと訓練する装置として分析されている。国家や教会、団体を主体とする個人の規律訓練から、個人レベルでの自己統治への転換という、権力メカニズムの焦点移動を、そこに読み込むことも不可能ではない。すなわちそこには、連続と断絶の双方が見出される、と。

だが、個人を自己統治の主体へと訓練していく装置は、主として何であったのか？　ベンタムのパノプティコンは机上のプランをあまり出るものではなかったとしても、『監獄の誕生』で分析の対象となっているのは刑務所や学校、工場や病院、あるいは軍隊といった団体、あるいはそのハードウェア、アーキテクチャの面に注目するならば施設（institution）、特に収容型・動員型の施設である。あるいはマックス・ヴェーバーの言葉で言えば「アンシュタルト」（Anstalt）に当たる。つまりそれは「家」とは少しばかり性格が異なったものに見える。

この施設、そして家、更に市民社会、そして国家との関係性、その歴史的な移行の様を解きほぐしていかねばならない。

そこでまず、かの社会契約論の伝統における巨人たる、ジョン・ロックに注目してみよう。ロックの『統治二論』、『教育論』においては、古典古代モデルのごとく、公的領域たる市民社会と、私的領域たる家とが峻別され、規律の典型であるところの子弟の教育――権利の主体ではない子どもを、一人前の権利主体へと訓練すること――は後者の、私的な家の領分とされていた（フーコーの「discipline」は苦し紛れに「規律・訓練」と訳されることが多い。しかしこの場合はストレートに「躾《しつ》け」と訳すべきだろう。あるいは「調教」でもよい。「discipline」は人間のみならず動物をも対象とする）。つまり彼の議論においては、公的な政治はリベラルなものとして描かれつつ、私的な家政はリベラルな論理の外側に置かれている。そうした配置は極めて伝統に沿ったものである。

しかし一方彼は救貧法についての政策提言、「貧民子弟のためのワーキングスクール計画」を議会に提出してもいる。そこでは、「貧民」の子弟を収容し、無償かつ強制的に職業訓練を行う授産施設を公的に設立・運営することが提唱されている。これは政策プランとしてとりわけて独創的だったわけではもちろんない。ただ注目すべきは、ジェントルマンの子弟の教育を私事としたロックが、貧民の子弟については強制的な公共政策を提唱していることである（なお、ここでジェントルマン子弟について私的に行われる営為を――家庭で行われるものも学校でなされるものも共に――教育〔education〕と呼ぶロックが、working school については education の語を用いてはいないことは大変に興味深い。森重雄「モダニティとしての教育」を参照）。

そもそもロックの言う「統治」はフーコーの〈統治〉とは違う。ロックの意味での「統治」は、どちらかと言えばアレント的な意味での「政治」に対応する。私有財産を基盤とした自由な市民、ジェントルマン同士の合議を通じた意思決定としての政治である。もちろんその主たる目的は、財産を中心とする私的な権利の保障にあるし、また、私益のためにはもちろん、正義のためであれ実力行使を禁止する点においても、ロックの「統治」はリベラルではあれ、厳密な意味では共和主義的とは言い難い。しかしながら公的な政治と私的な家政とを区別する点においては、共和政の構造と共通している。

それでは、フーコー的な〈統治〉はロックの言説においてはどこに位置するのだろうか？　第一には私的な家のレベル、「家政」にであろう。しかし第二に「ワーキングスクール計画」が示す社会政策もまた、フーコー的な意味での〈統治〉であると言わざるをえない。すなわちそれは貧民、孤児に対する一方的な権力作用である。しかしながら言うまでもなくこれは私事ではない。

公的な政治――より正確に言えば行政、政策である。

とは言え、こうした行政、社会政策は、ロックの『統治二論』においては主題となっていない。そこでは家長たるジェントルマンたちの共同事業としての「統治」が主題化されているが、その課題は法と秩序の維持や外交・軍事――端的に言えばジェントルマンの財産権（property）――土地を中心としてその家を支える領域――の保護であって、財産を持たない貧民を対象とする社会政策は――規律であれ保護であれ――特に論じられていない。そこでは貧民は、むしろジェントルマンによって雇用される労働者として現れ、政策のターゲットとしては扱われない。またもちろん、貧民は「統治」の主体的参加者でもない。すなわち貧民は公共圏には登場せず、私的領域に――つまりはジェントルマンの「家」に雇われて囲い込まれる存在なのである。

このようにロックを解釈した場合、彼はフーコー的な意味での〈統治〉を、「顕教」、表向きの建前としては私的な家レベルの営みとして論じつつ、その裏ではいわば「密教」として、貧民に対する公共政策としてもこっそり（？）論じてしまっていることになる。そのように考えるならば、一七、一八世紀における政治・統治・行政をめぐる議論の構図を、以下のように描くことができるかもしれない――。

「政治」＝「統治」／〈統治〉＝「行政」

この時代の政治論においては、一方では古典古代的な共和政のモデルが強い影響力を持ち、その枠組みにおいてはフーコー的な意味での〈統治〉、すなわち行政は、公事ではなく私事の方に位置づけられることになる。自由市民は〈統治〉の主体ではあってもその対象ではない。〈統治〉の対象は非自由民、つまりは女子どもと奴隷、貧民である。このような〈統治〉は公的な政治としての「統治」とははっきり区別される。

しかし他方でそれと並行して成立してきた絶対王政の「国家理性」論は、公的政体たる国家をも、共和主義の描くような同輩市民の法共同体ではなく、それ自体で主権者＝君主の家と見なす図式を提示する。そこでは市民たちも君主の家の従属的構成員＝臣民として位置づけられ、〈統治〉は国家から臣民の家までをも「全体的かつ個別的に」（これはフーコーのよく知られた講義の題目である）貫く営みとして描き出されることになる。

そして実際には、前者の共和政モデルを採用する論者においても、ロックが示すような裂け目が見出される。すなわち、共和政モデルにおいては貧民は独立した身分を形作らず、自由市民の家に属する従属民として位置づけられねばならないが、従属民ではない貧民が、現実に、しかもこの建前の貫徹を許さない程度に多数存在していたならば、〈統治〉を公的な政治が引き受けざるをえないことになる。そしてこの相においては、国家はたとえ共和国であったとしても、それ自体大きな「家」のようなものとなる。このいわば「顕教としての「政治」=「統治」/密教としての〈統治〉=「行政」」を基準に、共和政=立憲制モデルと〈統治〉=絶対主義国家の家政モデルの併存を、そこには見出していくことができるだろう。

第一章で我々は、現代のリベラリズムを構成する両輪として、ホッブズ、ロック以降の自然状態概念を踏まえた社会契約論、それを取り入れた立憲主義と、スミス以降の経済学を踏まえた、市民社会に対してニュートラルな統治権力による政策論を見出した。しかしこの両輪のセットが明確に成立するのはおそらくはジョン・スチュアート・ミル以降である。一七、一八世紀、重商主義の時代、ポリツァイの時代には、後者は成立していない。それゆえ前者もまた、古典的共和主義とは明確に区別し難いものになっている。しかしながら、本来古典的な共和主義の構想においては、貧民の公的な救済は深刻な課題としては浮上してはいない。

貧困問題が古代中世に存在しなかったとは思えないが、中世から近世初期のヨーロッパにおいては公的救済の担い手としてはむしろ教会が重要な存在であった。また、古典古代と中世の過渡期としての「古代末期」なる時代区分の主唱者たる現代の歴史家ピーター・ブラウンは、キリスト教以前の古代においては、同じ共同体の零落した同胞への救済は行われていても、「貧者/貧民」なるカテゴリー自体は存在していなかったのではないか、との仮説を立てている。「どの帝国の市民であろうがなかろうが、どの民族の出身者であろうが、いかなる宗教の信徒であろうが、困窮している者であれば誰でも助ける」という博愛の精神と実践——そしてその対象としての

「貧者」はキリスト教以降のものだ、というのである（ブラウン『貧者を愛する者』）。

だがロックが見ている現実は、私的援助や教会による救済の手には負えない——そもそも宗教改革以降のイングランドでは、教会は国家の下位機関でしかない——貧民たちの存在、である。貧民たちの教育、保護、つまりは規律・訓練——躾け・調教を、ジェントルマンが自分の私的な領域において、私的な責任においてのみならず、公的な政治においても行わなければならない、という状況である。これは古典的な共和主義の発想の手には負えない。理屈で言えば、国家を丸ごと一つの家政、君主の家と見なしてしまう絶対主義的な発想の方がすんなりとこの問題を処理できそうである。

ここで共和主義あるいは立憲主義を軸として考えれば、貧民に対する社会政策は「本来私的な家レベルの営み（であるべき）だったはずのものが、変則的に公的な「政治」課題となってしまった」という位置づけになる。それは本来の「政治」——自由人たちがその共通利害に対して共同で取り組むこと——とは異なり、本来私的な家の中でなされるはずだった「自由人による非自由人に対する一方的支配」である。本来の「政治」は、それとは別のところにちゃんと存在している。しかし反対に、絶対主義を軸として考えるならば、貧民に対する一方的な〈統治〉こそが政治の本態であり、自由人たちの「政治」はそれを粉飾し隠蔽するファサードである、ということになってしまう。

そして、このような二つのモデルの併存を実体的に支えている重要な装置が、私的な家以外の規律権力の拠点たる、様々なアンシュタルト——教会や修道院の官僚機構と労働組織、更にそれを模範として発展してきた学校や軍隊、工場や病院などの様々な施設――であった、というわけである。

フーコーのリベラリズム

さて、こうした図式を念頭に置いた上で、一八世紀末の〈統治〉の論理＝統治理性の転換を解釈してみよう。『監獄の誕生』でパノプティコンのメタファーによってフーコーが提示したのは、個人が規律の、〈統治〉の対象であるにとどまらず、それぞれに自己規律、〈自己統治〉の主体へとより強力に規律されていく、というイメージだった。八〇年代以降、少なからぬ政治思想研究者は、アダム・スミス以降の経済学が想定する「ホモ・エコノミクス」の原型をそこに見出した。しかしそこでは〈統治〉の主役が古き家――古典古代の自由市民、中世の戦士貴族、近世王権等に表象され、それゆえ主権国家も含む――から自然人、個人へと移行する、という風には必ずしも読まれず、「顕教としての「政治」＝「統治」／密教としての〈統治〉＝「行政」」のダブルスタンダード体制が転換後、リベラリズムの時代にも貫徹している、と解釈されていたように思われる。つまり「ホモ・エコノミクス」の成立は、自然で自明なものではないことは当然として、それが実は私的な自助努力、自己規律、〈自己統治〉では足りず、公共政策の――具体的には学校教育や、徴兵制に基づくマス・アーミーや、貧民向け社会政策を必要としたのだ、と。実際、スミスも『国富論』において貧民の子どもに対する公教育の必要を主張しているのである。更にこのダブルスタンダードにおいては、その本質は密教としての〈統治〉にあり、顕教としての政治はファサードに過ぎない、とも解されがちであった。

八〇年代以降に数多く書かれた、フーコーを踏まえた近代社会論においては、このようなダブルスタンダードが欺瞞と見なされ、近代リベラリズムはこの欺瞞をごまかすイデオロギーとして批判されることが多かった。つまり、リベラリズムは単なる口先のお題目であり、実際の貧民に対する〈統治〉は力ずくの躾け・調教でしかないのだ、と。

しかしながら二〇〇〇年代にようやく公刊された講義録、とりわけ『生政治の誕生』を見る限り、フーコー自身はもう少し複雑な展望を抱いていたように思われる。先にも触れたが既に『安全・領土・人口』において、否定的禁止を旨とする法、積極的誘導を中心とする規律と並んで第三のメカニズムとして導入された「安全装置」の概念は、上のシンプルな解釈を陳腐化させるものになっている。

乱暴に言えば、フーコーの考える法的禁止は、人の性質をそのままに、暴力的強制の裏付けを伴いつつも、言語的コミュニケーションを介して人の行動を制約しようとするものである。一方規律とは、人の性質を調教して変えていくことで、積極的にある方向の行動へと導こうとするものである。それに対して「安全装置」という言葉でフーコーが指し示すのは、人の性質をそのまま所与として受け入れ、しかし言語的コミュニケーションも、また暴力的強制も必ずしも介さず、人の周囲の環境を間接的にコントロールし作り変える(東浩紀の「環境管理型権力」なる卓抜な定式化を想起されたい。「情報自由論」、他)ことによって、人の行動を統制し誘導しよう、というメカニズムである。それが前面に出た一九世紀以降の〈統治〉を、フーコーはリベラリズムと呼んでいるのである。それはスミス、リカードゥ以降の経済学を踏まえた統治性のことである。『安全・領土・人口』を見る限り、「安全装置」はリベラリズムとともに現れたものというよりは、ポリツァイ、重商主義の政治経済学においても既に浮上している。規律メカニズムが、ミクロな身体への解剖政治として展開するのと並行して、この時代にはそうしたミクロな身体のマクロな集合体としての不定形な人間集団、つまりは「人口」、あるいは「経済」、「社会」とも呼ばれる対象に対する生政治の論理が既に見出されつつあり、フーコーはそれを「安全装置」と呼んでいる。しかしながらこの「安全装置」の特性がより見えやすくなるのは、リベラリズムの時代だ、というわけである。

リベラルな統治の対象——「市民社会」

フーコーも言うように「法的メカニズム」→「規律メカニズム」→「安全メカニズム」という発展段階的移行が起きるわけではない。変化しうるのはせいぜい、どのメカニズムがどの領域でどの程度優位となるか、といった程度のことである。リベラリズムの時代においても規律メカニズムが公的領域からすっかり消え失せてしまうわけではない。しかしながらたとえば今日の義務教育のように、あまりにもその存在が当たり前となってそこに「権力」を見出せないほどに「自然」となってしまったり、あるいはいわゆる新自由主義の下での、公共サービスの「民営化」

――それは公教育や医療なども含む――によって再び公的領域から「自己責任」の私的領域へと移動されたりもする。

非常に乱暴に言えば、「パノプティコン」のメタファーは経済的には、ホモ・エコノミクスとして自己規律するよう人々を訓練する社会的装置が、公共政策によって用意されねばならない、と解釈されうる。つまり少なくとも最初は、人々、特に貧民はホモ・エコノミクスになるよう強制されねばならないことをわかりやすく示すメタファーだ、と。しかしながら人々は訓練を通じていずれそれに慣れてしまうのだ。そうなれば公共政策の焦点も、自然と移動してしまう。

いずれにせよこのように解釈するなら、規律中心の〈統治〉と、リベラリズムの〈統治〉とは、はっきりと異質な論理であると考えた方がよいだろう。しかしながら、それらを共にフーコーが〈統治〉と呼んでいるのはなぜだろうか？　後者、リベラリズムには、対象となる個人の意に反した強制、という契機が無用――ではないにせよ、重要ではないように見えるのに？

〈統治〉と「統治」＝「政治」を分かつものは、意に沿わない強制の有無ではない。「政治」においてもしばしば暴力や強制は、周辺的、限界的にではあれ登場する。しかしながらアレントが重視するような意味での古典的な「政治」の核心には、言語を介した、公共的、双方向的なコミュニケーションが存在する。それに対して〈統治〉においては、こうしたコミュニケーションが介在しない。規律を軸とした〈統治〉においてはしばしば、暴力的な強制が出動する一方で、リベラルな〈統治〉はその洗練された形態においては、強制を伴わず、介入相手の自由意志を直接的には何ら侵害しない。しかしながらリベラルな〈統治〉もまた、「政治」なしに、つまりは双方向的コミュニケーションを欠いた、一方的な操作として作動する。こうした一方向性を、リベラルな〈統治〉は規律的な〈統治〉と共有している。

ストレートな共和政モデルにおいてのみならず、近世的な「顕教としての「政治」＝「統治」／密教としての〈統治〉＝「行政」」のダブルスタンダードモデルにおいても、財産と教養のある市民は「政治」＝「統治」の主体ではあっても〈統治〉の客体ではないはずだった。そこにおいては、〈統治〉の客体は基本的には財産と教養のない、自立できない貧民であった。しかしリベラルな〈統治〉においては、貧民のみならず財産と教養のある市民までもが、その対象となっていることに注意せねばならない。

古典的なモデルでは、有産者市民はその財産ゆえに自立し、「政治」＝「統治」の主体とはなっても〈統治〉の客体とはならない。〈統治〉の対象となるのは主として非自由人、貧民である。〈統治〉の基本形は私的な家の「家政」であるが、いわば例外として社会政策＝「行政」も存在する。それが単なる例外とは言い難いまで拡大した状況に対応して、先のダブルスタンダードが成立する。

アレントの「社会」と
フーコーの「市民社会」

しかしながらリベラルな〈統治〉の想定する世界においては、実は有産者市民もまた〈統治〉

から自由ではない。なぜならばそこでは、有産者市民もまた、その財産を市場経済の循環の中に投げ入れている限りで、〈統治〉から逃れられないからである。彼らは生存の危機には脅かされてはいないだろうし、また、特定の顔の見える具体的な他者からの強制に服する必要はない。その程度には彼らは自由である。しかしそんな彼らも、リベラルな〈統治〉には服さざるをえない。

従来のリベラリズム論においては、リベラルな統治は「法の支配」、つまり恣意的・個別的で裁量的な介入によらずに、不偏的な立法を介しての統治として、つまりは財産権の秩序、所有権の安定と契約・取引（営業）の自由の法的な保障として理解されることが多かった。しかしこのように理解するなら、我々はリベラルな統治の内容をより豊富化して理解することができる。たとえば、立法によらない裁量的政策の典型の一つであるマクロ経済政策、とりわけ金融政策もまた、こうしたリベラルな統治の一環をなすのである。こうしたリベラルな統治の対象——社会的な実体というよりは、一つのパースペクティブと言うか、問題設定とでも言うべきものだ。フーコーにとっては「国家」もまた社会的実体というよりはパースペクティブ、問題設定である——のことをフーコーは、主としてスミスやヒュームと同時代のやはりスコットランドの哲学者アダム・ファーガソンを念頭に置いて「市民社会」(civil society) と呼ぶ。

——ここまでくれば、我々はアレントが「社会」という言葉で捉えようとしていた対象の姿を、もう少しはっきりと捉えることができるだろう。公的でも私的でもなく、その両者の区別自体を曖昧にし、解体していく力としての「社会」とは、まさにフーコーが〈統治〉の対象として見出していった「市民社会」と重なり合う。

ただこの「社会」という対象の見出され方にも、いくつかの節目があるわけだ。非常に乱暴に言って重商主義、ポリツァイの時代においては、それは拡大された「家」、国家の身体の延長として、国家の意志によって制御される「もの」、素材というニュアンスがやや勝っているのに対して、スミス以降のリベラリズムの統治性の下では、国家とは別個の、固有の自律性を持った独立の存在——というより、固有の次元を備えた独立の空間、というニュアンスが強まる。こうした揺らぎは、ただ単にフーコーによるパースペクティブの変更に由来するというより、まさにその分析対象となっている初期近代における統治をめぐる言説それ自体が孕んでいるものと考えるべきだろう。そしてこうした揺らぎのゆえに、アレントは「社会」を、時に私的な家の延長線上にあるかのように語り、またある時には公的でも私的でもない何かとして語る、という混乱を来さざるをえなかったのである。

「権力」の配置

かくして我々は、フーコーの助けを借りて、アレントが警戒した近代的な「社会」のみならず、第一章で見た近代的なリベラリズムの両輪について、今少し明確なイメージを持ったことになる。「規律訓練」にのみ注目していては、リベラリズムの権力を単なる「欺瞞」——公的領域から隠された私的領域、あるいは「施設」において隠微に行使される暴力、強制——としてしか見られなくなりかねない。そんな風にフーコーの議論を解釈してしまえば、リベラルな統治の批判においては、その隠れなき、欺瞞なき徹底を要求する以上のことは必要ないことになろう。しかしながらフーコーによれば、訓練されて自立したリベラルな主体の自由に対して、それを否定も制約もせず、ただ人々がそうした自由を十全に行使しうる環境を整え、それを観察するにとどまることもまた、リベラリズムの権力――あるいは彼の講義での言葉づかいに従えば〈統治〉――なのである。そうした環境が「市民社会」であり、そこでの人々の自由は、基本的には自己の私的利益を志向したものであって、「政治」の方を向かない。

非常に単純化したリベラリズムの構図では、公権力と私生活の自由とが、互いに根本的な対立関係にあるものとして対置される。しかしながら個人の私生活の自由と対立するのは公権力だけではない。そもそもそれぞれの個人の自由にとっては、自由な他人の存在とその行動こそが大きな障害でもあり、先に見たとおり、その障害を抑え込むための社会的インフラストラクチャーなしには、つまりはある方向での、一定以上の強さでの公権力の確立と行使なしには、私生活の安全と自由も保障されない。だから公権力は警戒の対象であり、抑制されるべきものではあっても、否定され、抹消されるべきものではない。リベラリズムではむしろきちんとした方向づけにおいて、最適な量を供給されるべきものとして捉えられる。つまり、リベラリズムにおいては、大きすぎず小さすぎず、強すぎず弱すぎず、最適な規模と質の公権力が要求されるのだ――とこの程度のことであれば、第一章で解説したような「常識」の範囲内である。

しかしフーコーの洞察の射程は、もう少し先まで届いている。第一に、リベラリズムにおいては、確かに公権力の成立は、私的な個人の自由が実際に保障されるための前提条件をなしているが、私的な個人の自由という目標、それが大切であるという理念それ自体は、公権力に先行している。それが自然権思想というものだ。しかしフーコーはそうした理念、その下で人々が抱く欲望それ自体が権力の生産物だ、と指摘する。ただしもちろんそこで言う「権力」は公権力それ自体のことではない。公権力のみならず、私人たちの「市民社会」レベルの社会的な相互作用、なかんずく市場の「見えざる手」まで含めての「権力」である。そして公権力が過大でも過小でもない「最適」な規模と質を要求されるものとして位置づけられるのは、こうした広い意味での「権力」の配置の中でのことである。

第二に、そうした「権力」の配置の中では、個人の自由は制約されたりされなかったり、奨励されたりされなかったりする以前に、まずもってその自然な存在が肯定されている。そのような形で個人の私的な自由は、理念としてまた欲望として生産されているのである。自然人の自由意志とか合理的思考とかいった能力、性質の存在は、それ自体で疑い難い、そこから逃れ難い「事実」として前提されている。その前提の上で、公的権力にせよ、あるいは民間の私人の力、それこそ資本主義的企業の権力――それは何も労働者を搾取して利益を上げようというだけのことではない。顧客満足を追求して売上を増やそう、そのために顧客を理解し、その期待に応える製品を作って売ろう、という志向こそが根本である――にせよ、編成されている。

古典的な意味での「政治」の不在

ただそこで、フーコーが捉えるリベラルな統治理性の基本姿勢は――これは公権力による公共政策においてのみならず、私企業による営業においてもまた同様であるが――、政策対象たる自由な個人に対してコミュニカティブに働きかけるのではなく、立法による制度を与えるにせよ、物理的なインフラストラクチャーを構築して与えるにせよ、一方的な働きかけを主軸とするというものである。公共政策は（そして企業の営業戦略も）個人の自由を（所与として代え難いものであるという意味で）尊重し、民間市民社会での自由な人々のかかわり合いのリズムの自律性（「見えざる手」）を信頼して、一方的な操作ないし介入としてなされる。私的な個人も、公権力による政策介入であれ、市場の「見えざる手」であれ、とりあえずはそれを所与として受け止め、受動的に適応する。すなわちそれが、先の言い方を借りれば、〈統治〉＝「行政」なのである。それはまさしく、アレントの言う意味での「政治」とは異なるものである。

『監獄の誕生』における規律・訓練――躾け・調教――の分析に過度に目を奪われると、リベラリズムの問題はいうなれば衣の下に鎧を隠した欺瞞、偽善なのである、という風に誤解してしまいかねない。アンシュタルトにおける強制力の隠微な行使が、更には私的な家の中での女子どもへの暴力が問題ではないというわけではない。しかし仮に問題がそれだけのことであれば、工場や学校、あるいは病院を公的な監視の下に晒し、アカウンタビリティを確保すればよい。実践的には困難でも、原理的にはなすべきこと、その方向は明確である。プライベートな家の問題についても、家内奉公人はアンシュタルト（工場）における雇用労働者の方に引き付けて関係を公的に整理すればよく、夫婦関係もまた婚姻当事者間の平等原則、財産分割や婚資についての取り決めによるその実質化という方向性である程度の目途は立つ。唯一残る最大の問題は親子関係、未成年者の保護育成であるが、それについてはしばらく措いておこう。それが非常に広い意味での「新自由主義」路線であることについても、今から見ればフーコーは講義において鋭く問題提起していてくれたわけであるが、そうした「私生活・私的関係の（自由化という形での）公共化」の問題については、後で考える。

ここで指摘しておきたいのは、我々がフーコーから――そしてアレントからの示唆として受け取っておくべきは、その更にもう一つ向こう側の問題であるということだ。すなわち、（そんなことは実際には限りなくありえないにしても）家庭やアンシュタルトにおける隠微な私的権力関係が逐一公共化され、すべての人々がそこから自由になったとしても、なお残る問題――それが、フーコーの意味での自由主義的〈統治〉における、古典的な意味での「政治」の不在なのである。

そこでの政治は非民主的だ、というわけではない――ただ、それが民主的になされねばならない、切実な理由が不透明になる。リベラルな統治の主体は、高潔で公平無私な独裁者であっても、別に構わないのではないか？――こうした疑問に答えることが、そこでは意外と難しい。何しろリベラルな統治は、その具体的な執行者がたとえ民主的に選抜された公職者であったとしても、その実践を普通の人々にとっては外側からの一方的な強制として体験させざるをえないものなのだから。それだけではない。こうした「外側からの疎遠な力」として人々に体験されるのは公的な政治権力だけではなく、それこそ価格メカニズム、市場の「見えざる手」を典型とする様々な無名の社会的圧力もまた同様である（むしろそちらの方が重く不透明かもしれない）。

法的権力の特徴

それではここでまとめておこう。フーコーの言い回しを参照すると、権力の働き方の典型的な三類型として、禁止を典型とする法的な権力作用、家や収容型施設がその典型であるところの規律・訓練（躾け・調教）権力（ベンタムのパノプティコンは「自己規律」のモデルとして理解される）、そして東浩紀の言う「環境管理型権力」（あるいはアメリカの憲法学者・情報法学者ローレンス・レッシグの言葉を借りると「アーキテクチャ型権力」。レッシグ『CODE』他参照のこと）を我々は見て取ることができる。

法的な権力は、第一章でも論じたような、現代リベラル・デモクラシー論のそれを含めたオーソドックスな政治理論・国家論において想定されている典型的な政治権力である。その第一の特徴は一見したところ、普通の人々にとって外在的な力として、自分たちの自由を制約するものとして意識される、というところにある。かといってそれは物理法則の強制力などとは違って、反抗しえないわけではない。反抗したところでそれが成功する確率が低く、ろくなことにならない、というところがポイントである。

近代的な政治理解においては、この法的権力への反抗の困難さは、それを裏付ける暴力、人間が管理し振るう物理的な強制力、並びにその心理的威嚇効果として理解されている。平たく言うと、ここで理解されている政治権力は、その命令、指令として法を作り、人々にそれを守らせるという形で作用する。そしてこの法に違反した者は制裁——刑事罰や民事的損害賠償の履行の強制とか——を受ける。

もちろん、こうした強制力による威嚇、それによって他人の自由を制約し、行動をコントロールしようという営みは、国家の政府など、政治権力の行使機関によって独占されているわけではない。しかしながら一般に、私人によるこうした権力行使は違法とされる。正当な権力行使は国家を典型とする公的機関に独占されている。

しかしながら近代的な主権国家の法体系は、古典古代のギリシア、そしてローマの政治・法システムの系譜に連なるものでもある。すなわち、そこにおける法とは政治的決定の産物であり、主権者の命令であると同時に、その主権者の権威を根拠付けるもの、主権者を律するものでもある。そして主権者は単独の個人たる君主とは限らず、貴族やあるいは市民全員の合議体であるかもしれない。誰を君主・貴族・市民となすか、もまた法が命じるところである（そもそも厳密に言えば古典古代には主権の概念はない）。

それ以上に重要なことは、弾劾主義の裁判と法執行の仕組みである。君主であろうと市民の合議体であろうと、立法者とは別の独立した存在として、それ自体もまた一種の合議体であるところの法廷を設けて、それでもって具体的な法的紛争を裁定し、法を解釈適用する、というアイディアは、古典古代において成立してきたものであり、中世ヨーロッパはむしろそこから比べると後退して、近代になってようやくそのレベルに復帰し始めた、と言える。

しかも古典古代、ここで基準として取り上げる民主政ポリスやローマ共和政においては、我々が考える常設の裁判所や司法警察のような、法を執行する公的官僚機構が存在しない。判決の結果を実行するのは、結局のところそれぞれの市民の自主的努力に任されてしまっている。これは今日の我々からすれば、一見、手本には到底なしえない。しかしながらよく考えてみれば、民事における強制執行（債権回収等）は、刑事におけるそれ（被疑者逮捕や懲役刑の執行等）に比べて、あからさまな暴力に依存するところが少ないし、また国際法においては、国際司法のシステムには、国家に対して判決を強制執行する仕組みがほとんどないことを想起せねばならない。

それでは古典古代の法には、また国際法には、人々にそれを守らせるメカニズムが全くないのか、と言えば実はそうではない。ローマ法における infamia、信義に反した者に「破廉恥」との烙印を押して取引のネットワークから追放する措置や、国際法における対国家の制裁措置などを考えてみよう。こうした違背者の仲間外れや悪評の流布といったやり方、直接の暴力的統制に比べれば微温的で緊急性に欠けるが、長期的には逸脱に対する制裁として、またそれによる威嚇は人々をして法を守らせるインセンティブとして、働くはずである。

こう考えると法的権力の特徴は、それがまず可視的であること、その存在と行使が公的に明らかにされていることであり、その上で、公的な根拠を持つ正当な権力に対しては、それに従うことが私的な理由からは不利である場合にも、その権力の公的な権威を受け入れている立場としては、それに従うべきであると人々が理解しているところにある。法的権力の作用は、抗いようがあるし無視することもできるのだが、しかしそうするべきではない——という葛藤を人々の中に引き起こす。この、法の公開性という原則（ないし建前）に比べれば、強制力という契機はむしろ二次的なものである。もちろん、その行使が不当であると見なされうる場合には、異議申し立ての機会が開かれていることも、それが「公的」である所以の一部をなす。

法的権力と統治理性

法的権力の主たる特徴は、公共圏において、コミュニケーションを通じてはじめて作動するというところにある。ということは、それは権力によってコントロールしようというその相手、人の自由を前提とする仕組みである、ということだ。古典古代の共和政や、近代国際法においてはもちろん、近代国家によるその強制の場合においてさえそうである。法の命じるところに違反すれば、法共同体の仲間によって制裁を科される可能性が高いことは予想されている。

しかし、そのリスクを引き受けた上で人があえて法に逆らう可能性は、そこでは排除されていない。法を通じた権力は、原則としてはあくまでも公的なコミュニケーションを経由して作動するもので、人を有無をも言わせず圧伏するものではない（なお、このように考えるならば、国際政治は、いわゆるリアリズム国際政治学が論じるように、実力が支配する無法地帯——ホッブズ的戦争状態——であるがゆえに「政治」であるわけではなく、むしろ逆に、強制力による履行の保障がない法に拠る営みであるからこそ――むしろ国内政治以上に真正な意味において――「政治」であることになる)。

規律・訓練――調教――権力はこれに対して、公共圏の外、私的領域をその本来の居場所とする。その対象は主には、財産を持たずそれ故に自立しておらず、有産者の家人(子分、奴隷)となっている無産者であり、その行使の主体もそれに対応して家人を支配する有産者家長である。古典古代的な枠組みからすれば、こちらの方こそが強制的権力作用だということになるだろう。そして中世以降においては、その原則=典型から外れる例外としての、主人を持たない無産者、いうなれば身分外の存在としての賤民が、往々にして公的権力による調教の対象となり、こちらこそがむしろ調教の典型であるかのごとくなっていく。

そしてフーコーが言う「統治理性」としてのリベラリズムがその範例であるような権力のありよう、東の言う「環境管理型権力」は、規律・訓練のように人の心身に働きかけ、その性質、感受性、能力そのものを作り上げようというのではなく、極力人をあるがままの存在としてそのありようを受け入れつつ、かといって法的権力のように、それが働きかけようとする相手に対して自らも「人」としてその姿を現し、その意図をはっきり示すのでもない。それは人々の生きる環境を制御することによって、間接的に人々の行動を誘導し、コントロールしようとする。それは人の自由をあからさまには――相手にそれとわかる形では侵害しないがゆえに、法的権力よりも「リベラル」にさえ見える。

しかしながらそれは隠身《かくりみ》の指輪を着けたギュゲス(指輪の力でリュディアの王位を簒奪した、

とされる。古代ギリシアの伝承。J・R・R・トールキンのファンタジー『指輪物語』における指輪の、とりあえずの見かけの力もこの隠身の魔法だったことを想起されたい）のごとく、公共圏に姿を現さずに作動する。そう考えるならば、それは人の自由をただ単に迂回しているのであって、必ずしも尊重しているわけではない。その意味では法的権力の方が、はるかに人の自由を尊重しているというべきである。実際フーコーはヴィクトリア朝の性的抑圧が、かえって性的欲望、性的主体性を煽り立て、育てさえしたと逆説的に述べていた（フーコー『性の歴史1　知への意志』）。

あるいは先に法的権力について論じた際のように、物理的実力による強制の特権性を相対化してみるならば、逃れ難さという点においては環境管理型権力のタチの悪さは、物理的実力を伴う主権国家の法的権力に勝るとも劣らない。

第四章　自由とは何を意味するのか

「他者を自由な存在として扱うとはどのようなことか?」

ところで、古典的な意味での「政治」の核心には双方向的なコミュニケーションがある、と先に述べたが、それは一体どういう意味であるのか、もう少し敷衍しておく。ことは「自由」という言葉で一体何を意味するのか、という問題と深くかかわっている。

第一章において既に我々は、現代リベラリズムにとって基底的な自由――権力からの自由とは、あれこれの「行為の自由」以前にいわば「存在の自由」として考えられなければならない、と論じてきた。今一度確認すると、バーリンの有名な「積極的自由／消極的自由」の二分法においても、バーリン自身は後者をより根底的な水準と見なしているわけだが、我々はその「消極的な自由」について、通常とは少し異なるところに力点を置いて理解しようとしている（バーリン自身がその問題に無自覚であるというわけではないが、この概念の後世における継承において、必ずしもその側面が重視されてきたとは言い難い）。

「行為の自由」よりもその基底に「存在の自由」を置いて自由を理解しようとは、どういうことか？　結論的に言えば、自由をその当事者主体――自由な行為の主体、あるいは、自由な行為をなしうる可能性の下にある主体の立場に即して捉えるよりも、ある主体の行為の自由――更にその前提としての自然なありように対して外から介入し、干渉する主体――正確には介入・干渉をなしうる主体の側から考えてみよう、ということである。すなわち「自分が自由な存在であるとはどのようなことか？」と問うのではなく、「他者を自由な存在として扱うとはどのようなことか？」と考えてみよう、ということである。

ここまで「自由」（英語のfreedom, liberty、ドイツ語のFreiheit、フランス語のlibertéあたりにとりあえずは対応すると思っていただいてよい）という言葉をかなり安易に、その意味が自明なものであるかのごとく使ってきたが、言うまでもなく本当はこの言葉、概念はとても厄介な代物である。

非常に乱暴に言えば、我々は自分たち人間のありようについての言葉としてこの「自由」を用いる時、存在論的なレベルと社会的・政治的なレベル、主にこの二つのレベルで用いている。日常的、かつ存在論的、形而上学的な意味において我々が「自由」という時、問題としていることは、哲学の言葉づかいでは「自由意志（論）」と言われている。そこでは「自由意志論」の反対語は「決定論」である。

科学革命以降の世界観の中では、存在する物事の運行は人間を含めて自然法則（物理法則）によって支配されているはずである。そして既知の物理学の範囲では、その法則はマクロ的には、だいたい分子レベル以上の大きな物体の運動においては決定論的である——世界のある一時点における状態が決まれば、それ以降のすべての時点における状態の運行も決まってくる——はずである。それは人間の身体の動きについても例外ではないし、精神活動もまた、仮にそれが脳神経系という身体の一部に基盤を置くものであるならば、同様である。物理的には、ミクロレベル——原子以下、素粒子のレベルでは、この決定論は成り立たない、とされるが、でたらめなわけではなく、確率論的な法則がやはり支配している。そしてそもそもそうしたミクロレベルの運動が、人間の身体・精神の活動において意味のある効果をもたらしているかどうかは定かではない。

人間もまた物であり、人間の活動もまた物理現象である以上、物理法則に支配されており、かなりの程度決定されていると考えざるをえない一方で、我々は自分を自由だと思っている。つまり、自分の行為も存在も物理法則によって拘束されているから、それに逆らった動きはできないが、それが自分の振る舞いのすべてを決定しているわけではない、と思っている。そして人間は、物理法則が許す範囲でならば、自分が意図したとおりに身体を動かすことができる。そして意図、意志という精神活動は、何ものにも支配されていないという意味で「自由」である——そのように大半の人間は自分のありようについて思っている。しかしながら科学的世界観を突き詰め、物理法則の働きについて真面目に考えるならば、そうした妥協的な理解は実は一貫しないことがわかってしまう。

積極的自由と消極的自由

ここで妥協を排そうとするならば、一つの戦略は「自由意志」なるものの存在を否定すること、それは単なる「錯覚」であると割り切ること——決定論の全面的受容である。もう一つの戦略は、精神活動は実は（少なくとも普通の意味での）物理現象ではない、とする一見科学革命以前的、前近代的な考え方を採用することである。科学革命の時代に、神学ではなく実証科学を友（ないしライバル）とする近代哲学への転換を果たした立役者たちで言えば、トマス・ホッブズやベネディクト・スピノザは前者、ルネ・デカルトは後者の戦略をとったように見えるが、二〇世紀以降は後者の旗色はかなり悪い。

だからと言って自由意志の存在を端的に否定するのも筋が悪い。たとえば「人間が自分には自由意志があると思ってしまうのは錯覚である」としたら、今度は「なぜそのような錯覚が起きてしまうのか？」という、同じくらい容易ならぬ疑問が浮上してしまう。「多くの物事を相当程度に正しく認識できる人間が、なぜこのように自分の存在のありようの根幹にかかわることについて、かくも重大な間違いを犯してしまうのか？」という謎が。だから現代の玄人筋の哲学者の間では「実は決定論と自由意志とは矛盾するものではないのだ」といういわゆる「両立論」を目指す動きが有力だが、先の常識的だが論理的には一貫しない妥協とは異なる、論理的に整合性のある「両立論」が果たして可能なのかどうか、未だ議論は決着を見ていない。

つまりこの存在論的レベルにおいては、そもそも「自由」とは何なのか、あるいは「自由」という言葉で我々は何を意味しているのか、自体が全く明らかではない。このレベルでの「自由」、あるいは「自由意志」とは、あるのかないのか以前に、そもそもそれが何であるのかがしかとはわかっていないのだ（それが何であるのかがわからなければ、そもそもそれが「ある」のか「ない」のかも見分けようがない）。

だから実のところ、社会的・政治的な概念、言葉としての「自由」は、おそらくはこの意味での存在論的な「自由」（くどいようだが果たしてその正体は何なのか、そもそもその名で名指しうるひとまとまりの何者か、何事かが本当に存在しているのかどうかは全く明らかではない）と何らかの関係はあるのだろう、とみんな何となく思いつつも、さしあたりは別の物事として、切り離して考えられ、論じられるのが普通である。つまり「人間に内在する固有の性質・能力としての「自由意志」なんてものがあるのかないのか？ 仮にあるとしたらどのようなものなのか？」などという問いとは関係なしに、アレント風に言えば「人間の条件」、つまり人間を取り巻く外的な状況、環境に照準して、政治的・社会的な「自由」は論じられている。そうしなければ「自由」の何たるかを暫定的にであれ定義し、それを保障するとか保護するとか、あるいは侵害するとはどのようなことなのか、について考えたり論じたりすることができないからだ。

「積極的自由／消極的自由」の二分法は基本的には、社会的・政治的レベルの議論のためのものだが、そこにおいて「消極的自由」の方が焦点化されることが多いのも、こちらについて論じる際には人間本性としての「自由意志」の性質やそもそもの有無について直接には云々する必要がなく、ただ人間の行為に対する外的な障害の存在／不在についてだけ考えればよいからである。「積極的自由」を論じるためには、まさにこの人間本性、人間固有の性質・能力としての「自由意志」に触れずに済ますことが不可能——とは言わないまでもかなり難しい。つまり「消極的自由」に照準した方が、存在論的な虎の尾を踏む恐れが少ないのだ。いくら「ここではあくまで権利としての「自由」のことを議論しているのであって、存在論的な意味での「自由意志」は問題としていません！」と断ってから議論を始めるというだけでは、予防線としては心もとない（人間の生きる環境を「人間の行為を阻む障害」にではなく、「人間が積極的に利用可能な資源」に焦点を当てて考えるならば、「人間本性」ではなく「人間の条件」のレベルで「積極的自由」について論じることも全く不可能というわけではない。たとえば経済学者アマルティア・センの「潜在能力」〔capability〕、「権原」〔entitlement〕といった概念はこのようなことを問題としている）。

バーリンも言うように、「積極的自由」を論じると「自己実現」について考えざるをえない、つまり「十分に実現してはいないが潜在している真の自己」を想定し、「現に実現している自己」とのずれについて考えざるをえないが、それは非常に危うい——「真の自己」こそは「自由意志の源泉・主体」であるわけだが、「自由意志」と同様に、果たしてそんなものがあるのかどうかわからない、という以上にそもそもそれが（あるにせよないにせよ）どのようなものなのかわからないからだ。

しかしここでは、完全に存在論のレベルを避けて通るのではなく、それと政治理論のレベルとの間に何とかうまく折り合いをつけることを試みよう。これはいわゆる「両立論」の一種になるはずだ。

決定論的世界における
自由意志

宇宙論における「人間原理」の提唱者として著名な物理学者ジョン・バロウは、哲学者カール・ポパーや認知科学者ドナルド・マッケイの自由意志論を援用しつつ、以下のように論じている。

マッケイは全面的に決定論的である世界を考えるよう（中略）求める。（中略）他の誰かの行動を、この世界で完全に予測することは、たとえ原理的にでも、可能だろうか。

一見すると、可能だと思われるかもしれない。しかしもっと細かく見てみよう。ランチにスープをつけるかサラダをつけるか選ぶよう求められている人を考えよう。この人物の脳の状態を完全に知っているだけでなく、今の宇宙全体の状態も完全に知っている脳科学者を連れてきて、この科学者が、ランチの選択がどうなるかを誤ることなく予告できるかどうか聞いてみよう。答えは「ノー」である。相手はいつも頑固で、「スープだといわれればサラダにし、サラダだと言われればスープにする」と言う戦略をとることができる。そういう条件の下では、その学者が、その予測を知られるようにする場合にその人物が選ぶことを誤ることなく予想することは論理的に不可能である。

だからと言って、科学者がその人物の選択がどうなるかを誤りなく知ることはありえないというのではない。この知識を自分だけにとどめている限り、食事をする人物の思考と行動に関するその決定論的理論は、誤らないでいられる。他の人に伝えることもできるだろう。紙に書き留めておいて、選んだ後で見せることもできるだろう。いずれの場合にも、正しく予言できていただろうが、食事をする人が知っている自由な選択に対して何らかの制約を及ぼしたことにはならない。（中略）予測が知らされると、その予測は、それで行動が予測されている人物に対する無条件の拘束にはなりえない。

（ジョン・D・バロウ『科学にわからないことがある理由』三七八—九頁）

ここでバロウ—ポパー—マッケイは、そのような決定論的世界においても「自由意志」の概念は意味を失わない、と論じている。ただし、物理法則を超越する神秘的な現象としての「自由意志」が存在していると主張しているわけではもちろんない。

ここで全知の脳科学者が相手の行為を予測できない理由は、相手とコミュニカティブな関係に入るからである。相手とコミュニケーションを取り結ばず、一方的に陰から観察するのみであれば、全知の脳科学者には正確な予測が可能である。ここで重要なのは、全知の脳科学者の内在的な性質・能力ではなく、この科学者が観察対象と取り結ぶ関係の性質である。

また、ここで相手の振る舞いが予測不能になるからと言って、理解不能になるというわけではもちろんない。この想定の下では、全知の脳科学者にとっては、相手の振る舞いは事後的にであれば「ああ、あの選択はそういう理由からなされたのか！」といくらでも理解可能である。ただしそれはあくまでも、実際に行為がなされた後からのことである。行為が実際になされる前の段階においては、完璧な予測をするための材料がこの全知の科学者の手許にさえ揃ってないわけである。すなわち、相手に自分の予測を知らせずに黙って一方的に観察しているだけなら、科学者の手許には予測のための十分なデータが揃っていることになるわけであるが、相手にその予測を知らせる——コミュニケーションをとる、コミュニケーションの相手として自分の存在を相手に開示する——ことによって、状況に新たな——自分自身では予測もコントロールも効かない——因子を放り込んでしまうことになる、というわけだ。

言葉の典型的な用いられ方

ここで全知の脳科学者が、一方的に対象を観察するのみであるならば、この科学者は対象の行動を支配する論理を理解しているだけではなく、その理解と状況についてのデータをもとに、対象の行動を完璧に予測することができる。それだけではない。この全知の脳科学者が、少なくとも対象との関係において全能であるならば——すなわち、相手に知られず、気付かれないままに、相手の行動を観察するだけではなく、相手の周囲の環境を陰から操作することができるのであれば——、相手の行動を相手に気付かれずに操作、制御することさえ可能であることになる。このような形での対象に対するコントロールを、東浩紀にならって「環境管理型権力」と呼ぶことができるが、既に見たようにそれはフーコーがリベラリズムの統治理性と呼ぶものと無縁ではない。つまりそれは、リベラリズムが重視する自由、私人としての人の自由をあからさまに侵害するものではなく、むしろそれを所与の前提として受け入れた上で働く権力であるからだ。

しかしながらこの「ギュゲスの指輪」を用いるまがいものの神の真似をせず、相手に自分の存在を晒し、相手と情報のやりとり（それは必ずしも言語的な「会話」である必要さえない）を開始してしまえば、もはやこの超脳科学者は、対象に対する深く完璧な理解を持つにもかかわらず、相手の振る舞いを完璧に予測することはできず、いわんやコントロールすることもできない。この時この脳科学者は、相手を自由な存在として扱わざるをえない。しかしこのことと、世界が——脳科学者とその観察対象を含めたすべてが——決定論的に動いていることとは、全く矛盾しない。

ここで注意すべきは、「自由」がいわば実体概念ではなく、関係概念になっているということだ。つまり、個別の人間に内在する性質・能力としての「自由意志」なるものの実在はここでは想定されていない。あくまでも人と人との関係において「あの人は自由だ」と人が他者について下すという形で用いられるのが「自由」なる言葉の典型的な用いられ方である、と考える。つまり人が自分について「私は自由だ」と判断するのは、あくまでもそこからの派生的な効果（たとえば、「他人は私について「あの人は自由だ」と判断してくれている」と考えるという形で）によるものだ、とするわけである。

「自由な選択」とは

人が自らの主観的な自由の根拠を、自分の行為の自分にとっての予測不能性・制御不能性に求めるとしたら、ひどくおかしなことになる。もちろん、自分にとっての複数の選択の可能性が意識されていなければ、人は「自分は自由だ」という感覚を持つことはあるまい。しかしながら存在論的な「自由意志」論が普通問題としているのは、言うまでもなく「人が自己の行為の複数の可能性についての自己意識を持つかどうか?」ではなく、「にもかかわらずその複数の可能性を前にして人が実際に行ってしまう選択が、意識されないレベルで自然法則によって因果的に決定されているのではないか?」である。

ごく普通に、人が自らの選択の複数の可能性を何らかの基準――功利主義が想定するような快楽計算、つまり経済学・ゲーム理論的な効用最大化とか、あるいはカント主義的な規則の遵守とか、あるいはそうしたリベラリズムの地平から完全に離れて、マルクス主義的な歴史の進歩、革命の大義への貢献とか、その他の、たとえばカルヴィニズムの予定説のごとき宗教的教義とか――に従って比較衡量して、その基準に照らして「よりよい」と評価された方を選んでしまう、と想定してみよう。このような選択は、全く当事者の主観においては「自由に」、「自由意志に則って」なされたものと言わざるをえないが、にもかかわらず決定論的世界観と矛盾することはない。そしてこのような選択は、「ギュゲスの指輪」をつけた全知の脳科学者にとっては完全に予測可能であるし、完璧な「環境管理型権力」の後者であるならばコントロールも可能である。

だがここで、仮に人の行為選択がいかなる基準にもよらない、完全にランダムなものであればどうか？　もしそうであるならば、完璧な脳科学者にとっても、この人の行為は、決定論的な意味では予測不能となってしまうだろう。しかしそうしたランダムな選択は、当事者の主観においては「自由な選択」であろうか？　そうではあるまい。それは「無意識」、「意志の弱さ」といった概念で問題とされるべきものだろう。むしろ反対に、客観的には完全に決定論的に理解できる、何らかの基準に照らしての選択の方こそが、当事者の主観的には「自由な選択」であり「自由意志の発揮」であろう。それは全知の脳科学者のおせっかいな予言に対して、へそを曲げてわざとひねくれた選択をする場合においても同様である。あえて言えば、人が自らの自由なることを確信する根拠は、他者についての場合とは反対に、自らの行為が自らの欲求・意図によって決定されている、ということである。

このような選択は、法則的に決定されたものであると同時に、普通の意味で「自由」なものであると呼ばざるをえない。もちろんその自由な行為の原因として、因果的法則性を超越する謎の力としての「自由意志」なるものがあるわけではなく、もし人が自分にそのような能力が備わっていると考えるとすれば、それは厳密に言えば「錯覚」であろう。しかしだからと言ってここで人が「自分は自由だ」と考えることまでも「錯覚」であると言うなら、おかしなことになる。この人は「(無関係な観察者ではないところの)他人によってその振る舞いが予測し切れず、コントロールもできない」つまり「他人にいいようにされない」という意味では「自由」なのだから。

自由とリベラリズム

アレントが典型的に示すような意味での、古典的な自由概念は、以上のように考えるならば科学革命以降の我々の世界観とも十分に両立する。つまり我々にとっても古典的な自由概念は意味を失わない、というわけだ。コミュニカティブな関係において、我々現代人もまた、お互いを予測不能で操作不能だが理解可能な存在として、つまり自由な存在として扱う。問題は、主として日常生活における対面的なコミュニケーション関係におけるそうした「自由」の感覚と、我々の意味での近代的な「政治」や「経済」との関係、そこにおける「自由」とはどのような関係にあるのか、である。

このような意味での「自由」とは基本的には人間同士のコミュニカティブな関係性の中での物事に適用される言葉づかいであるが、英語のfreeやその対応語、そしてその翻訳語としての限りでの日本語の「自由」はもう少し広い意味、たとえば物理法則のレベルにおいても「自由落下」(free fall)といった具合に、あるものの状態や運動が外部の力の干渉から免れている場合を形容する際にも用いられたりする。語源的には前者の用法の方が本来的で、後者は派生的な用法、転用であるわけだが、もう定着してしまった言葉づかいである以上「誤用」と批判することに意味はない(進化生物学における「戦略」〔strategy〕なる語の用法もまた同様である)。

だが、「消極的自由」の概念は、とりわけその自由主義的な意味合いにおいては、自然科学における「自由」という言葉づかいとある種似通った構造を持っている、と言ってよいだろう。自由主義的な意味での「消極的自由」とは、基本的には、リベラルな社会の中での、私的活動の自由のことである。もちろんそれは、他人とかかわらず孤立して、私的空間にこもっての私生活の自由のことのみを意味するわけではない。

ただそれは公共圏における行為としても、たとえば完全競争ないしそれに近い状態の市場において、具体的な取引相手と個別的なコミュニケーションを行わず、ただ市場に陳列された――物理的な店舗の店先であろうと、印刷物やネットの通信販売カタログであろうと――商品から、公開情報だけを頼りに買い物をする、といった振る舞いをその典型とする。つまり、外部環境への一方的な追随、適応である。「政治参加」の場合にも、公職選挙に際して、公的に周知の情報のみをもとに、一人で考えて投票する候補を決め、投票する、といった行動はこれに近い。要するにそれは「コミュニケーション可能な特定の他者との具体的な相互作用からの自由」である。

近代人の多くの生活感覚においては、自分たちが古典的な意味において「自由」であるのは主として私生活における近隣知己との関係、社会学風に言えば「親密圏」における振る舞いにおいてであって、公共圏においてはその意味での「自由」は例外的なエリート、権力者のみである、という風に感じられることが多いだろう。リベラリズムの尊重する「自由」とは、そうした親密圏における社交の自由と、大衆社会――個人による有意味な介入を受け付けず、ただ一方的に適応し、順応することを求める相手としての市場が代表する――における孤立者の自由であって、公的領域、公共圏における古典的な自由の可能性は軽視されている。その意味においてフーコーは、リベラリズムを「統治理性」であると説いたのである。それは市民の主体的な政治倫理ではなく、統治者の政策を統制する原理なのだ。

第五章　市場と参加者のアイデンティティ

「政治」の内実

第三章では晩年のミシェル・フーコーの講義を参考に、アレントが本来的な意味での「政治」とは認めなかったであろう近代的な「行政」、「政策」――フーコーの言い回しを借りれば〈統治〉の何たるかについて考察した。そこからのいわば反射として、アレント的な意味での「政治」の何たるかも、ほぼ自動的に明らかになってくるわけであり、第四章ではその点につき少し詳しく論じた。

しかしそのようにきれいにアレント的な意味での「政治」とフーコー的な〈統治〉、あるいは古典的な意味での「政治」と近代的な「行政」とをはっきり区別しすぎることにも、問題はあるのではないか？

　第一に、既に触れたことだが、そもそも二一世紀の我々にとって、「行政」〈統治〉、更に言えばそれが前提としている「社会」を否定してそこから自由になることなど、実際問題として不可能としか思えない。もし仮にアレント的な意味での「政治」を復興し活性化することが望ましいとしても、それが古典古代的な社会経済体制への復帰をもどうしても必要とするのだとしたら、我々にとってそれの持つ実際的な意味は大きく損なわれてしまう。自給自足経済は無論のこと、非資本主義的市場経済――市場的取引の対象を商品＝「果実」にとどめて、資産＝「元物」はそこから排除する――への移行でさえ、破滅的な副作用――生産力、生活水準の大幅な低下――なしにはよくなしえないだろう。

　第二に、これとは逆方向の疑問もまた浮上する。すなわちこうした立論をとると、その反射的な効果として、「政治」のモデル、パラダイムとしての古典古代が、ひどく非現実的に理想化され、歪められてしまうのではないだろうか？　先の貧民の問題もさることながら、ここで考えたいのは近代的な意味での「経済」全般に対する、そのカウンターパートの問題である。「古典古代においては有産者市民は〈統治〉の対象とはならない。あくまでも〈統治〉は私的な領域における私的な支配にとどまる」などと言ってしまうと、あたかも、古典古代的共和政の下においては、有産者市民の財産は、基本的には自給自足のために用いられ、商業その他の取引には投じられないかのごとくである。しかしながら古典古代のギリシアやローマにおいて、商業も信用取引も高度に発達していたことを考えれば、実態はもちろん、観念的なモデルのレベルにおいても、そのように想定するのはやや不自然なように思われる。

以下ではまず、この第二の疑問の方から検討していき、しかる後、その成果を踏まえて、第一の疑問を再審することとしよう。

経済活動を含む「政治」イメージの創出

「政治」に照準することによる古典古代の過度な理想化を回避するための一つの考え方としては、古典古代のギリシア、ローマにおいては、我々が民間レベルでの私的な取引と考えるものも、一種の「政治」であった、としてみる、という戦略がある（この点については木庭顕の示唆による。木庭『ローマ法案内』、『現代日本法へのカタバシス』、他を参照のこと）。

スミス以降の近代の経済学、リベラルな統治理性の下での、市場経済における取引活動がなぜ「政治」とは見なし難いのかと言えば、そこでは人々は、具体的な取引相手との双方向的なコミュニケーションを通じてよりも、匿名的な力（これは言うまでもなくフーコー的な意味での「権力」である）としての市場の「見えざる手」、価格メカニズムや競争圧力に一方的に、受動的に適応する、という形で行動する傾向があるからだ。しかしもちろん具体的かつミクロ的に見れば、我々の日常的な経済活動は、具体的に顔の見える相手との双方向的なコミュニケーションを通じてのものからも成り立っている。ただ、支配的、典型的なモードが、こうしたコミュニカティブな行為なのか、それとも匿名的な相場への受動的な追随（独占企業による市場支配や、政府によるコントロールはその裏返しに過ぎない）なのか、は議論の余地がある。しかし経済学が想定する市場経済の理念的極限としての完全競争は、プライスティカーの仮定が当てはまる、つまりはコミュニケーション不在の状況である。ゲーム理論による革新は次第に状況を変えつつあるとはいえ、近代の経済学の伝統においては、学の基準をなすのは「見えざる手」、匿名的な市場の力の理論であって、具体的な主体間のコミュニカティブな関係の分析ではない。

しかしそうした市場イメージは、古典古代の世界には成り立っていないのではないか？　家のレベルを超えた取引を含む経済活動は基本的に、有産者市民同士の双方向的なコミュニケーションによるものであり、その意味では普通の意味での「政治」と択ぶところはない。ただ、普通の意味での政治、つまりポリスの事業とは異なって、共同体全体を巻き込まず、局所的であるというだけのことである。

以上のように解釈することで、我々は、アレントの奇妙に高踏的な古典古代イメージを修正して、よりリアルな古典古代の政治、そして市民社会モデルを手に入れることができるだろう。『人間の条件』などにおけるアレントの古典古代の「政治」論は、ともすれば「私有財産を基盤として、生存の憂いから解放された市民同士の、それ自体が自己目的化した自由な交流」として、つまりはほとんど「社交」と択ぶところがないかのようなものとして読めてしまう。しかしその一方でアレントは、近世の宮廷「社会」における「社交」に冷笑的な筆を向けているし、他方でまた市場もまた一種の公的領域に他ならない、と発言してもいる。そのあたり一貫しない、腰砕けな印象をアレントの市場論、経済論は与える。

しかしながら我々は、古典古代においても、我々ならば「経済」と呼ぶだろう、市場における売買や、金融取引を通じた、物財のシステマティックな流通が存在したことを踏まえて、それをも取り込んだ「政治」のイメージを作らなければならない。そうなると、個別の「家政」の枠を超えて、複数の家、家政の間での取引を含めた経済活動、更にそこから派生する紛争、訴訟などは、たとえ局所的なもの——つまりは、市民社会レベルのものであっても「政治」と呼ぶことが適切であることになる。そしてその延長線上に、一個のポリス、レス・プブリカ、法共同体全体を巻き込んだ共同事業をも位置づけていけばよい。

古典古代人のビジネス

我々は古典古代人の「政治」を、アレントが知ってか知らずかミスリードしたように「私有財産を基盤として、生存の憂いから解放された市民同士の、それ自体が自己目的化した自由な交流」つまり「衣食足りて礼節を知る人々の、時に命をもかけた、自己目的的な余暇活動」と見なす必要はない。古典古代の市民たちも、私的な利益を求めてビジネスに果敢に参加したし、また公的な政治においても、しばしばそうした私的な利害は絡んでいただろう。私的な利害からは切断された公徳心に導かれた、高貴で自己目的的な営為として彼らの「政治」を崇め奉る必要はない。ただ、彼らのビジネスも政治も、公的な領域において、コミュニカティブな営為として行われていた。つまりビジネスは市場の匿名的な力への一方的服従ではなかったし、政治もまた、有力者に対する一方的な屈従／無力な民に対する一方的な支配ではなかった。それはあくまで、名前を持ち、卓越した存在感を公共圏において発揮することを望む、自由人同士の関係だったのである。

とは言え、古代ギリシア史の泰斗モーゼス・フィンリーは『古典古代の経済』（未訳）において、キケローなどを引きつつ、共和政期ローマの貴族にとっては、アレントも示唆するような、大土地所有に基づく自給自足を基盤とする自律がセルフ・イメージを支配しており、商業や金融はすすんで就くべき営みとはされていなかった、と指摘する。古典古代にはそれらは主として外国人や奴隷の領分であり、逆に土地所有は自由な市民の特権であった。政治的にアクティブな有力市民、貴族たちの家政、所領経営が商業や金融と無縁ではありえず、またそうした取引と「政治」とが不可分のものであったとしても、そうした業務に具体的に携わるのは主として奴隷、解放奴隷たちであったという。こう見ると商業や金融も、古典古代の自由人たちの間では、「政治」というよりはむしろ「家政」の延長にしか過ぎないものとして観念されていたことが多い、と考えるべきなのかもしれない。

しかしながら、それが日常的な商品＝「果実」のレベルの取引であるならばいざ知らず、大規模な財産、資産＝「元物」——典型的には土地——の取引であれば、そうもいかなかっただろう。更にそのような取引であればしばしばつきものであっただろう紛争、裁判、司法手続にまで視野を広げてみるならば、話はまた少し違った様相を呈する。仮に取引が「政治」と呼びうるのであれば、取引の際に生じるトラブル、そしてそれをめぐる訴訟もまた――というより、より一層強い意味で――「政治」と呼びうるのではないか。仮に順調な日々のルーティンとしてこなされる商業・金融取引が、当事者の意識のレベルではほぼ「家政」の延長以上の何ものではなかったとしても、ひとたびトラブルが発生すれば、そうも言っていられなくなるのではないか？

刑事訴訟と民事訴訟

なお、刑事訴訟におけるいわゆる弾劾主義の源泉は古典古代のギリシア、ローマであり、更に民事訴訟における訴訟要件審査と本案審理の二段階構造はローマに由来する。裁判において判決を下す主体――裁判官、陪審等――と訴訟当事者が明確に分かたれ、訴訟当事者――原告と被告が対等の立場で争う弾劾主義の刑事訴訟は、古典的な意味での「政治」なくしては考えられない。裁判官と原告の区別がない糾問主義の刑事手続は、我々が理解する意味での「裁判」ではない。裁判官と原告を一体化した権力が被告をほしいままにできるそれは、言うまでもなく「政治」ではなくせいぜい「行政」である。それに対して訴訟当事者すべてを対等な自由人として扱う弾劾主義の裁判は、「政治」なくしてはありえない。

木庭によれば、この前提の上にローマにおいて成立した民事訴訟は、問題の紛争においてそもそも誰が訴訟の当事者たりうるか、誰が訴えによって守らねばならない死活の利益を有し、誰がそうではないのか（当事者適格）、を弁別する第一段階としての訴訟要件審査と、当事者適格を認められた者同士で保護されるべき利益をめぐって争われる第二段階としての本案審理とを分節化して、紛争を局所化する（これによって私的な争闘における復讐の連鎖がより広い社会全体に波及することを回避できる）。

今日の我々の近代国家においては、刑事訴訟の一方、原告を担う検察は主に法務行政官によって担われ、原告と被告の対決において、問題の犯罪によって害された利益の主体は、狭い意味での「被害者」ではなく、国家ないしは市民社会全体という構図になっている。「被害者」と「加害者」との直接対決は、仮になされるとしても別立ての民事訴訟を通じてなされる。そこでは、犯罪によって社会全体が受けた損害ではなく、不法行為による特定の誰かが受けた損害が主題となる。つまり刑事訴訟においては、大げさに言えば常に国家の秩序そのもの、市民社会全体の利益が賭け金となっているのに対して、民事訴訟（ここでは行政訴訟のことは措いておく）においては局所個別的な私的利害が争われるのが普通である。それゆえに我々は、刑事訴訟については、そこには争いの一方に常に「国家権力」が登場するので、ついそれを「広い意味での政治」と見なしてしまいかねないのに対して、民事訴訟の方は単なる私的な紛争としか見なさないことが多い。

しかし以上のように考えるならば、民事訴訟もまた——それも古典的な意味で「政治」なのだ、ということになる。とりわけ日本のように、刑事訴訟が検察＝行政主導で進みがちな司法慣行の下では、民事訴訟の方こそが「政治」を残しているのだ、と言えるかもしれない（繰り返すが、行政訴訟を考慮の外においてさえ、そう言えるのである）。

公共性——公私の区別を前提とした特殊な共同性

改めて確認するならば、ここで我々は「政治」＝「統治」を、自由人同士のコミュニカティブな関係を通じた相互作用——対立、競争、交渉、共同作業等々を含む——と考えており、それに対して一方的な作用である〈統治〉を対比していることになる。〈統治〉には私的な家の「家政」や必ずしも公的なものではない組織・団体——アンシュタルト等——の「行政管理」も含むし、国家を含めた公的な団体、共同体の「行政管理」も含む。つまり〈統治〉には私的なそれもあれば、公的なそれもある。とは言え、〈統治〉のパラダイムは、公的な団体よりは私的な家の方にこそある。

ではそもそも「公的」であることとは、公共性とは一体、どのようなことだろうか？　それはアレントを含めて古典古代に注目する多くの論者が語るように、単なる共同性とは異なり、公と私の区別を前提とした上での特殊な共同性、としておくとわかりやすい。

この辺については我々にとっては、中世、せいぜい古代末期以降の産物であるところの法人、その延長線上にある現代の法人企業、特に有限責任会社のことを考えた方がわかりやすいだろう。会社をはじめとする今日の法人団体は、一種の共同体である、と言えなくもない。会社の構成員はそれぞれ資金や労力、知恵を持ち寄り、協力して一つの事業を成し遂げようとする。しかし、こうした会社の重要な特徴は、法人格を持つ会社の財産（所有物と債権、つまりはモノや他者への権利）や債務（他者への責任）は、会社の構成員各自の財産や債務とは、厳然と区別されている、ということである。

修道院やある種の宗教的・共産主義的コミューンとは異なり、会社においてその構成員は、自分の財産すべてを会社の財産として喜捨したりはしない。会社を作る人々が会社に投じるのは、自分の財産の一部に過ぎない。人々しばしば、たった一つのではなく、同時に複数の会社の構成員となる。また、特に株式会社などの有限責任会社の場合、会社の負った債務は会社の財産で弁済されるが、会社の構成員の私的な財産までは弁済に動員されない。会社の構成員は株式など、自分が会社に出資した財産の範囲までしか、会社の債務に対する責任を負わない。このような意味で、株式会社を典型とする今日の法人の多くでは、団体そのものとその構成員とは別々の人格的存在として厳格に区別されており、団体の権利義務とその構成員の権利義務は短絡・直結されずに、区別された上で関連付けられるようになっている。つまりそこでは「公」と「私」の区別が厳格になされた上で、公的領域から区別され、おいそれとそこに明け渡されはしない私的領域を確保した自由人同士の関係、つまり「政治」が成立している。株式会社や協同組合、あるいはNPOにおける「コーポレート・ガバナンス」（corporate governance）とは、比喩でも何でもなく「政治」なのである。

古典古代イメージにおける家、修道院を典型とするような出家者のコミューン、またヴェーバーの言うところのアンシュタルトにおいては、こうした公私の区別が成り立っていない。それらは規律優位の〈統治〉の空間である。近代の会社組織においても、会社法で言うところの社員、つまりは株主たちの組織は公的なものだが、普通に現代日本語で言う「社員」、つまり従業員たちは違う。株主たちから実務の執行を委託された経営者によって雇用された存在である従業員は、自らの労力を人的資本として会社に出資してリスクを取る分、意思決定に参加し、利益にあずかるわけではない。従業員は基本的には、雇人として会社から決まった報酬を受けることと引き換えに、雇主の決定を執行する存在である。つまり従業員たちの組織は規律優位の〈統治〉の論理に支配されている。つまり、典型的な法人企業は二重構造を備えている。

蛇足となるが、このような二重構造をあえて非近代的、古典古代的、中世的（と我々には聞こえるような）仕方でデフォルメしてみるとこのような感じである——資金を持ち寄った同輩同士の組合結社が組織の本態にして意思決定部門であり、そこでは自由で対等な討論を通じて経営方針が決定される。しかしその実施、執行は組合員たち自身ではなく、執行担当者（組合の一員が委託を受けるのでもよいし、非組合員に委託されるのでもよい、ただし雇用されるべきではない）が行う。しかし執行業務が煩雑で多岐にわたるので、執行者は自分の家中の者——家族、奉公人、奴隷らを使役して、業務にあたる——と。近代社会はこの後者、執行にあたる機構を家とははっきりと異なったものとして組織化し直していく——奴隷解放も、近代的な雇用管理・労使関係の形成もそのプロセスの一部である——のだが、実はそのプロセスはなお進行中なのである。これについては再論する。

四つの象限

近代人にとっての「経済」の中心であるところの市民社会における市民間の取引関係の、古典古代におけるカウンターパートを以上のように（やや理念的に過ぎるが）捉えるとすると、大体において以下のようなコントラストを古典古代と近代との間に見て取ることができる。

近代において、参加者の数が増え、取り扱われる財やサービスの量も種類も増えて大規模化し複雑化した市民社会においては、ローカルな取引は徐々にコミュニカティブな性質を薄め、ルーティンワーク化、つまりは脱政治化されていく。人々はローカルな取引を、具体的な他者とのコミュニカティブな交渉というよりは、匿名的な市場の「見えざる手」への適応と感じるようになり、そうした匿名的な力による拘束はあっても、具体的な他者からの干渉は感じられない状態をこそ「自由」と見なすようになる。

そのようにローカルな取引を「政治」と感じられなくなった人々にとって残る「政治」とは、より広い大域的な政治、都市や国家レベルの大きな共同体、市民社会全体を巻き込む公事のこととなってしまう。市民間の個別の取引や紛争、更にそれを裁定する訴訟などは「政治」とは感じられない。それに対してそうした個別の取引を規制し、紛争を裁定する大枠としての法の制定や、私人の手に負えない大規模な公共事業とそれをめぐる意思決定こそが、近代人にとっては「政治」として意識される。

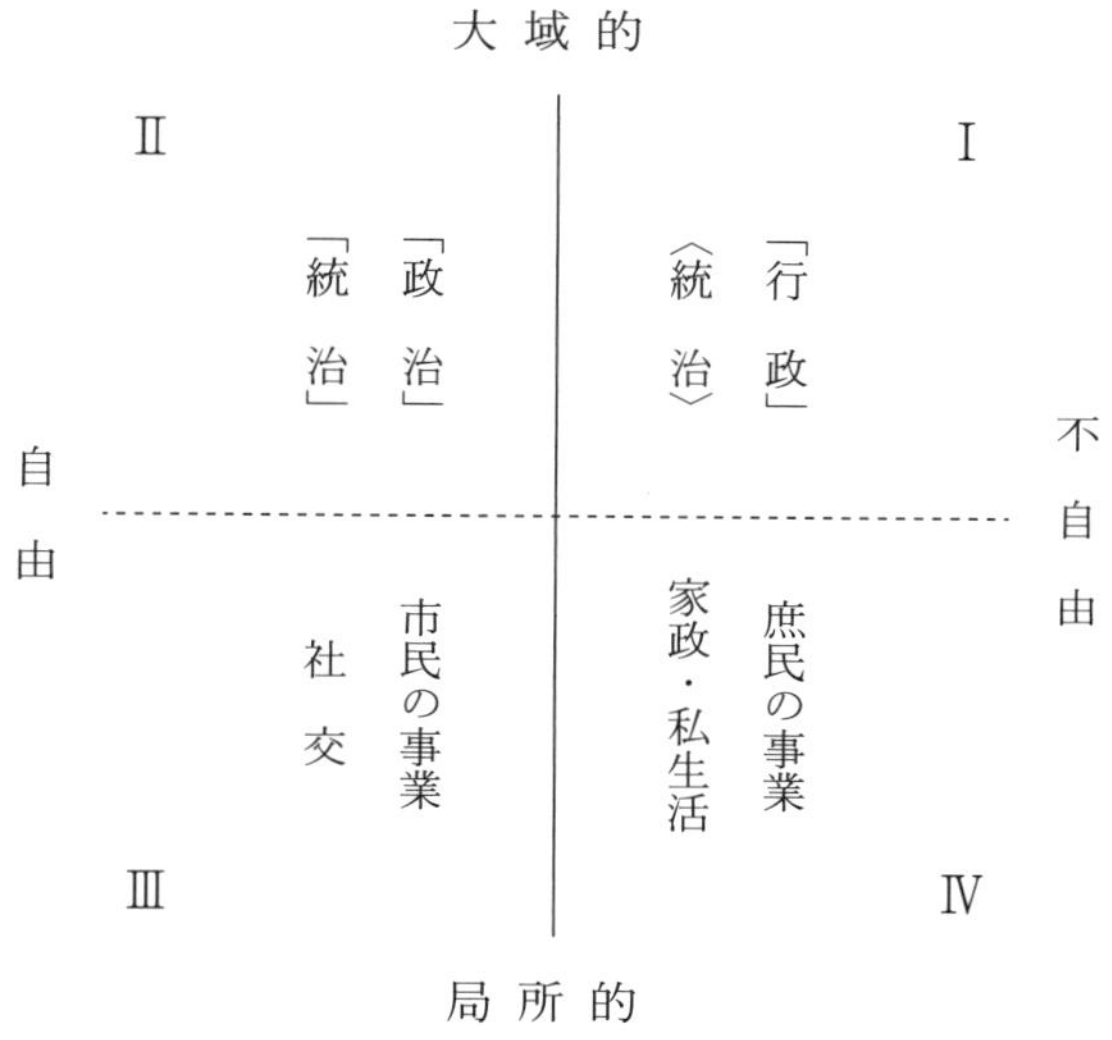

以上は古典的な意味での「政治」だったはずの営為が、脱政治化されて今日的な意味での「経済」に――あるいはアレント的な意味での「社会」になる、という意味転換である。これに対してもちろん、反対に古典的な意味での「政治」ではありえなかったものが、近代においては「政治」と見なされるようになる、という転換も考えられる。すなわち、立法や公共事業であっても、それが社会を構成する自由な市民たちの、議論を通じての共同事業としてではなく、統治権力を独占する誰かによる一方的な事業としてなされるのであれば、それは古典的な意味での「政治」＝「統治」ではない。しかし近代的な意味においては、それはまさに「行政」＝〈統治〉である。

もう少し図式的に整理すると、「公的／私的」という対立軸は、「大域的・全社会的／

局所的・個人的」という対立軸と、「自由・コミュニカティブ／不自由・機械的・規律的」といった対立軸とが組み合わさって出来上がったものである、と見ることができる。単純に「大域的・全社会的／局所的・個人的」軸と「自由・コミュニカティブ／不自由・機械的・規律的」とを組み合わせると、二×二で四つの象限が出来上がる（前ページの図参照）。

古典古代の民主政、共和政のイメージでは、この図において重要なのは横軸であり、縦軸を挟んで左側が公的領域、右下が私的領域、ということになる。ここで「庶民」という紛らわしい表現を用いたが、古典古代であればこれは市民権を持たない外国人、貧民、被差別隷属民、あるいは奴隷などを考えるとよいだろう。ほとんど家政と区別はできない領域である。右上は行政、公共政策、公共事業に該当するが、こうした政策・行政実務を執行する公職に対して、厳しい任期の制限やくじ引きによる選出といった工夫によって、それがエスタブリッシュメントとして自立することを防ぐのが古典的な共和政、民主政の眼目であった。

公事と私事の対比は左上、公的集会での討論と意思決定と、右下、家事、家政の対比によってこそ明確となるが、右上の公的行政や左下の市民的事業の存在を忘れてはならない。無論上述のように古典古代の共和政は右上領域の自立を防ごうとしたが、左下、市民の自由なビジネスについては必ずしもそれは当たらないだろう。

それに対して近代（＝我々）にとっては、横軸を挟んで上が公的、下が私的ということになる。ただしそこで左下、政府の機構ではない私的な組織や団体、あるいは交流であるが、その存在や活動が公開され、公示されたルールに従う市民社会的なものの位置づけにしばしば混乱を来し、それらに対してpublicでもprivateでもないformal、official、「公式」といった形容が苦し紛れになされる。

アレント的な意味における「社会」は左上の、狭い意味での政治を除いた三つの象限全部ということになる。左下、市民社会における市民の自由な事業や社交も、市場経済の大規模化と複雑化に伴い、具体的な取引相手や交際相手の顔が消失し、匿名の市場やサービス産業相手のものに堕してしまうし、右上、公的行政は官僚機構の自立によって「政治」の統制を離れてしまう、というわけである。

「政治」＝「統治」の忘却

この構図を、近代的な政治経済の歴史について、広く普及している他の図式と比較してみよう。第一に、第三章でフーコーの仕事について瞥見した時に触れた、経済学説史的なパースペクティブを思い出してみよう。つまり、スミスの『国富論』を旋回軸として、一八世紀以前のpolitical oeconomyから、一九世紀以降のpolitical economyへの転換という図式である。

それによれば、一八世紀のpolitical oeconomyは政策主体論としての国家論まで含めた総合的な「政治経済学」であったのに対して、リカードゥ以降のpolitical economyは人為によらない自律的なメカニズムとしての市場経済の論理を客観的に解明することを目指す実証科学としての、後の言葉で言う「経済学」(economics)へと舵を切り、「政治」を忘却する、あるいは抑圧する。

しかしながらマルクス主義という異議申し立ては、「経済学」が自然で自明なものと見なす市場経済＝資本主義を、他と比較し、取り替えることもできる、政治的な選択の対象である、と主張して、「政治経済学」を復権させようとした。また一九世紀末以降の現実の歴史的展開も、市場経済の自律的な運動への信頼が崩れて、市場経済を否定する、まではいかなくとも、それに対して絶えず政策的な操作、介入を加えなければならない、という立場を一般化させた。

しかしながらここでの共和主義的構図に照らして言えば、この「政治から市場へ、更にまた政治へ」、あるいは「市場対政治」の対立図式における「政治」とはつまりは〈統治〉＝「行政」のことでしかなく、そこには「統治」＝（語の本来の意味での）「政治」の姿はそもそもない。先の四象限図式で言えば、縦軸の右側、第Ⅰ象限と第Ⅳ象限の往復だけがあって、左側、第Ⅱ象限と第Ⅲ象限が射程に入っていない。

ハーバーマス理論の限界

これに対して、「公共性」についての思想家として、二〇世紀後半以降アレントと並ぶ影響力を発揮した、ユルゲン・ハーバーマスの議論の方はどうだろうか？　ハーバーマスは戦後（西）ドイツの社会哲学者で、いわゆる西洋（西側の非共産党系）マルクス主義（これは非常に広い意味での「新左翼」の理論的バックボーンである）の一方の雄たるフランクフルト学派の戦後世代の代表選手であり、アレントの『人間の条件』刊行に少し遅れて『公共性の構造転換』を発表した。

そこでハーバーマスはアレント同様、古典古代ギリシアの民主政に「公共性」のパラダイムを見出したが、アレントとは異なり、近代市民社会におけるリベラル・デモクラシーと市場経済のセット――ハーバーマスの言葉に従えば「市民的公共性」と呼べるか――と古典古代とを切断することなく、後者、近代市民社会をも肯定的に捉えた。そして一八世紀末の転換――「市民的公共性」の確立――は、単に政策レベルでの国家介入主義から自由主義への転換としてのみならず、政治レベルでの絶対主義から市民的共和主義、更に民主主義へ向けての転換としても捉えられる。それに対して一九世紀末の転換――「市民的公共性」の衰退――は、政策レベルでの介入主義への回帰としてだけではなく、政治レベルでも、官僚制（政府のみならず政党、民間団体いずれにおいても）の成長による共和主義の圧殺として理解される。

二〇世紀の全体主義の勃興も、このようなパースペクティブの中に――つまりは官僚制組織の暴走と、その対極に置かれた一般大衆の無力化とヒステリーとして――位置づけられることになる。つまりハーバーマスの構図では、自由市場経済から国家独占資本主義への転換と、全般的官僚制化の進行によるリベラル・デモクラシーの空洞化とは並行して捉えられている。

ハーバーマスの議論においては、古典的な意味での「政治」が射程に収められている。マルクス主義は批判対象としての経済学にいわば絡め取られて、「資本主義か社会主義か」というマクロ的な体制選択をめぐる階級闘争に「政治」を還元してしまい、経済体制に還元されない、固有の意味での「政治」があるということを理解できなくなった。これに対して、「政治」を「経済」に、「コミュニケーション」を「労働」に従属させる共産党系の正統派マルクス主義から離れて、「政治」、「コミュニケーション」の次元の固有性を主張するハーバーマスの思想は、ソ連型社会主義が崩壊し、「資本主義か社会主義か」の体制選択が問題とならなくなった後も失効を免れ、アレントのそれと並んで「市民社会」と「公共性」の理論の基礎となるべきものとして読まれ続けた。

しかしながらハーバーマスの「市民的公共性」論も、ここで我々が提示した図式から見れば、その限界は明らかである。つまりそこでは、先の古典的な経済学史のパースペクティブの、第Ⅰ象限と第Ⅳ象限の往復に加えて、第Ⅰ象限と第Ⅱ象限の往復も射程に収められているが、依然として第Ⅲ象限はうまく捉え切れていない。全く無視されているというわけではないのだが、ハーバーマスはこの「市民社会における市民の自由な交流」を、「大きな、全体社会、国家レベルの「政治」への準備段階としての、自由な対話を通じた世論（公論）形成」に偏って描くきらいがあり、その結果、いわば局所的な、小さな「政治」としての社交や商取引が軽視されてしまう。

小文字の「政治」の捉え方

もう少しデリケートに、ハーバーマスの「市民的公共性」――それは大体において、リベラリズムの二点セットと同一視できる――との対比において、「古典的公共性」とでも呼ぶべき共和主義モデルの姿を浮かび上がらせてみよう。古典古代的な共和主義の想定する政治社会においては、一人ひとりの市民は、私有財産にその自由と独立の基盤を置いている。市民たちの私有財産

＝私的領域は、公道や広場など、誰の私有財産でもなく、誰でもそこを自由に利用できるが、占有はできない公的領域＝公共圏によってつながれている。この公共圏の創出と維持が、我々が普通に考える意味での、いわば大文字の「政治」であるが、市民同士の公共圏を介しての局所的な交流――利益を目的とする経済取引や、必ずしもそうではない社交や慈善活動――もまた、私事ではなくいわば小文字の「政治」である。そこでは人々は顔と名前の一致する人格的な間柄を保つが、かといってそれは公的な関係であるから、私的な家の中での家族同士の親密性とは性質を異にする。

しかしながらここで市民人口が増え、潜在的には無限の数の市民が公共圏に出入りするようになったとしよう。そうなると、ことに私的利益を目標とする経済取引を中心に、特定の顔の見える取引相手との関係ではなく、匿名的な「市場」全体との関係が重要になってくる。近代において、スミスが「見えざる手」というメタファーで言い表そうとしたものがこれである。「市場」は自由な市民同士が出会う公的領域というよりは、一方的にその匿名的な力に従属すべき「第二の自然」のごときものとなり、かくて小文字の「政治」はその意義を減じていく。

もとより大文字の「政治」の方についても、類似の展開を見て取ることはできるだろう。公的意思決定のための討議の参加者が多くなれば、討論を通じての一致や妥協に至ることはどんどん困難となり、機械的な多数決や、リーダーへの白紙委任が幅を利かすようになる。そもそも小文字の「政治」が衰退すれば、大文字の「政治」をその積み上げとして捉えることもできなくなる。

この「古典的公共性の構造転換」とでも言うべきメカニズムが、たとえばローマ共和政の没落を引き起こした、とまでは言うまい。古代経済において「見えざる手」と呼べるほどの自律的な価格メカニズムがどこまで成立していたか、の検証は困難であろう。また「帝国の成長に伴う、ローマ市民権の拡大が、共和政の機能不全をもたらした」という言い方は全面的な間違いではないとしても雑駁に過ぎる。しかしこうしたメカニズムが多少なりとも作動していた、とまでは言いうるのではないか？　更に踏み込むならば、このメカニズム自体は近代においても見て取ることができるのではないか？

これに対してハーバーマスの「市民的公共性の構造転換」論は、先に見たとおり、我々の古典的公共性の四象限モデルが捉えた問題状況のうち、小文字の「政治」の次元をうまく射程に収められない、という重大な欠点を持つ。より正確に言えば、小文字の「政治」の捉え方が偏っているのである。国家などのレベルでの大文字の「政治」へと貢献しない、市民の自由な交流と、私生活での親密さとを、ハーバーマスはうまく区別できない。社交や商取引をも公的な「政治」として理解することができないのである。

ハーバーマスの「市民的公共性」の意義

ここで改めて、ハーバーマスの「市民的公共性」論の意義を確認しておこう。

元来、西洋マルクス主義をその出自に持つとはいえ、今となってはハーバーマスの「市民的公共性」をめぐる議論は、現代リベラリズムの政治理論の一つの頂点として位置づけられる。実際、彼の言う「市民的公共性」のモデルは、現代リベラリズムの両輪たる、リベラル・デモクラシーと自由な市場経済からなる。そして一九世紀末の構造転換は、単なる変容というより、一種の堕落、逸脱として描かれる。『公共性の構造転換』でのハーバーマスの立論は、社会の現実の歴史的な変化についての実証的な記述とそのメカニズムの解明を目指すだけではなく、望ましい社会モデルとしてのリベラルな政治経済秩序の理念を提示した上で、社会の現状をそれに照らして批判する、規範的な理論としての意味合いをも持っているのである。大部かつ規範的議論に集中したロールズ『正義論』や、難解な歴史的概念分析に集中し、かつその規範的主張が必ずしも明快ではないアレントやフーコーの著作とは異なり、ハーバーマスの『公共性の構造転換』は比較的コンパクトな書物でありながら、規範的議論と実証分析の両方を詰め込み、かつわかりやすいという美点を持っていた。その美点はその後ハーバーマスが、主として規範理論に偏った著作を膨大にものしていった中で、より一層、いわば「原点」として鮮明になってきたとさえ言える。ハーバーマスの立論においては、社会批判の根拠が（たとえばロールズの特に初期の著作がそういう印象を与えかねないが）超越的な観念の楼閣にではなく、歴史的な現実、しかも（アレントのような時間的に遠すぎる古代ではなく）比較的近い過去に置かれている、と読めるので、親しみやすくもある。

それでもなお、ハーバーマスの議論は、やはり現代リベラリズムの規範理論の抱える共通の弱点である、リベラル・デモクラシーと自由市場経済の関係の意義、について十分な理解を提供できていない、という問題を抱え込んでいる。

リベラル・デモクラシーは政党と政府の官僚機構に、自由市場経済は巨大企業の官僚機構とその下での独占資本主義に、それぞれとって代わられ、自由な個人が主役の政治と経済は、官僚組織主体のものになってしまう――このようなイメージ自体はもちろん、彼の独創ではない。その背景にはヴラディーミル・イリイチ・レーニンの『帝国主義論』を中心とした資本主義経済の発展段階理論や、マックス・ヴェーバーの社会学、とりわけ官僚制論がある。いずれにせよそこでは、政治と経済における並行した変化が見出されているのだが、その並行性の性質は必ずしも明らかではない。

確認するが、リベラリズムの両輪をなすリベラル・デモクラシーと自由な市場経済との関係は、それほどはっきりしていない。リベラル・デモクラシーにおける政治参加の主体としての個人の自由と、自由な市場経済の下での個人の経済活動の自由には、重なり合うところもあるが違いも大きい。バーリンの「積極的自由／消極的自由」の区別を想起していただいてもよいが、前者では、個人の自由な活動の最終的な目標は、その個人の「私益」(private interest) ではなく、個人の属する政治的統一体――国家、共同体レベルの「公益」(public interest) であるのに対して、後者では公益への消極的な配慮はともかく、積極的にコミットすることは求められず、あくまで私益の追求がその目標である。

また第一章でも触れたように、自由な市場経済を支える制度的な土台を供給する政治体制が、リベラル・デモクラシーである必要は必ずしもないように見える（たとえば他ならぬスミス『国富論』、また二〇世紀後半の開発経済学のいう「韓国モデル」――非民主的強権政治による自由な市場経済の促進――がその例）し、またリベラル・デモクラシーが自由な市場経済を捨てて、たとえば中央指令型計画経済への移行を選ぶ可能性もある（実際、二〇世紀中葉の西欧社民政権においては、一時、基幹産業の国有化政策が熱心に追求された）。結局のところ両者は不可分の組み合わせというよりは、相互に影響を及ぼし合いはするものの基本的には独立の、別個の存在のように見える。だとすれば、ハーバーマスの言う「公共性の構造転換」も、それをどのように捉えたらよいのか、は一筋縄ではいかない問題である。

伝統的なマルクス主義の図式においては、社会のダイナミズムにおいて基底的なレベルをなすのは経済の方であり、資本主義経済の構造変化――自由主義から独占資本主義への移行――が、要請される社会経済政策を変え、政治体制をも変えていく、というロジックで「政治」と「経済」の関連付けがなされる。そうした還元主義に対して「政治」の次元の固有性を主張するところに、我々はハーバーマスの美点を見出した。しかし、実際のところハーバーマスは伝統的マルクス主義と比して、どの程度優れた展望を提示しえているのだろうか？　レーニンなどを見る限り、自由主義から独占資本主義への移行に対応する、西欧先進諸国の政治体制変化は、制限選挙制に立脚した貴族・資本家層による議会の独占的支配から、労働者階級の政治的成長に対応して彼らを体制内に取り込むべく、参政権を拡大していく、というものとして――つまりは「民主化」の方向で――マルクス主義においても捉えられていた。つまり、オーソドックスなマルクス主義の一九世紀末〜二〇世紀初の転換期理解では、「経済」においてはリベラリズムの衰退が見出されているが、「政治」においてはリベラル——かどうかはともかく、デモクラシーの成長が見出されている。それは現実の社会史の認識においては、『構造転換』のハーバーマスよりも適切かもしれない。

リベラルな社会ヴィジョンの陳腐化

現実問題としてみれば、一九世紀前半において確立したのはあくまでも「市民的公共性の理念」であって、参政権というレベルでのその制度的確立は半世紀以上遅れてしまっているのだが、それはまさにハーバーマスの言う「公共性の構造転換」、つまり「市民的公共性の理念」の没落、陳腐化の時代と重なってしまうことになる。いずれにせよ「公共性の構造転換」を、単純にリベラル・デモクラシーの没落、と捉えることは許されなくなる。うがった言い方をしてしまえば「一九世紀前半に理念として確立したリベラル・デモクラシーが、一九世紀末に制度的に実現されていくとともに幻滅を引き起こしていく」過程として理解した方がまだしもである。

また、経済面においても、一九世紀以降の資本主義が「独占資本主義」に変質したと安易に言ってしまってよいものかどうかについて、疑問が残る。それ自体官僚制的な巨大組織である大企業が発展し、いくつかの産業で独占的な振る舞いをするようになったことは事実である。しかし、そのことをもってあたかも「本来あるべき市場経済、資本主義からの逸脱、堕落」であるかのように論じることには大いに問題がある。大企業であっても将来出現してくるかもしれない未知のライバルまで含めれば、決して競争から自由であるわけではなく、厳密な独占の場合ならともかく、企業の巨大化が即、市場における価格メカニズムの歪み、機能不全を生むとは限らない。それもまた経済の現実の変化というよりは、多分に経済的自由主義という思想への幻滅という意味合いが強かったのではないか。

結論的に言えば、ハーバーマスの言う「公共性の構造転換」とは、制度や社会経済的実態レベルのものというよりは、人々が社会について抱き、政治活動を行う際に指針となす思想、理念レベルでの転換であると考えた方がよい。とは言え、ハーバーマスは単に重要な思想家のテキストを読み込んで思想史、理念史を追究するにとどまらず、そうした「理念」を結晶化させる社会的な実体の歴史、思想のインフラストラクチャーの社会史にこそ焦点を当てていた。つまり政治社会思想が流通するフィールドとしての、商人や知識人が交流するコーヒーハウスやサロンなどの社交の場、更に大量の印刷物の出版と流通が生み出す、ジャーナリズム、マスコミュニケーションというバーチャルな社交空間こそ、彼が「市民的公共性」と呼んだものの内実である(この意味ではハーバーマスの言う「Öffentlichkeit」は「公共性」とではなく、英訳の「public sphere」のように「公共圏」、「公共領域」と訳されるべきであったかもしれない)。「市民的公共性の理念」を生み出したそれらの社会的交流は、ある程度はまさにその理念の具体化になっていたかもしれない。

だがそこでの、理念と現実との幸福な一致は——政治的・文化的コミュニケーション空間のみならず、市場経済のビジネス空間についても——、このプロトタイプ的な「市民的公共性の空間」が、実際には古典的共和主義の場合と同様、一定以上の財産と教養を備えた、社会的に見れば少数のエリートによって構成されていたがゆえに成り立っていたのではないか？　という疑問がまずは成り立つ。

実際「市民的公共性の理念」の理論的プロトタイプの体現者とハーバーマスが見なすカントにせよミルにせよ、この問題に気付いていたからこそ、財産や教養による選挙権の制限を頭から否定することはなく、庶民を啓蒙して漸次的に参政権を拡大していく、という戦略を提言していたし、あるいはまたラディカルな民主主義者ルソーは、共和政国家の基本単位を古典古代的な都市国家のスケールに縮めることを提唱した（既に当時のヨーロッパで現実の国家が広い領域国家となっており、都市国家が時代遅れとなっていた、という現実に対しては、おそらく彼は「連邦制」という答えを用意していたであろう）。これら思想家たちは、自分たちの提示した理論と実践との間の懸隔には十分自覚的で、その間を埋める実践感覚もそれなりに働かせてはいたのだ。だが、現実の歴史の展開は、こうした漸進的改革戦略の展望を超えて急激に展開してしまった――その結果が、「大衆社会」への旧タイプのエリートの幻滅として、かつてのリベラルな社会ヴィジョンの陳腐化につながったのではないか。

更に言えば、そもそもこの「市民的公共性」の理念は、果たしてどこまで魅力的であったと言えるだろうか？　先に指摘したように、リベラル・デモクラシーと自由な市場経済のセットは、先の古典的公共性の四象限図式で言う第Ⅲ象限、小さな「政治」を取りこぼす危険が大きい。ハーバーマスの、そして現代リベラリズムの政治理解においては、ローカルな、小文字の「政治」

は大文字の「政治」へと貢献する限りにおいて「政治」的、と見なされ、そうではない場合には単に私的な営みとして、本来の意味での私的領域と混同されてしまう。そして経済的リベラリズムにおいてもまた、そうした無数の小文字の「政治」は市場の「見えざる手」によって均され、押しつぶされるものとしてしか捉えられない。むしろ「市民的公共性の理念」それ自体が「古典的公共性の理念」からの堕落であり、その魅力はむしろそこになお残存する「古典的公共性」の残骸によってこそもたらされている、としたらどうだろうか？

閉じられた家政と完全競争経済

ここで言う「残骸」とは具体的には何か。ここでリベラリズム以降の我々がしてしまいがちな短絡的誤解を避けるためにも——しかしそうした誤解には、ほとんど不可避と言っていいほどの、十分な理由があるからこその、リベラリズムであることを理解するためにも、しつこいようだが確認しておこう。

たとえばリベラルな経済学の図式にならって、我々は一方の極に、自由な参入退出に開かれ、可能性としては無数の経済主体がそこに参加するために、個別の経済主体は誰もその全体をコントロールすることはおろか、意味ある影響を及ぼすことさえできない完全競争市場経済を置き、そして他方の極に、少数の、互いをよく知る主体間の閉鎖的な共同体的取引関係を置いて対立軸となす。そしてあろうことか、未開社会の贈与交換も、中央指令型計画経済も、資本主義的な企業組織も、更には生活共同体としての家族さえも、開かれた市場経済との対比において、後者の軸に引き付けて理解してしまう。ギリシアやローマのような、古典古代の都市文明についてさえ、その図式を当てはめてしまうことへの誘惑は強い。つまり、開かれた市場と閉鎖的な共同体的関係との対比によって、公共性と私的領域の対比を理解してしまおう、という誘惑がある。もちろんそれとは全く別に、国家と公共性を対比し、市場も閉鎖的関係も家・個人レベルの私生活もすべてひっくるめて私的領域と一括してしまう雑駁な見方もある。しかしそのような見方では捉えられないのが、市場経済の公的領域、公共圏としての側面である。

古典的な意味での公共性として市場経済を理解するためには、伝統的な（いわゆる一九世紀の、経済学史特有の意味での「古典派」、そして二〇世紀前半くらいまでの「新古典派」――あるいはケインズの言う意味での「古典派」）経済学とは異なり、完全競争市場をそのパラダイムとするよりは、むしろ企業――家族企業ではなく、株式を公開している公式組織としての企業――や、あるいは少数の大企業がしのぎを削る寡占市場の方が相応しい。新古典派経済学からすれば寡占市場は「不完全競争市場」であり、特定の株主や経営者、従業員からなる企業もまた市場に対する制限である。無限の、互いに識別できない主体からなる完全競争市場とは対極的な、その存在と性格を容易に識別できる、有限の数の主体同士の関係であるという点において、それは一見、家政や未開社会と同種のものに見えるかもしれない。

しかしながら寡占市場が、現実には少数の主体同士の関係であったとしても、それが市場であるならば、つまり自由な参入と退出に開かれている限りにおいては、閉鎖的な私的領域とは区別されねばならないし、公式組織としての企業も、株式市場や労働市場に対して開かれていて、金を積めば誰でもその株式を取得でき、縁故によらない公開情報による採用活動を行っていれば、やはりそれは家政とは質的に異なる。

無論この観点からしても、完全競争市場は一種の極限——参加者の数が無限大となるという意味で——である。だが新古典派経済学、より広く言えばリベラルな経済観にとっては、その極限が同時に理念であり、理想であり、つまりは模範、基準であるのに対して、ここで提示したいわば古典古代的経済観からすれば、それは逸脱——とは言わないまでも堕落である。完全競争市場においては、そこがいくら開かれた場所であったとしても、参加者のアイデンティティが際立つ可能性が消えてしまう。その意味においては逆説的にも、閉じられた家政と完全競争経済は、対極を通って同じ結果をもたらしてしまうのだ。

市民的公共性と古典的公共性との対比

確認するが、伝統的な経済学においては「自由な参入退出に開かれ、そこに参加する主体は無限大の数のライバルに隠れて個性を埋没させてしまう完全競争市場」と「特定の互いによく見知ったメンバーの間で閉鎖された共同体的関係」との対比がなされるのに対して、古典的公共性の図式においては「自由な参入退出に開かれ、参加者は公共の眼に晒されてそのアイデンティティをあらわにせざるをえない市場」と「公共圏から壁によって区切られ保護された家の中」との間にこそ基本的な対比がある。となれば、「自由な参入退出に開かれ、参加者は無限大の数のライバルに隠れて個性を埋没させてしまう完全競争市場」と「自由な参入退出に開かれ、参加者は公共の眼に晒されてそのアイデンティティをあらわにせざるをえない市場」との対比はまさに「市民的公共性」と「古典的公共性」との対比である。

ハーバーマスが『公共性の構造転換』において政治に着目しつつ描いている転換は、無論「市民的公共性」の堕落として捉えられているが、まさにこうしたロジックに対応している。大衆民主主義の状況下では、普通の市民ははっきりした政治的アイデンティティを発揮できず、埋没してしまう。すなわち「自由な参入退出に開かれ、参加者は公共の眼に晒されてそのアイデンティティをあらわにせざるをえない討議場としてのメディア空間」から「自由な参入退出に開かれ、参加者は無限大の数のライバルに隠れて個性を埋没させ、主体的な討論の参加者ではなく受動的な情報の消費者にされてしまうメディア空間」への転換が描かれている。

しかし社会経済面での転換については、メディア産業における独占・寡占化傾向に論及しているあたりから見ても、あるいは後に『後期資本主義における正統化の諸問題』なる著書を書いている（「後期資本主義」〔Spätkapitalismus〕はドイツ語の言い回しだが、おおむね二〇世紀の「独占資本主義」を表す言葉と考えてよい）ことからも、自由市場経済から独占資本主義へ、の転換として捉えていると見てよいだろう。「自由な参入退出に開かれ、参加者は公共の眼に晒されてそのアイデンティティをあらわにせざるをえない市場」については、その視野から抜け落ちている。

市場における公共性の弱体化

だが我々は先にも述べたように、資本主義経済の発展段階としての「独占資本主義」なる概念の意義については大いに疑いを持っている。伝統的な歴史研究は確かに、この時代、特に重化学工業の成長に伴ってそれ自体巨大な官僚組織である巨大企業の成長に注目してきたし、またそうした企業による市場の支配、操作への懸念、それへの対応としての独占禁止立法を重視してきた。またその一方で農業保護政策や労働立法など、そうした「強者」に対して「弱者」を保護するための国家による市場経済への介入と操作の本格化もまた、この時代の特徴とされてきた。その限りでこの時代を、ある意味での「転換期」と見なすことには一定の根拠がある。

ただしそうした変化の中心は国家による立法、政策や、それを支える政治理念のレベルにある。企業のレベルでも新たな経営手法、組織原理の登場を見ることはできるが、それも広い意味で「理念」的なものと見なすことができよう。それに対して経済の実態が本当に「段階」的に不連続的な変化をこの時期起こしたのか、は実は明らかではない。巨大企業が増えたことで、それ以前に比べて市場における競争のありようが質的に変化したことを計量的な手法で堅実に実証した研究は、管見の限りでは存在しない。そもそも巨大企業の増加自体、重化学工業の成長に伴う一時的な現象で、産業構造が変化するに伴ってその傾向は逆転することもありうる。つまり「資本主義経済の成長とともに、大企業のウェイトが増えて、市場が独占的になる」という歴史法則、傾向は存在しない、と言ってよい。

すなわち「公共性の構造転換」の経済的側面もまた、自由な市場経済から独占資本主義へ、という伝統的なマルクス主義の枠組みにとらわれたハーバーマス自身の理解からは離れて考える必要がある。そもそも「資本主義が自由主義段階から独占資本主義＝帝国主義段階へと構造転換した」という仮説自体が怪しいわけであるが、仮にそれを受け入れたとしても、その変容のどこが厭わしいのか、についてはよく考えてみる必要がある。教科書的なリベラリズムの経済学に従えば、自由な市場経済の方が独占資本主義よりも効率的なのだから、その観点から独占資本主義への転換を嘆き批判することに意味がなくはない。しかしそれ以上に重要なことは、後者においては市場への新規参入、参加の機会における公平性が損なわれるということである。公共圏としての市場が損なわれる、ということにその問題の核心がある。しかしながらその、市場における公共性の弱体化は果たして、もっぱら巨大企業による独占の進行によって引き起こされたものと言えるのだろうか？　むしろ「自由主義段階」においても進行していた、市場経済それ自体の大規模化、その中での個々のミクロ的経済主体の存在感の喪失――それは正統派のリベラル経済学にとっては、まさしく寿ぐべきことなのだが――こそが、問題の核心だったのではないだろうか。

やや先を急ぎすぎたので、話を元に戻そう。すなわち、古典古代の「経済」の過度のロマン主義的理想化を中和する作業はこれくらいにして、第一の問いの方に戻ってみよう。

第六章　信用取引に潜在する破壊性

債権債務関係

第二の疑問が、「古典古代はそれほど素朴か？」という問いであったとするならば、第一の問いは「我々はそれほど古典古代から遠いのか？」とでも言い換えられよう。ここではそれを「借金」――債権債務関係という角度から見てみよう。

そもそも私有財産の秩序の下において、市場的な取引がいかにして発生し発展するのか、についての展望は、特に経済思想史、経済学説史においては、どちらかと言うと商品売買モデル、更に言えば剰余モデルに則って理解されることが多かったと思われる。すなわち、私有財産としての私的領域において自給自足していた人々が、余剰生産物を贈与し、更に交換するところから始まって、やがて交換なしには生存できないようになっていく——というストーリーが暗黙の裡に念頭に置かれていたように推測される。ロックの議論などはその典型であり、更にこうした水平的な取引の延長線上に、一種の組合として統治権力、国家機構を構想するものであった。契約論的国家論をとらないスミスの経済社会論も、おおむねこの線に沿ったものであったと言える。すなわち、対等な個人間の、影響力の水平的な相互行使とは異なる、国家の垂直的な権力も、もとはまさに水平的な取引を通じて形成してきたものだ、という。

しかしながら理論的には以下のようなストーリーも考えられるし、実際にもこの「剰余モデル」に優越するのではないか。すなわち、ある人が何らかの不運、不調によって十分な生産を上げられず、生存の危機に陥る。その際隣人からの贈与によってしのぐ。しかる後にその贈与に返礼をする、あるいはこうした不調の際の助け合い慣行から取引が発展していく——という風に。この後者のストーリーに則るならば、取引の、そして市場経済の発展の考察において理論的出発点としては、余剰の贈与に始まる交換というよりは、欠損を埋めるべく行われる贈与と、それに引き続いて行われる返礼をモデルとすべきである、ということになる。

前者、剰余モデルにおいては、実は時間的な前後関係はそれほど深刻な問題ではない。共に手許に余剰を抱えた人同士が出会えば、どちらの側から贈与が行われてもよい。そこから展開する相互贈与＝交換は、同時的ないし無時間的な交換、あるいは売買へと自然に展開していくものとして理解される。それに対して後者、欠損モデルにおいては、時間的な前後関係は決定的である。まず欠損があり、それを埋めるために贈与がなされ、返礼はその後にしかありえない。ここからの自然な発展として展望されるのは同時交換から売買、ではない。そうではなく貸借、それも土地や耐久物＝「元物」の賃貸借ではなく、種類物や金銭＝「果実」に典型的な、消費すればなくなってしまうものの消費貸借である。このような、時差を伴う信用取引のどこが危険かと言えば、いったん取引が開始されれば双務的ではなく片務的になる――贈与をした側、あるいは貸した側＝債権者はもはや贈られた側、借りた側＝債務者に対して義務を負わず、後者の方のみが一方的に前者に対して義務を負うことになる――のが通例だからである。

この場合貸し手、債権者は、借り手、債務者がきちんと義務を履行しない、借りを返さないというリスクに直面している。そのリスクを超えて貸借という仕組みが慣行として確立するためには、いくつもの工夫がいる。しかしその工夫は基本的には、端的に言って貸し手が借り手に対して権力を振るい、債務を履行するよう強制する、という方向に行かざるをえない。

債務者への権力行使

わかりやすいやり方はもちろん、物理的な暴力をもっての強制、またそうした暴力をちらつかせての威嚇である。返済不能に陥った債務者を捕縛し、強制労働につかせて債務を弁済させる仕組みとしての債務者監獄は、実のところ近代に至るまで存続していた。また、後ほど担保という仕組みについて瞥見するが、無産者が自分の人身そのものを担保に入れて、返済不能となった場合には債権者の奴隷――こうした債務奴隷制は、古典古代においては戦争捕虜と並んで支配的な奴隷供給ルートであったという——となるわけで、これもまた暴力の威嚇による債務履行の強制の一パターンと言えよう。

それに比べると奴隷制の否定はもちろん、破産制度の整備（とは言え、後に見るように、その原型は古典古代に遡るわけだが）によって現代の債務者は保護されているが、それでもなお現代の金融機関などの債権者は、もっとマイルドなやり方ではあれ、借り手——債務者に対してれっきとした権力を行使していると言える。以下それを見ていこう。

破産制度が整備されれば、債務者の身の安全の保障が高まる一方で、貸し手の貸し倒れリスクは高まる（いわゆる「モラルハザード」）わけであるから、貸し手としてはどうしても、借り手を選別して、優良な、安全な借り手だけを選んで貸出を行おうという志向を持つし、貸借関係が長期に及べば、借り手に対する監視活動も行われる。となれば、どうしても貸し借りの取引市場においては、貸出の側が不足するきらいがある。更に貸し倒れリスクの低い安全優良な借り手を、特に大口かつ長期の貸出に引き付けたい場合には、あえて利子の引き下げなどの優遇措置を提示することもしばしばなされる。長期のローンにおける条件付き更新契約——スケジュール通りに順調に返済する債務者には金利引き下げなどのサービスを行う一方で、返済が滞る借り手には逆に契約の打ち切り等の脅しをちらつかせる——といったやり方は、れっきとした権力行使であると言えよう（ex. サミュエル・ボウルズ『制度と進化のミクロ経済学』）。

格差、不平等の先行

このように、欠損から出発する消費貸借、を起点とするモデルにおいては、余剰から始まる交換、を出発点として取引、市場を理解するモデルとは異なり、極めて自然に、一方的で垂直的な権力行使のメカニズムを理解することができる。またそこでは、もともとは公共圏から、市場から、取引から隔離され保護されていたはずの私的領域が、まさに最初から市場による浸食の可能性に晒されたものとして現れてくる。このようなモデルにおいて取引、市場を理解するならば、それが私的領域を侵食し、人間活動のありとあらゆる局面を、潜在的に市場化・商品化し、貨幣という尺度に基づけて評価する資本主義へと発展していく可能性がより展望しやすくなるはずである。

古典的なマルクス主義の、資本主義的蓄積と搾取についての理解は、「本源的蓄積」における政治的暴力の作用の問題を括弧に入れるならば、あくまでも形式的には対等な交換関係の中で、次第に蓄積の度合に差が生じ、それが大きくなる——という形で市場経済の中での経済的格差、不平等を理解する。その場合、取引に先立っては不平等は現実問題としてはもちろん存在しているだろうが、別に取引が起きるために不平等、格差が存在している必要はない。平等な社会でも取引への動機は生じる。その意味ではこれもまた、経済学の伝統において支配的な、剰余モデルの一ヴァリアントなのである。しかしながら取引の基本形が同時的交換(即金決済による売買)

よりは時差を伴った交換（信用取引、消費貸借）であるとするならば、格差、不平等は取引の開始の前からあるのみならず、それを開始させる駆動因そのものである。

売買ではなく、貸借を基本に市場経済、資本主義全体を捉えよう、というプロジェクトは、フリードリヒ・ニーチェ『道徳の系譜学』に想を得てドゥルーズ&ガタリ『アンチ・オイディプス』で展開されているが、彼らにおいては古典古代は集権的帝国を典型として理解されており、ギリシア＝ローマ的市民社会、共和政の位置づけが不明確であり、贈与や貸借と売買との間の微妙なずれの問題が真剣に捉えられていない。しかし以上のように考えるならば、貨幣によるその都度の決済を志向し、同時的交換、売買を典型として市場経済を捉えようという立場は、一面では資本主義の現実を隠蔽、糊塗するイデオロギーとも言えようが、また一面では資本主義に内在する不平等化傾向を逆転はしないまでも歯止めをかける安全装置をそのただなかに求めようというスタンスであるとも言え、両義的であることがわかる。

担保制度という抜け道

もう少し具体的に考えてみよう。取引開始前の自然状態において、財産の配分が不平等であったとしても、財産保有者のそれぞれは各自の財産を活用して自給自足が可能であったとしたら、それぞれは独立して自由である、と言える。そこに取引が繁茂し始めるとしよう。そこでの取引においては贈与交換、信用取引が支配的であったとしたら、先に指摘した、債権者と債務者との間の非対称性ゆえに、不平等の程度が悪化する危険が発生する。長期的には、一部の財産保有者の財産が、自給自足、独立を不可能にするまで削り取られる可能性がある。最悪の可能性は、抵当、担保の導入によって現実化する。

先にも見たとおり信用取引においては、時差が伴うためどうしても現代経済学流に言う「モラルハザード」――この場合は、購入した商品の対価の支払いや、借りたものの返済ができないという、債務不履行の危険――が発生する。とりわけ取引の対象が、消費されると消滅するような財である場合には、差し押さえが効かない。そのため、利子がとてつもなく高くなるか、あるいは別のものを差し押さえの対象として担保する、という仕組みが発達する。しかし言うまでもなくこれが極めて危険なのである。高利貸しが、債権者と債務者の間の格差をより一層悪化させることは言を俟たない。また担保制度においては、担保として差し出した財産を根こそぎ失う危険、あるいは人身そのものを担保とすることによって、債務が履行できずに奴隷となってしまう危険がある。アテナイのソロンの改革、あるいは共和政ローマにおけるグラックス兄弟の挫折等のエピソードを見れば、これが古典期市民社会における一大社会問題として意識されていたことがわかる。

このように、公共的な、つまり自立した市民同士の信用取引には、まさに市民社会の根底そのものを破壊しかねない危険が秘められているため、幾重にも防護壁、セーフティーネットが張り巡らされねばならない。たとえば、信用取引をあくまでも「果実」の短期的な取引にかかわる商業信用にとどめて、土地や大規模な富の集積への長期的な投資には運用させせない、という戦略が考えられる。これに加えて、信用取引ではない即時的な取引においても、土地や資産＝「元物」それ自体の取引を、禁止はしないまでもきつく規制する――ことにそれらの市場を、匿名的な競争的市場にはしない、というやり方もある。すなわち「元物」の取引は、その対象が大規模であって長期的な信用取引なしにはなしえず、そのことが取引当事者の間に支配従属関係を持ち込んでしまう危険が大であるのみならず、人の生存の基盤そのものを取引対象とすることが人の身分、ひいては生存そのものを脅かし、市民社会の連帯を破壊しかねない、と。

ここで忘れてはならないのは、担保制度である。仮に長期の資本信用や、土地や資産そのものの取引が厳しく規制されたとしても、担保制度が手つかずなら、抜け道になってしまう。商業信用においてそうした資産への担保が設定されてしまえば、この規制の底が抜けてしまい、資産の移動が――それも傾向としては、富める者にますます信用が集中し、その富が自己増幅し、貧しい者はどんどんそのなけなしの資産を失っていくという方向で――起きてしまう。そう考えるならば、担保の設定にもかなりきついコントロールをかけねばならない。

倒産処理

市場経済の中での取引を、あくまで即時決済の売買を中心とし、貸借――とりわけ消費貸借は、しないとは言わないまでも一定の枠の中に収め、具体的には人身はもちろん、まとまった財産を担保とするような取引は行わない――という風にすれば、取引をかなりの程度無害化する――ほとんど自給自足の世界と同程度までに、各自の独立と自由をうまく守ることができそうであるように思われる。木庭が描き出す共和政ローマは、まさしくそうした理念の下にあったかのごとくである。そこには倒産処理法制の原型、債権者平等の原則さえ見出される。

倒産処理における債権者平等と包括執行の原則とは、返済不能に陥った債務者に対して、債権者が豺狼《さいろう》のごとく襲い掛かって身ぐるみ剝ぐべく相争うことを回避し、債務者の身を守るのみならず、債権者間の公平をも確保する意義を持つ。もちろん、ことに近代的倒産処理においては、担保制度が発達し、しばしば抵当権の順序が予め設定され、倒産の際にはその予め定められた手順に応じてほとんど機械的に債権者の権利が確定され、確保されるような仕組みがしばしば目指されている。しかしながらそうした、債務者を丸裸にしてでも債権を可能な限り回収する清算型手続の対極として、債務者の事業を継続させて長期的な債権回収を目指す再建型手続が近年では重視されるようになっている。だがそれは必ずしも「現代的」なものではなく、むしろ古典古代的なものなのではないだろうか？　少なくともそれは倒産処理を資本主義的な「市場の論理」に任せるのではなく、共和主義的な合議体によって処理しようという志向、いわば草の根の政治であると言える。

無産者への与信

だがそうした古典古代的な論理にも問題はある。そうした社会では、既に財産を保有している者の地位は安泰だが、何らかの理由で無産者としてこの社会に到来した者が成り上がるチャンスが極めて少ない。無産者が財産を要する事業を行おうとするならば、既にある物財を賃借するか、あるいは金銭を借りて（消費貸借して）元手とするしかない。前者は比較的安全だが、土地建物のような一般的なものならともかく、特定の製品を作る製造業などの場合、自分の事業にちょうど都合の良い資本設備が既にある可能性はそれほど高くない以上、債務奴隷となる危険を冒してでも、後者に賭けるという選択に出る者が少なくないだろうことは想像に難くない（とは言え、現代ではまさにこの顧客の「事業に都合の良い資本設備」を調達して顧客にレンタルする「ファイナンス・リース」なる業態も確立している。これは主として固定資産税などの節税目的で発達したものと思われる。また工場あるいはその一角を貸し出す「作業場貸出」も例がないわけではない）。逆に、古典期ギリシア＝ローマでは使役した奴隷を解放して自由人となし、自らの事業を承継させることも多かった。この場合解放奴隷は、自由人ではあるが元主人のリーダーシップに服する子分（クリエンテース）となるわけである。

人身を抵当に取ることを禁止した場合、無産者が成り上がれるチャンスが形式的には残されている社会においては、そのチャンスの実質に他ならぬ、無産者への信用供給に相当なボトルネックが生じることになる。すなわち、貸し倒れリスクゆえに無産者への与信に貸し手が及び腰となる。このような世界では全般的に無産者が活用できる資金、信用が不足せざるをえない。協同組合の課題の一つはここにある（後で論じる）。あるいはこの信用問題は、大資産家がアンフェアに政治的影響力を獲得し、市民社会の基盤を破壊する経路ともなりうる。

いずれにせよこのように考えるならば、いわゆる福祉国家的な修正資本主義的規制・保護政策、わかりやすいところでは昨今の消費者金融における上限金利規制はもちろん、広範な商取引における消費者保護立法、更には借地借家法における賃借人保護、そして農業保護や労働政策に至るまでの様々な社会政策もまた、資本主義の現代的転回、社会主義の挑戦への対応としてのみならず、古典古代的共和主義のモメントの復興という観点からも理解できることがわかる。この点につき、章を改めて検討しよう。

第七章　「市民」の普遍化

7.1　「リベラル」な「共和主義」

フローとストック

端的に言えば、ここで言うところの共和主義の趣旨とは、有産者＝市民の零落を防ぎつつ、なお開かれた市場における取引秩序を維持し、活発化させる、というものである。しかしこれだけでは、古典古代の共和政体の社会においてしばしばそうであったように、閉鎖的、排他的、寡頭的となる恐れが非常に高い。既存の有産者＝市民の地位を守ることは、新規参入を許さないことにしばしばつながる。無産者は有産者の支配下から脱することができない。既に有力者の家人である者はそこから独立できず、家人ではない者は賤民のままである。それに対して、より開放的で平等主義的な、リベラルな共和主義、あるいは共和主義的福祉国家というものを考えるとするならば、それは「すべての人を有産者＝市民とする」ことを志向するものに他ならない。更にそれはまたリベラル・デモクラシーでもなければならないことは、言うまでもない。「共和主義・イコール・デモクラシー」というわけではないが、一部のエリート層ではなく、その政治的共同体のメンバー全員、統治の対象となるすべての人々が同時にまた統治のありようを決定する主体でもあるような共和主義、つまりここで言うリベラルな共和主義は、明らかにデモクラシーの一種である。

それに対して共和主義的ではないリベラリズム、とはどういう立場か、と言えば、人が生きていくためには（外なる自然を抜きにしても）市場へのアクセスがあれば十分で、まとまった財産は必ずしもいらない、とするものである。財産を保有しない者でも、原材料・資材や土地・設備を借り入れる、あるいは報酬と引き換えに仕事を請け負うことができる。あるいは有産者の支配下に入って働く――雇われてもよい。しかし共和主義者の立場からすれば、開かれて自由な市場においては、自由であるがゆえに常に取引がうまくいくとは限らず、だからこそ市場に参加する者には、いざとなれば取引からしばらく撤退しても食いつなげるだけのまとまった財産が必要となる、ということになる。それゆえに無産者は独立した市場への参加者とはなりえず、有産者に支配されてその家人となるしかない、というのが古典的な――その影響は古代のみならずロックやカントに見られるように近世にまで及ぶ――共和主義の発想だろう。それに対して、市場が経済学の言うような意味で十分に競争的であれば——つまり情報がスムーズに伝わり、資源の移動も容易で、かつ取引相手が容易に見つかるのであれば——、それは必要ない、というのが、狭い意味での（共和主義的ではない）リベラリズム、フーコー的に言うならリベラルな〈統治〉の立場だ。ここで問題となっているのは統治の手法と目的であり、リベラルな〈統治〉はその対象である人々を平等に扱うが、その統治の主体のありようについては必ずしもそうではない。つまりいかなる〈統治〉をどのように行うか、の決定主体は、〈統治〉される対象たる人々自身である必要はない。それは「人民のための政治」ではあっても「人民による政治」である必要はない。

また、経済を中心に市民社会の私的生活領域の方に目を転じるならば、共和主義においてはフローとストック、果実と元物を基本的に区別した上で、市場は主に前者、フロー＝果実の流通する場と考えられている。それに対してリベラリズムの基盤となる資本主義＝近代的市場経済は、フローとストックの区別を曖昧にし、後者を前者の単なる集積に還元しようとするきらいがある。

フローに焦点を合わせ、その流通の場としての市場を公共圏の核心と見なすことによって、リベラリズムは無産者をも市場への自由な参加者、つまりは「市民」として扱うことができる。しかしリベラルな〈統治〉の立場はそれ以上には踏み込まない。更には、市場に十分に参加できない——財産もなければ労働もできない人々に対する生活保障がなされる場合でも、それはあくまでも生存（それは実はアレントの意味での「労働」の一部だ）に必要なフロー（金銭であれ物資・サービスであれ）の供給として捉えられる。狭い意味でのリベラルな福祉国家論は、市場をフローの流通の場として捉えるのみならず、福祉行政もまたフロー供給機構として捉えることになる。

近年話題となっているベーシック・インカム構想も、多くの場合この域を出るものではない。

これに対してリベラルな共和主義、その下での福祉国家論（実は「財産所有のデモクラシー」を標榜する後期ロールズの構想もこちらに属するのだが）においては、福祉行政は単なるフローの供給としては捉えられない。実際の政策手段はフロー供給の形を取るとしても、その眼目はストック形成の支援にある。農協やその他協同組合による、中小零細事業主に対する金融支援などはその一例だが、雇用労働者向けにも、たとえば持ち家取得支援のための税制や政策金融などをこのような文脈で捉えることができるだろう。また雇用保険や社会保険なども、単にフローの給付というより「フローを生み出すストック＝財産の代替物」として捉えよう、ということだ。ロベール・カステルの「社会的財産」という言い回し（カステル『社会問題の変容』、他）はこのように解釈されるべきである。

「市場の失敗」再考

既に示唆したとおり、資本家や地主といった有産者と、雇用労働者や請負人、小作農といった無産者ないし零細事業者との間の取引関係に対して、なぜ社会政策的介入がなされねばならないのか、についての古典的——というより、フーコーの言う「リベラルな〈統治〉」の立場からの——説明としては「市場の失敗」が持ち出されることが多かったが、その含意を今一度確認しておこう。

「失敗」が生じていない十分に競争的な市場では、売り手も買い手も多数存在していて、長い目で見れば誰も市場全体、どころか特定の取引相手や競争相手をさえコントロールすることはできない。これは取引主体の規模、財産や売上などとは直接には関係のないことである。事業規模の大きさがしばしばしば交渉力や市場支配力に結び付けられるのは、大企業がしばしば少数の突出した存在として市場に君臨し、競争が弱められるからである。誰もが全体もお互いもコントロールできないからこそ、各主体はただ、全員が共通に直面している環境——自然環境や社会的技術水準等——に適応すべく最善を尽くし、お互いの足の引っ張り合いに精力を空費しない、というわけである。そこでは誰もが、特定の誰かから強制を受けてはいない、という意味においては、自由である。

労働・農業問題の文脈における「市場の失敗」論は「ここで雇主や地主の側が雇用労働者や小作農に対して、より多くの富を持つばかりではなく少数であることによって取引上優位に立ち、競争を歪める」という風に議論を始める。仮に労働市場が十分に競争的であれば、本来であれば提供可能なはずの労働条件を雇主が提供していない場合、労働者は他をあたれば何とかなる。しかし労働市場が十分に競争的でない場合には、そうした本来実現可能な労働条件の働き口をそう簡単には見つけられず、それを探し、移動するにも応分のコストがかかってしまう。しかしながら労働者が無産者である場合、そうしたコストの負担は困難である。

熟練職人が主体の、古典的な職業別労働組合の共済事業や職業紹介事業、それらを引き継いだ福祉国家の失業・雇用保険制度や職業安定行政は、こうした情報収集や移動のコストをカバーするための仕組みである。これは市場を規制しコントロールするというよりは、市場を補完しその働きを助ける仕組みであると言ってよい。ケインズ政策によるマクロレベルでの失業解消もまた同様である。

これに対して「本来実現可能な労働条件」が既知である場合、あるいはそれが実現可能かどうかとは別に「あるべき労働条件」についての社会的合意が成立している場合に、それを雇主や労働者に強制する政策というものが考えられる。それが最低賃金制度や労働安全衛生政策、労働基準監督行政などである。労働運動においてこれが何に対応するかと言えば、とりあえず雇主の側でそれが実行可能かどうかは別にして、労働者の側で合意された「あるべき労働条件」の実現を雇主に迫るための圧力行動、更にそれに対抗する雇主との取引としての団体交渉や争議ということになるだろう。こちらは市場の「補完」というよりは市場の規制、あるいは市場の「代替」と言えよう。より正確に言うと、市場による「本来実現可能な労働条件」あるいは「あるべき労働条件」の「相場」の形成がそもそも困難であると考えられる場合に、市場における調整とは別の仕方でそれを形成し、市場の匿名的権力「見えざる手」を通じてではなく、明確な「見える手」でそれを実現しよう、というわけである。

万民の中産階級＝市民化

――以上のように考えれば、公平の観点のみならず効率の観点からも、不完全競争の歪んだ市場に任せるのではなく、政治的な（必ずしも市場補完的とは言えない）介入によって、市場がより競争的であれば実現したはずの結果を実現させられる、と言いうる。そのような観点から社会政策を理解できる、と。

こうした理解が全く誤っているというわけではない。労働組合や小農の協同組合の共済活動や争議行為が、国家の公的な社会政策とある程度まで同じ機能を果たしていることは否定できない。しかし上に見た「リベラルな〈統治〉」的理解にはやはり疑問がある。そこでは議論の枠組みが徹頭徹尾「政策」的であって「政治」的ではない。政策の目標を提示するのは、仮想の理想的な完全競争市場であり、その手段において主役を務めるのは行政府の官僚機構である、と想定されている。そして労働組合や協同組合は、経済学を中心とする政策科学や、法制官僚の提供する枠内で動く「行政の下請」以上のものとしては位置づけられない。

しかし第一に、共和主義の観点からすれば、たとえ着地点、目指される政策目標が結果的に同じところに行き着いたとしても、そこに至る道、つまりその目標が発見される道筋、その目標実現に向けての試行錯誤のプロセスは、あくまでも当事者からのボトムアップとして行われるべきであり、むしろ労働組合や協同組合といった市民社会レベルの組織こそがその主役であって、行政官僚機構はその支援が主務である——ということになる。

そこでは市場が無視されるわけではない。しかしながら市場は教科書的な完全競争市場のヴィジョンが示すような、政治を無用化する装置として捉えられるのではなく、むしろそれ自体が「政治」の場として捉えられる。しかしながら、完全競争からほど遠い市場において剝き出しになる有産者と無産者の間の交渉力格差を是正するために、無産者に財産ないしその代替物としての「社会的財産」を用意する――これが共和主義的な福祉国家体制である、というわけだ。

そして第二に、我々はこの「社会的財産」から更に先に進まねばならない。ここで言う「社会的財産」とは、実際には（私有）財産ではないにもかかわらず、ある限定された範囲で（私有）財産と同じような機能、働きをなす仕組みである。共済保険はいざと言う時、病気や失業といったリスクへの抵抗力を与えてくれ、ストライキ基金は雇主との交渉力を高める。しかしながらそれはあくまで組合員全員の共有であり、一人ひとりが自由になしうるものではない。個別の組合員がそれをなしうるのは、組織の規則・決定が認める限りでのことである。リベラルな共和主義を徹底しようとするならば、こうした社会的財産の強化にとどまらず、すべての人々に相当量の私有財産を所有させることを目指さなければならない。

そのための戦略としては大ざっぱには二つ考えられる。一つは狭い意味での、富める者から貧しい者への（垂直的）再分配である。累進的所得税や資産税、相続税などによって、富める者からより多くの税を徴収し、それを財源とする公共政策によって、貧しい者へのサービスを行う、というものだ。公共サービスが貧富の差にかかわらず享受しうるもの（学校教育、社会教育が典型）か、あるいは貧しい者向けである（公的扶助や公営住宅等）場合には、その費用負担は税負担の少ない貧しい者よりも、富める者が多く負うために、これは垂直的な所得の移転、再分配となっている。

そうした再分配はもちろん、現代の福祉国家の下で現に行われている。ただしここではその目標を、単なる所得や生活水準の保障ではなく、資産形成、いわば「万民の中産階級化」に置くということが肝心である。

こうした課税と財政支出を通じた、いわばフローベースの再分配だけではなく、ストックベースの、富を直接再分配する政策もある。代表的には大地主、富農から小作農、貧農へと農地の所有権を無償ないし低価格で移転する土地改革、農地改革がある。農地以外にも工場などの民間資産を国家が収用して公有財産にすることがあるが、直接に賃金労働者など無産者にその所有権を移転することは、農地改革に比べれば珍しい。「万民の中産階級化」にとっては、こちらの方がより直接にその目標を達成しようというものであるが、いずれにせよこうした資産ベースの再分配は、言ってみれば「革命」的政策であって、課税を通じた所得ベースの再分配のように、恒常的な制度にはなり難い。

そしてもう一つの戦略は、再分配ではなくいわば「底上げ」であり、経済成長を促進し、それによって無産者の所得を、消耗させずに資産を蓄積できるほどに向上させ、実際にそうした蓄積——貯蓄、住宅やその他資産の取得、更には起業——を促す、というものである。ただ単に有産者の没落を防ぐだけではなく、無産者の有産者への階級的上昇を目指させる、ということである。

「政治」理解の組み替え

やや議論が性急に流れたので、立ち戻ろう。第五章でのハーバーマス「市民的公共性」論の批判からも明らかであろうが、本書で我々は、大げさに言えば「政治」理解の組み替えを提唱している。すなわち、我々の政治理解があまりにも主権国家中心のそれによって歪められていることを問題とし、主権国家による、あるいは主権国家をその舞台や媒介とする営為であっても必ずしも「政治」とは言えないこと（「政治」と「政策」、「行政」の区別）、民間の市民社会レベルの営為にも語の真正な意味での「政治」と呼びうるものがあることを、主としてアレントや木庭による古典古代理解に示唆を受けつつ、主張してきた。

我々の理解に従うならば、きちんとした法人、つまりは公開株式会社や協同組合、あるいは少なからぬＮＰＯのいわゆる「コーポレート・ガバナンス」(corporate governance) とは語の真正な意味での「政治」である（第五章の図で言えば第Ⅲ象限に属する）。今日「ガバナンス」(governance) という言葉は、民間組織における「コーポレート・ガバナンス」や、あるいは国際社会における「グローバル・ガバナンス」(global governance) という風に広範に用いられているが、それと government との違いはどこにあるのか？　我々からすれば、そこに大した違いはない。つまりは公共的意思決定とその遂行、というほどの意味であって、そのレベルが違うだけのことだ。

本書においてはフーコーの統治理性 (governmentality) 論に少しばかり深入りしてきたため、読者には少し混乱を招きかねないが、そもそもフーコーの〈統治〉(government) 概念の方がどちらかと言うと特殊なのであり、近代における普通の言葉づかいとしては、「government」という言葉は、組織・機構としての政府を指す場合は別として、より抽象的な営みを指す場合には、狭い意味での「政治」あるいは本書で言う真正な意味での「政治」と、フーコー的な意味での〈統治〉

つまりは「行政」のどちらをも指すような言葉である。ただし近代、一九世紀から二〇世紀においては、「government」なる言葉はもっぱら主権国家の中央政府とその下位機構としての地方自治体の地方政府（local government）を指す言葉に特化していった。おそらくはそれとの混同を避けるため、意識的にか無意識的にか、国家以外のレベルにおける「政治」、自由な討論を通じた公共的意思決定を指す言葉として「ガバナンス」（governance）が選び取られ、八〇年代以降急速に普及した。

憶測をたくましくするならば、その言葉が選び取られた理由は、同時にまた、「行政」、「管理」、「administration」、「management」といった言葉の限界の自覚からくるものであったろう。「政治」はもっぱら主権国家の領分とされ、市民社会レベルを支配するのは市場の論理と技術的な「管理」の論理である——それどころか実は政治でさえ、究極的には「管理」に還元される、という展望は、かつて二〇世紀中葉の先進諸国において大きな影響力を持った「産業社会（industrial society）論」という近代社会理論構想に顕著だった。しかしこの枠組みは九〇年代以降急速に陳腐化する。この事情につき、以下主として「コーポレート・ガバナンス」を念頭に置きつつ瞥見する。

「産業社会論」の急激な陳腐化の理由の一つは、冷戦体制の崩壊である。そもそも「産業社会論」は、堅固な理論的基盤を備えた学派などではなく、ある目標と気分を共有した研究プロジェクトの緩やかな寄合といったものであった。具体的にはそれは西側先進資本主義社会の現状を分析する実証科学であると同時に、その現状を肯定するイデオロギー、政治思想でもあったが、ここでの西側の現状肯定が東側社会主義圏の攻撃的な否定を意味しなかったところにその特徴がある。つまりそこでは、西側の自由民主政、自由市場経済が、政治の官僚制化や社会経済の福祉国家化によって東側のそれに近づく一方で、東側社会主義のそれもまた、市場原理の部分的導入を軸とする経済改革や、言論の自由の導入などの政治改革を通じて西側のそれに近づき、両体制は互いに似通ってくるという未来予測（「収斂〔convergence〕理論」と呼ばれる）があり、更にそれを支えるのは、現代経済、生産力の基盤は市場経済と計画経済とを問わず、システマティックな科学的研究の成果を還元した技術革新にある、という技術主義的な社会理論である。経験的な検証に耐える科学的な「社会理論」と呼ぶほどのものでは本当はないが、あえて言えばこの「テクノクラシー」論が「産業社会論」の理論的基盤であった（「産業社会論」についてはまさに七〇年代、「産業社会論」の時代のただなかで書かれ近年復刊された村上泰亮『産業社会の病理』を参照されたい。また実はピーター・ドラッカーも「産業社会論」の代表的な論客である。特に二部作をなす『経済人の終わり』、『産業人の未来』を参照のこと）。

社会主義の解体

ところが案に相違して東側社会主義圏は、漸進的改革を通じて西側に近づく、を通り越して、八〇年代末からわずかな期間で一気に崩壊してしまった。それとともに「産業社会論」ははしごを外されてしまったのである。それはいわば学問外的、政治社会的なニーズを失っただけではない。社会主義圏における科学技術とその産業的応用の実態が明らかになることによって、経済体制の選択（たとえば「市場か計画か」の選択）は科学技術と無関係ではありえないこと、科学技術は私有財産制度や市場メカニズムを超越した存在ではなかったこと、もまた明らかとなった。技術主義的社会理論はその基盤が貧寒であったことをあらわにされてしまったのである。

「産業社会論」の認識に反して「市場には意味がある」(Market matters.)、「所有には意味がある」(Property matters.) であったことが明らかになった。そしてそれは社会主義認識を革新した（どころか実体としての社会主義を解体した）にとどまらず、資本主義の自由企業体制に対する認識をも変容させたのである。もともと「産業社会論」における西側資本主義社会における企業認識は、社会主義体制との「収斂」の予想と両立するに相応しいものであった。西側の自由主義体制の社会主義への接近は、何も政府や労働組合によるばかりではない。資本主義経済の主役たる営利企業自体が、その性格を変えている――というのが、「産業社会論」の主張である。「所有と経営の分離」や「経営者革命」といったスローガンに見られるように、株式会社形式を取る法人企業を実質的に支配しているのは、その所有者たる株主たちではなく、株主の代理人に過ぎない経営者たちであり、更に彼らの動機は必ずしも市場の論理では理解できない――このような議論が二〇世紀までは一定の影響力を持っていた。

しかしながら社会主義の解体は、こうした議論の足場をも崩してしまう。産業レベルでの技術革新には、市場的な競争環境の方が計画経済よりも相応しい。そのことは早くから気付かれ、それゆえに社会主義圏での経済改革においては、市場原理の部分的導入がなされていた。しかしなから社会主義的改革はついに、資本市場の本格的導入、生産力の主体たる企業そのものの商品化、企業を経営し支配する権利それ自体の市場化はできなかった（大半の企業は国有・公有だった）。劣悪な企業を解体し市場から追放するにも、新しい企業を立ち上げるにも、公開株式市場をはじめとする資本市場の仕組みは必須である。かくして「誰が企業を支配しているのか」という問いは、「誰が企業を所有しているのか」という問いに再び解消されるまではいかなくとも、それと不可分であること、そして後者の問いは無意味でも何でもないことが明らかとなった。

――以上のまとめは一見したところ「計画」に対する、それどころか「経営」に対する「市場」の勝利のストーリーとも受け取れるかもしれない。しかしながら本書の論脈を思い起こしていただきたい。「市場」は正統的な経済学がその標準と見なす「競争的環境」だけを意味するわけではない。本書の立場からすれば市場の意義は「自由で開かれた場」であることにある。その「自由で開かれた場」において有力者として存在感を発揮する者は、市場そのものにある程度意図的な影響力を与えることができる、すなわち「競争的環境」を乱す存在でさえあり、「競争的環境」を基準とする立場からすれば否定的な評価を下されかねないが、公開株式会社を典型とする法人企業とは、まさしくそのような場に他ならない。すなわち、全体としての株式市場は大体において、誰もコントロールできない競争的環境にあったとしても、個別の企業はそうではない。そこには限られた数の株主（それが個人であれ、機関投資家であれ）が、競争的環境の下でのような匿名的な力としてではなく、明確な顔と名前を持って登場し、互いに交渉し、経営者をコントロールする。

無論それは民主政の国家・自治体やある種の組合とは異なり、平等なデモクラシーではないが、公開された自由な討論に立脚した共和政ではある。つまり「市場」は完全競争に近づくことによって「政治」を無化する傾向を孕んではいるが、そのはるか手前においてはむしろ「政治」の基盤なのだ。九〇年代以降の「コーポレート・ガバナンス」論議のブームは、実際には単なる「市場の勝利」ではなく、「市場のただなかにおける政治の発見」をも意味しているように思われる。いわゆる新自由主義が議論において軽視し、実践において体現しているのがこれだ(社会主義計画経済の崩壊の意味については拙著『「公共性」論』の他、コルナイ・ヤーノシュの『自伝』と『資本主義の本質について』をも参照のこと)。

雇主と雇人との関係

ただここで厄介なのは、法人企業における従業員、雇人たちの位置づけである。標準的な会社法の枠組みで言えば、公共的な団体、市民社会的組織としての株式会社のメンバー、意思決定参加者とは、その所有者たる株主のことである。これに対して従業員はそうではない。従業員たちはむしろ取引先や債権者に近い。つまり、株主たちは会社の経営が失敗すれば自分の出資が無となるリスクと引き換えに、うまくいけば予定外の収益を得るチャンスを追い求めているが、雇われている従業員は取引先や債権者同様、予定外の利益を得る見込みは普通はないが、予めの契約に定められた報酬を得る権利は保障されている。株主が経営を支配し決定する権利は、このようなリスク負担によって裏付けられており、逆にリスクを免れている債権者や取引先、従業員にはその権利はない、というのが標準的な理解である。つまり本書での言葉づかいに従うならば、従業員は会社における政治のメンバーではない、ということだ。

簡単に言えば、単に資金を予め決められた利息で貸し付けているだけの債権者や、製品を求めているだけの顧客、あるいは定められた賃金で働く契約をしているだけの従業員は、取引におけるその権利がパッケージ化されていてリスクから守られているし、パッケージ化されている分、他の取引機会ともその利害得失の比較が容易であるのだから、いやであれば開かれた市場を通じて、他のチャンスを求めればよい、という理屈がそこには隠れている。こうした退路を断った株主こそが、会社の意思決定への権利と責任を負う、と。

実際には、こうした教科書的、標準的な理解は必ずしも現実における標準とは一致しない。有力な取引先や債権者は、市場の陰に隠れた匿名的な存在ではなく、長期的な付き合いの中で実質的には会社と政治的な関係に入る。また従業員たちの場合も、短期雇用で経営方針にかかわりのない部分的な業務のみを行う者たちはともかく、長期的に雇用され、経営的意思決定に部分的にであれ参与するいわゆる「正社員」、「正規従業員」には同様のことが言える。こうした従業員に対して「嫌なら辞めればよい」は脅迫にしかならない。逆に本来の会社の主権者たるべき株主の側でも、そのコミットメントは必ずしも退路を断った抜き差しならぬものではない。公開会社の株式は、それ自体が開かれた市場において売買可能な商品でもある。そして株主の側においても、経営に積極的にコミットすることに関心はなく、ただ自由に売買できる商品としての株式を投機的に売買することで利益を上げる、没政治的な存在は無視できない。むしろこうした株主こそ簡単に「嫌になったら辞める（さっさと株式を売り払って縁を切る）」ものだ。

更に付け加えるならば、先に倒産処理について少し議論したが、会社が倒産する際にはある意味で状況は逆転する。公開会社の典型である株式会社は有限責任であるので、倒産に際しては株主はその所有する株式の価値がゼロになる、という形で責任を取る。言い換えるならば、それ以上の負債に対しては責任を取らない。これに対してこの倒産（ないしそれが間近）という状況、つまり債務超過で債権——貸し付けた資金や発注した商品、あるいは働いた分の賃金——を取り返せないかもしれないという状況は、本来の会社の主権者たる株主よりも、債権者——貸し付けた金融機関や、注文を抱えた取引先や、未払賃金を求める従業員——たちの方に会社の経営（少なくとも資産の保全）に積極的にコミットする理由が生じる、というものである（深尾光洋『コーポレート・ガバナンス入門』、他）。

というわけで「コーポーレート・ガバナンス」をめぐる多様な議論の中には、こうした実情を踏まえて、株主だけではなく従業員、取引先、金融機関、場合によっては地方自治体、中央政府その他の「ステークホルダー」もまた企業の意思決定への正規のメンバーとして参加させるべきである、という論調も有力であるし、またそれは単なる理論上の見地にとどまらず、ドイツの従業員参加制度など、一部では現実の法制度として実現を見ている。

だが、従業員と会社との関係、はこうした枠ではなお論じつくせない。無論ごく小さな会社であれば、金がある者は金を、土地がある者は土地を、何も持たない無産者はせめて知恵と労力を持ち寄って、しかも全員が対等な同輩としてその意思決定の主体（会社法上の「社員」）である、ということは十分可能だが、普通の会社においては、無産者であるがゆえにせめて知恵と労力を持ち寄るしかない従業員は社員ではない。その知恵と労力を、会社の意思決定に従って用いられる「使用人」である。つまりは会社の経営実務を株主たちから委託された取締役の個人的な下働き、と本質的には変わるものではない。既に述べたことであるが、従業員は本来の会社のメンバーではなく、経営者の家人――奴隷、奉公人、徒弟――と言うべき存在である。もっとも、実際には従業員たちの労働組織は経営者の「家」ではなく、既出の言葉で言えば「アンシュタルト」ということになるのであるが。いずれにせよ、対等な自由人同士の自発的な組織というよりは、支配者の意志を貫徹するための手足の延長としての団体、として従業員たちの労働組織はある。雇主と雇人との間の関係は、もともとは対等なそれではなく、身分的関係である。元来別の身分に属する者同士の関係を、「契約」といったスキームで読み替え、対等な市民同士の自発的な関係へと組み替えようというのが、近代の雇用関係であり、その周辺に成り立つ（集団的）労使関係や労働政策である。

7.2 「市民」の拡張——概念と実態

身分関係

これまでも「身分」という言葉を何度か用いていたが、この「身分」という言葉には今日では大体二通りの意味合いがある。一つには特定の個人が社会的な役割体系の中で、恒久的にであれ一時的にであれ置かれる地位一般、というほどの意味である。ただし、このような意味での身分関係のない社会などほぼ考えられない。この観点から見た近代社会の特徴は、ほとんどの個人が、社会的活動の文脈に応じて多様な身分に置かれ——たとえば家族の一員としての地位身分（誰の親で誰の子か、誰の夫／妻か、等）と、経済生活の中での職業的地位（どの会社に雇われているか、どのような専門的資格を有しているか、等）とは全く別のものである——更にそうした身分関係は時間とともに変化していく、というところである。近代社会の基本単位は個人であって、身分とはその個人が置かれるポジション、というニュアンスがある。

それに対して社会科学や歴史科学で「身分制社会」などとわざわざそう呼ばれる時の「身分」には、もっと固定的なイメージがある。個人が活動する社会的領域はしばしば狭い——たとえば、経済的、職業的活動の単位と家族生活の単位とがしばしば重なっていたりする——し、更にそれはなかなか変わらない。そこでは家族とか、職業団体、武装集団といった身分団体の方が社会の基本的な単位であり、個人はその構成要素、部分というイメージがある。話を先取りするなら、こうした身分秩序から外れてしまった、あるいは外れそうになっている人々が「賤民」である。

古代や中世をイメージして語られる「身分制社会」とはまた財産秩序でもある。近代的な「身分」とは個人が置かれる社会的地位役割、あるいは個人に割り当てられる属性であるのに対して、「身分制社会」における「身分」の主体とは家や団体であり、そして家や団体は単なる個人の集まりではない。それは土地建物だとか様々な政治社会的特権だとかの、財産の集積でもある。（中世に既に「法人」の概念はあるが）財産を持たない裸の「法人」として家や団体があって、それが土地その他の財産を持つ、というのではない。人々と財産を合わせたものが家なり団体なりなのである。そのように考えるならば「賤民」とはまた財産から切り離された人々、「無産者」ということになる。

かといって「賤民」＝「無産者」でなければ「有産者」かと言うと、そういうわけではない。他人の家に属する不自由人——奴隷、奉公人や家長に従属する家人は、家の正規のメンバーとして、身分秩序の中に確固たる位置を確保しており、その意味で賤民ではないが、必ずしも有産者ではない。奴隷であれば財産法上は人ではなく動産、「もの」（実際にはもっと事態は複雑である）でなければ奴隷が自分を身請けして自由人になったりできるはずがない）であるわけだし、奉公人も家の財産を使用はしても、所有はしていないし、その成果は家に帰する。妻や子の財産権も家長に従属していたり、制限されている。極端に言えば家長でさえも、家の存続のために自分個人を犠牲にせねばならないことが多い。そもそも一人ひとりの個人は限られた寿命しか持たず、生まれては死んでいくものである。ここで言う財産とは、実際――農耕社会における土地が典型であるが――そうした短命な個人を超えた耐久性を持って存続するものであり、それこそが家や団体の基盤なのである。

付言するならば、こうした耐久性を持った私有財産、更にやはり耐久性を備えた公的なインフラストラクチャー――道路や広場、公共施設など、都市空間を支える構造物――と、古典的な意味での法の不可分性を強調するのがアレントであり、またアレントの師マルティン・ハイデガーと同じく、一時期はナチス御用学者でもあった公法学者カール・シュミットである。彼らが指摘するとおり、古典期ギリシアにおける「ノモス」(nomos) という言葉が意味するところのものは、近代における我々の「法」の源流の一つであるが、それは単に抽象的なルールという以上に、人々の間での、そこに住まうべき土地の割り当て――配分と同時に境界付け――のことであった。人々にそれぞれの財産を割り当て、その権利と責任を定義し境界付けること、はもちろん、今日の我々にとっても法の中心的な課題である。しかし我々にとって法とは、基本的には言葉によって組織される規則――国家が制定する規則(「法律」、「法令」等)のことである。だが古典期のギリシア人にとっては法の基本は、言葉よりもむしろ物理的実体としてのインフラストラクチャーの方であった、と彼らは示唆している。単に言葉の、あるいは抽象的な観念のレベルにおいてではなく、目に見え手触りのある物理的な空間のレベルにおいて、ノモスは公共圏と私有財産を区別し、同時に結び付けているのである。

物理的なインフラが「法」だとはややわかりにくいかもしれないが、以下のように考えてみればよい。私たちの常識では法とはまずきちんと言語化された規則であるが、ただ単に言語化されているだけではなく、文字化、文書化されて記録され、公開されているところがミソである。私たちの社会で財産が財産として成り立っているのも、実はそのようにして記録され、公開されているから——土地や会社が典型的なように「登記」されているから——である。こうした文書システムは、れっきとした物理的インフラである。だが、文書システムがそれほど発達していない社会、たとえば、文字言語はあっても記録媒体が不足している（安価な紙がなく、石板や羊皮紙頼りである）し、複製手段もない（大量印刷技術がない）場合には、どうしたらよいのか？　そうなると、都市の建造物や構造そのものが「ノモス」であったという理解も、多少はうなずけるというものだ。

賤民とは

本題に戻ろう。「身分制社会」において「賤民」は「無産者」だとしても、その対立概念は「有産者」ではない。せいぜい「財産と結び付いた者」であり、その一方の極には「有産者」と呼んで差支えなさそうな家長がおり、他方の極には財産権上は人というより「もの」である奴隷がいる。つまりイメージとしては「賤民」とはアウトカースト、身分秩序外の民であって、その対立概念は身分秩序内にいる人々である。先ほどの「ノモス」という言葉づかいを援用すれば、ノモスから外れた人々、というわけである。

では実体としての賤民とはどのような人々だったのか、と言えばこれはむしろ厄介な問題でもある。とりわけ「貧民」との関係がややこしい。高い身分で安定した生活を営む側からは、貧民も賤民も大差ない存在と見え、実際そう呼ばれることもあったろうが、逆にそう蔑まれる下々の貧民の中での当事者意識においては、事情はいま少し複雑であろう。貧しくとも自分が耕作する権利がある（所有しているとは限らないが）土地がある貧農は、自らを賤民とは見なさないだろうし、職を求めて放浪する賃金労働者の場合にも、正式に修業を経て独立した職人としての資格を有している場合には、賤民扱いされれば当然に否定するだろう。ただ貧しいだけではなく、所在がない根無し草的な存在が、貧民とあえて区別されるものとしての賤民ということになる。乞食や浮浪者はわかりやすいところだ（ただ、場合によっては許可を得た乞食の組合というものも存在する。ある種の職人、とりわけ芸能者はしばしば乞食と立ちまじる存在であったし、実際には複雑である）。労働者であっても、熟練職人ではなく、農村の季節労働のような単純労働に日雇で従事するしかない者は、賤民扱いされることもあったろう。

賤民が一定の身分を構成するというよりは、身分秩序外の存在と見なされる、ということの意味は、財産を持たない、それどころか財産秩序――すなわち身分秩序、そしてノモス、法秩序それ自体――から排除されているように見える、というだけではない。量的にもマイナーでまとまった社会集団を構成しない、近代的な意味での（あえて「身分」とは区別された意味での）「階級」を構成してはいない、という含意がある。具体的に言えば、独自の世帯を構えて、世代的に再生産されない——少なくともまとまった社会集団＝階級としては——、ということである。

熟練職人や奉公人は、少なくとも理想的にはいずれ独立して自分の家を構える（生家に帰還して家業を相続したり、あるいは主家から分家したり、等。奴隷でさえ解放奴隷となる見込みがあった）ことが展望される存在であり、その意味では雇主とは別個の階級を構成するものではなかった。あるいは奉公人とは「身分」ではあっても「階級」ではなかった、ということである。つまり奉公人身分とは、人のライフサイクルの一局面で通過する地位以上のものではなかった、と。イングランド近世社会史を論じた『われら失いし世界』でピーター・ラスレットはこれを「ライフサイクル・サーヴァント」(lifecycle servant) なる言い回しで表している。

こうした観点からすれば、賤民とはそうした理想から脱落した人々、あるいは最初からそのルートに乗ることとさえできなかった人々なのであり、自分の家を構えて子をなし、世代的に再生産することが普通はできない存在だ、というわけである。実際には家族を作り子をなす賤民たちが存在したところで、人口の中の無視し難い多数派を占めるような存在ではありえなかったし、そもそもそうした家族は、個人の生命を超えて存続する財産を保持していないのだから、身分制社会にとってはものの数ではない。

それに対して近代的な「無産者」概念は、第三章でロックのダブルスタンダードを瞥見した際に触れた「貧民」に対応するものであり、また後にはほとんど「労働者階級」と同一視されるが、そのような概念的転換はどのような——社会的実体と思想、理念双方のレベルでの——変化を経てもたらされたのであろうか？

それを知るためにはまず、「身分制社会」と「市民社会」との関係について考えてみなければならない。

複層構造の社会

「市民社会」という言葉は、同じ「市民」という身分に属する同輩集団が構成する社会、というほどの意味で理解していただきたい。その歴史的な範例はやはり古典期のギリシアのポリス、共和政ローマである。そこでの同格な同輩集団の集団的自治が狭い意味での「政治」の、同輩間の紛争処理の仕組みが弾劾主義的司法の、そして「(とりわけ民事)法」の原点である。互いに同格な同輩たる市民はそれぞれに自立していて自由であり、他人からの強制——直接に暴力的なものであろうと、取引の操作による利益誘導によるものだろうと——に屈することはない。そのような各人の自由と自律を相互に認め合い、支え合うことが市民相互の連帯の本旨である。この辺は既にしつこく論じてきた。

しかし古典期の原点たるポリス、レス・プブリカを含めて、多くの市民社会は実は「市民」だけからなるわけではない。市民としての自由と自律、他人の強制に服さずに済む武装力や経済力、政治に参加でき法廷で争うことのできる知性や教養を享受できる個人とは、実際には多数の家人を支配下に置き、相応の土地や財産を所有してその果実を自由にできる家長のことである。人口の上での多数派は、言うまでもなくこうした家長ではなく、その支配を受ける家人、家の従属的メンバーである。家人たちは女子ども、奉公人、奴隷などからなり、その一部は将来的に自らも家長となる――相続や奴隷解放を通じて――チャンスを持っているが、誰でもというわけではない。あるいは因習的な風俗の下では、家長さえも実は「家」全体の利益に奉仕するための道具に過ぎず、自由など発揮できないこともあろう。

そう考えると市民社会は「単一の身分からなる社会」というわけでは必ずしもない。公的な領域に登場する主体、公共社会のメンバーは同格の同輩たち、「市民」として単一の身分を構成するが、実は彼らは個人というよりはその属する「家」なり団体なりの代表に過ぎない。そして代表として公的領域に登場せず、私的領域に封じ込められた人々――家人、家の従属的メンバー――がそれ以上の数存在しているのが普通である。これら公共圏から締め出された人々は、市民たちとは別の身分を構成するわけである。

あるいはこのように考えるべきかもしれない。そこでの社会は複層構造をなしている。その上層、公的領域においては単一身分からなる同輩たちの共存、連帯としての市民社会が成立しているが、そうした上層部を支える基層が存在し、人口比ではむしろ上層を上回る。その基層は複数の私的領域、家に分かれて、それぞれは互いに独立分離している。そして私的な家同士の交流は、基本的には上層部の公的な市民社会を介して行われ、それを担うのは主に上層に属する家長たちであり、大多数の家人は私的領域の外では活動できない。

どちらの解釈を採るにせよ、このような市民社会は、同時にまた一種の「身分制社会」でもある。思想史的に見てもアリストテレスの『政治学』に描かれたポリス、あるいはロックの『統治二論』の世界は、こうした構造を備えている。

身分を割り当てる最後の力

ことのついでに、たとえば西欧中世の自治権を有する都市をイメージしてみよう。こうした都市の支配的メンバー、具体的には有力商人や親方職人たちは市民社会を構成していると言えるが、その都市がより広域的な国家に属していて、その国家レベルの主権者、君主に従属しているならば、この都市＝市民社会自体が国家内における一個の身分団体を構成して、他の身分団体——農村に基盤を置く戦士貴族たちや教会等——と並立する、という風にもなる。付言するならば、G・W・F・ヘーゲルの『法の哲学』に描かれる国家の構造は、市民革命を経た近代主権国家の理念像を描くものであるという風におおむね言えるが、「市民社会」の位置づけはまさにこういう具合である。

言うまでもなく、「市民革命」以降の「市民的公共性」、二一世紀の先進諸国に生きる我々が当然と見なすような意味での、「近代的」な市民社会の理念においては、以上とは異なり、原則的にはすべての個人が「市民」であるような、語の正確な意味における「単一の身分からなる社会」が目指されている。そこには統治をその身分的な特権とする貴族や君主が存在せず、統治機構は単なる制度であって、その担い手は市民たちであるだけではない。市民社会の単位は紛れもなく家や団体ではなく個人の方である。どの個人も、家長や団体の長となることなくして、生まれながらに市民としての地位を持つものとされる。ただ、年少であったり障害を持つことによって、一部の権利や義務が制限されるだけのことである（「本来あるものが制限される」のと「元からない」のとでは大いに違う）。このような社会は言うまでもなく、「身分制社会」ではない。

憲法学者の石川健治は、市民革命以降の近代主権国家では、個人の身分は家や団体によってではなく、国家との関係において一元化されていく、と指摘する。つまり、人と財産の結合体たる家や団体は、社会の基本的な構成要素ではなく、一人ひとりの個人こそが社会の基本単位なのであり、その限りにおいてすべての個人は同輩であり、あえて「身分」と言うならば、同じ権利と義務を備えた、同じ単一の「市民」という身分に属するのである。だから家長とそれ以外の従属的な家人、自由人と奴隷、といった身分的区別は、社会の構成契機としては意味を失う（石川『自由と特権の距離』、他）。婚姻も雇用も対等な個人同士の自由な契約関係とされるのであり、そこでの身分関係も「それぞれに別々の権利と義務を持つ、予め異なる身分（男と女、家長と家子、自由人と奴隷、等）に属する者同士の関係」ではなく、「対等な自由人同士が自主的に参入する関係の中で、それぞれに異なる役割を引き受ける」という方向へ読み替えられていく（無論そこには様々な無理があり、その解消、せめて緩和にも大きな努力が要されるのだが）。ただし最後に残る身分的区別があり、それは国民と外国人の区別である、と石川は言う。

そのような社会には無論「賤民」が存在する余地はない。単一身分社会は同時に、身分から外れた者の存在をも否定するからだ。しかしかつてであれば「賤民」とされたであろう人々が、「果実」を生む「元物」たりうる、そして個人の生命を超えた耐久性を備えた財産を持たないことに変わりはない。ということは、この人々に「市民」という身分を割り当てる力はどこから来るのか？　彼らには奴隷・奉公人として所属する家も、農奴として所属する土地もないのに？――国民と外国人が最後の身分的区別となる、つまり身分を割り当てる最後の力として主権国家が残る、というのはたとえばそういうことだ。そこには古典的な意味でのノモス――シュミットの言う「大地のノモス」――が存在しない。法は言葉として表される抽象的な規則となり、それに物理的な実効力を与えるのは基本的には主権者の――国家の――剝き出しの力、というわけだ。

近代国家

やや回り道となるが、ここで国家――近代国家――について少し振り返っておこう。

既に示唆してきたことではあるが、古典古代的なポリスやレス・プブリカはある意味では近代主権国家の原型であるが、他面では違いも大きい。ここで言う「ノモス」の文脈で言えば、「ノモス」がローマの「レクス」(lex) を経由して近代的な法の原型となっており、ポリスもレス・プブリカも近代国家もその意味では法的な存在、法的構築物であることは疑いない。しかしながら近代国家における法とは、文書化された実定法を中心とした抽象的な規則とその運用をめぐる技術・慣行の総体であって、「ノモス」のような物理的実体ではない。また近代国家はおおむね「法人」、つまり自然人ではないにもかかわらず様々な局面で法的な権利と義務の主体として扱われる存在であるのに対して、ポリスやレス・プブリカは異なり、具体的な地域やそこに固定した建造物、構造体、そしてそこで生きる具体的な人間集団と切り離せない、実体的な存在である（そもそも古典古代にはまだ明確な法人概念は出来上がっていない）。つまりポリスやレス・プブリカのアイデンティティは多分にそのような、実体的な意味では具体的で明確で、しかし近代におけるそれに比べると法理論的にはかなり曖昧模糊とした代物である。こうした実体性と曖昧性は、中世においても身分秩序のあちこち、特に末端の生活慣行のレベルでは強く残存していただろう。

近代国家はかなり早い時期から法人的性質を備えていたキリスト教会を一方の模範とし、抽象的な法的構築物として自己形成してきたが、また他方では、むしろ共和政の対極たる君主政をとり、自然人たる王の身体の具体性を頼りにすることによって、そのアイデンティティに宗教的な後光や肉感性を裏打ちしてもいた。つまるところ近代主権国家とは、一方では共和主義を源流に持つ一方で、他方では王・君主の家産、大きな家としての性質を帯びたものでもあった（いわゆる絶対主義国家）。市民革命以降は王権の宗教的後光の代わりに、ナショナリズムをもってする試みも広く見られたことは言うまでもない。それに比べると古典古代のポリスやレス・プブリカは、より素朴に目に見え、手で触れうる具体的なつながりに依存するところが多く、抽象的な法やイデオロギーへの依存度は低かったと言える。つまりそこでは、具体的な地域的人間集団としてのポリス、レス・プブリカとわざわざ区別して抽象的な法人としての国家を観念する必要はなく、各人の家政・財産からは区別された固有の意味での公共財政、つまり国庫なるものも想定される必要はなかった。むしろ避けられていた、といった方がよいかもしれない。単なる執行役が公共の財産を私的に横領し、君主へと成り上がってしまうことを避けるために。

「具体的人間集団を離れた抽象的な法人格としての国家、あるいは誰のものでもない公共の財産としての国庫というものなしに、いかにして国家が――ポリスやレス・プブリカを含めて――その一体性を保つのか？」という問いは我々にとってはひどく自然なものだが、逆に古代人からは「そのような法人格としての国家やその財産を誰が管理し運用するのか？　その運用を任された公職者がそれを私的に簒奪する僭主となることをどうやって防ぐのか？」と反問されるだろう。そしてその反問は国家についてのみならず、株式会社やＮＰＯを含めて、ありとあらゆる近代的な法人団体についても投げかけられるだろう。

無産者の公共性理解

古典古代の――そしておそらくは中世まで含めて、ここでとりあえず「身分制社会」と呼んでいるような社会に生きる人々の多くは、「法人」概念なしに公共性をどうやって理解していたのだろうか？　我々の推測は、一つにはもちろん、宗教の力が馬鹿にできないであろうが、民主政、共和主義の原点たる古典古代に照準を合わせるならば、これまでにもしつこく言ってきたとおり、都市の物理的な実体としてのリアリティが大きい、というものである。わざわざ登記するまでもなく、都市の広場や公共施設の具体性が、公共性の感覚的な根拠だったのではないか、と。そうした物理的実体としての都市の存在感が、王や君主といった特権的身体なしに、またひょっとしたら神への信仰も抜きに、公共性を目に見えて手で触れるものとして人々に実感させることを可能にしていたのではないか、と。

このようなリアリティの感覚が我々にも全くないとは言えないだろう。しかしながら既に再三述べたとおり、「資本主義」と呼びうる段階に入った市場経済に生きる我々は、私有財産も公共財産も共に、絶えざる技術革新に晒され、陳腐化しては入れ替えられる世界に生きている。そこではどうしても公共性も、法もまずは言語やイメージといった抽象的な、非物質的な何ものかとして存在するしかなくなってしまっている（文字を印刷した紙も「もの」、物質には違いないが……）。そしてその背後にフィジカルな実体を見ようとすると、途端に「暴力装置」としての国家――というよりは統治権力の官僚組織――が浮上してきてしまう。

そこで我々は、先の古代人の問いに対してどう答えるだろうか？

かのジョン・ロックならば「自然法が存在する」と言うだろう。無論自然法の立法者は神であり、その答えは神への信仰に根拠付けられているわけではあるが、ロックはここで一足飛びに立法者たる神への帰依を表明するわけではない。神が創造した世界、自然状態の中に、人間による立法に先立って自ずと一定の秩序が成り立っている、と彼は考えるだろう。人間はおおむねみんな大差ない能力を持っており、その能力をもって自然に働きかけ、縄張りを占め、そこでものを作ることができる。しかしながらその能力には限りがあるから、縄張りの範囲は自ずと限られる。他人が既に縄張りとしたところを侵そうとすれば、反撃を食らうから、やめた方がよい――という風に。自然法は自然状態では実現できない、と論じて一見ロックと対極に立つホッブズでさえも、そのままでは実現しない理論としての自然法については明確なイメージを持っている。あるいはデイヴィッド・ヒューム やアダム・スミスならば慣習（convention）や「見えざる手」について語るだろう。そしてこの自然法に逆らうことは為政者でもできない、できたところでよいことはない、と論じるわけだ。一見専制権力と見まがう執政者は、実は自然法に従属しているのだ、と。

しかしもちろん、こうした答えが古代人を納得させることはないだろう。それは「政治」を否定しつつ〈統治〉にすり替え、「自由」の意味を捻じ曲げる詐術として拒絶されるだろう。

それでもまだ有産者にとってはましである。彼らの財産はもはやかつての財産のような「ノモス」の一環ではなく、主権者の命令としての法によってようやく「財産」として認定を受けたものであろうが、それでもなお物理的な「もの」としての実体性を備えている。土地建物やその他有体物だけではない。もはや貴金属から離れて単なる証文と化した金融資産でさえ、多くの場合国境を越え、複数の国家の複数の法からその存在を承認されているため、案外と強い。しかしながら有産者の保護から独立させられた無産者には、もはやこの剝き出しの国家権力以外に寄る辺がない。ホームレスが仮の宿を結ぶ街路や広場は多くの場合、国有財産なのだ。となれば無産者は国家という家の被保護者となるしかなくなってしまう。「賤民」の流れを汲むものとしての無産者と、近代国家権力との関係の危うさとは、このようなものだ。だからこそ我々は福祉国家体制を、ただ単に生存保障にとどまらず、社会的財産――国家の行政権力によって給付されながら、その恣意によって解体されない「もの」的な性質を持つ権利――の保障をなすものとして読み替えようとしているのである。

話を元に戻そう。近代的な法の発展、それによる古い身分秩序の変容とともに、奉公人、徒弟、農奴、奴隷といった存在の位置づけも当然に変わる。世界が権利の主体である「人」ともっぱら権利の客体（財産となりうる存在）でしかない「もの」とにきれいに二分割される以上、「人」であると同時に「もの」でもある奴隷が存在する余地はそこにはない。しかしもはや「もの」に過ぎない財産それ自体には、人に身分を割り当てる力はないので、奴隷ではない人々と財産との関係も変わる。つまり、財産の社会的な意義が、結局はそれを所有する主体（人ないし法人）によって与えられるものになってしまうから、それを所有していないにもかかわらず、それとかかわり合って生きている——具体的には、その土地なり設備なりを用いて働いている——人々（マルクス流に言うと「直接的生産者」）の身分が変わらざるをえない。

彼ら彼女らはある家や土地に属し、そこで働き生活する権利を元来有していたはずなのに、その権利が消滅——は必ずしもしないまでも、大幅に弱体化する。なぜなら「人」の「もの」に対する権利の基本が「所有権」になってしまえば、所有権者以外のその「もの」への関係者（今風に言えば「ステークホルダー」）たちの権利は、もはやその「もの」に直接到達することはなく、所有権者との関係を経由することなくしては成り立たなくなる。つまりは、土地建物を賃借したり、雇われたり仕事を請け負ったりという形を取らなければならなくなる。

結論的に言えば、財産はもちろんのこと、安定した働き口もなく、かつてであれば「賤民」と呼ばれただろう人々と、小作人であったり奉公人であったり、あるいは農奴であったり奴隷であったりと、従属的な地位であれ安定した働き口を得ていた人々が、共に「無産者」とひとくくりにされることになるのだ。しかしこの「無産者」は――そして対概念たる「有産者」も当然に身分ではない。社会科学の言葉で言えば、厳格に「身分」とは区別される限りでの「階級」である。「身分制社会」における固定的、属人的な地位としての「身分」の上では、有産者と無産者は同じ身分、「市民」に属している、というより、近代的市民社会には「市民」以外の身分はない。かつての身分的な市民社会においてとは異なり、この近代的市民社会には、有産者市民、持てる市民と、無産者市民、持たざる市民とがいる、ということだ。

両者は抽象的な権利、権利を行使する権利、もう少し法律学的に言うと「権利能力」においては違いはない。どちらも財産を所有し、活用し、他人と契約を取り結んで財産を取引する権利を持っている。しかしながら実際に活用できる財産を持っているかどうかは別だ。身分制的な市民社会においては、「持たざる市民」とはほとんど語義矛盾だが、近代市民社会においては全くそうではない、というわけだ。

マルクスの『資本論』においては、近代資本主義における（ルンペンではない）無産者（プロレタリアート）、土地や生産設備を保有せず、身一つで雇われる（それが厳密な意味での「雇用」なのかそれともむしろ「請負」かはさておき）労働者の起源は主として農民層分解に求められた。平たく言えば「囲い込み」前後の農業の資本主義的ビジネス化の進行の中、小農民、小規模自小作農が両極分解して、少数は資本家的農業者に成り上がり、大多数は小作でさえない労務者に、更には離村し都市へと流れて商工業の労働者になってしまった——というストーリーである。このストーリーの歴史的妥当性にはその後、いろいろと疑問が投げかけられており、少なくともマルクス自身のイメージ源の英国には当てはまらない、との説もあるが、既に見た信用取引の破壊性に鑑みれば理論的には成り立たない話ではなく、英国以外の様々な歴史的実例の中に妥当する例を見出すことも可能であろう。

近代的労働者階級

それに対していま一つの議論は、人口学的な要因を重視するものである。無産賃金労働者は農業革命・産業革命以前、資本主義の発展以前から存在した。問題はそれが一個の「階級」を、つまりは生活様式を共有し、世代的に再生産される社会的一大グループを成立させなかった、ということである。たとえば先に見たとおり、産業革命前夜、近世イングランドの社会史を論じた『われら失いし世界』においてピーター・ラスレットは「ライフサイクル・サーヴァント」なる概念を提出した。この時代の雇人たち、ことに男子奉公人の典型は、相続や分家、あるいは独自の蓄財などいずれ何らかの形で独立して家長、親方に、つまりは雇主たる有産者になることを予定していたのであり、雇人、サーヴァントであることはそうした職業的生涯の一時期、一局面としてしか想定されていなかった、というのである。実際、歴史人口学が解き明かした近世英国において、初婚年齢は男女とも概して高く、生涯独身率もそう低くはなかった。実際には少なくなかったであろう、生涯雇人のままだった人々も、結婚し自分の家庭を持てなければ、独自の「階級」として社会的な存在感を発揮しえない。

ところが農業革命、産業革命の展開の中で、こうした人々が家庭を営み、世代的に再生産できるに足る稼ぎを、生涯雇人、請負人のままでも、得ることが十分に可能となってくる――このような経路でプロレタリアートたる賃金労働者の「階級」としての成立が論じられるようになってくる。たとえば英国ではなくドイツについての議論であるが、ヴェルナー・コンツェは論文「賤民からプロレタリアートへ」(未訳)において「没落農民や小ブルジョワではなく、中近世社会においていわば身分秩序外の「賤民」扱いを受けてきた日雇や奉公人の方が、近代的なプロレタリアートの源泉である」との見解を、ラスレットとは独立に、より早い時期に提示している。これはマルクス主義の伝統の中では「ルンペン・プロレタリアート」として軽んじられてきた層をこそ近代的労働者階級＝プロレタリアートの歴史的起源とする見方であり、その意味ではマルクス主義批判としての側面をも持つ。

このように見るならば、近代的な意味での無産者、労働者階級とは、概念のレベルで見れば、古い身分制社会の法制度、それと裏腹の秩序観念の転形、崩壊の中、賤民概念が意味を成さなくなり、市民概念が拡張していく中で新しく組み直された貧民概念であり、実体のレベルにおいては、市場経済の新たな成長がその生存を可能とした人口グループである。そしてこの人々を秩序付ける重要な枠組みとしての雇用関係も、かつての家レベルの奴隷・奉公人制度からは少しずつ転形していくのである。

7.3　有産者と無産者

有産者と無産者の非対称性

「近代的雇用関係・労使関係の歴史的原型は身分的・「家」的支配従属関係である」と示すために字数を費やしてきたが、そろそろ本題に戻る。

リベラルな〈統治〉の立場からする福祉国家論は、水平的な交換、その延長としての売買を基本に取引というものを考える、普通の経済学の枠組みに依存するところが大きいため、有産者と無産者の間の取引における力関係の非対称性を、単なる量的なものと見なし、質的な断層を十分に評価してはいないのではないか？　こうした取引においては、水平的な交換、その延長としての売買よりも、時差を伴い、先手と後手、何より有産者と無産者との間に立場、取りうる選択肢の範囲や質に非対称的な違いがある信用取引、具体的には既に見た消費貸借や雇用、請負、あるいは賃貸借といった形が典型的となる。

スローガン的に言えば「雇用契約を労働（力）という商品、ものの売買とは考えてはならないし、農地の賃貸借、小作契約を、農地の利用権という商品、ものの売買と考えてはならない」ということだ。雇用も賃貸借も、売買の特殊なサブタイプではない。そう見えてしまうのは、時間的な前後関係の不可逆性、非対称性、そこに起因するリスクと不確実性を軽視するからである。売買と雇用、請負、賃貸借は別種のカテゴリーと割り切った方がよい。

先に我々は「ロック、スミス的な剰余モデルからではなく、ニーチェ、ドゥルーズ的な欠損モデルから出発する取引、そして市場経済理解においては、交換とその洗練としての現金決済による同時的売買ではなく、消費貸借をはじめとする信用取引こそがそのパラダイムを提供する」と論じた。そして、債務者の債権者への従属を生みかねない信用取引に対するセーフガードとして、同時的な交換、売買を理解することさえできるのではないか、とやや踏み込んで論じた。同様のことはある程度まで、雇用、請負、賃貸借についても言えるかもしれない。

そもそも欠損モデルからすれば取引の始まりは、生産力の充実からくる余剰の発生とその処理としての交換、としてよりも、不意の災難、不確実な世界におけるリスクによる損害と、その損害を一時的にでも埋めようという努力に求められる。つまりは取引関係者にはどうしようもない外的なリスクがまずある、と考えられているのである。そうした損害をカバーするために、リスクに見舞われた被災者は、大過なく過ごしている他人から入用なものを贈られる。しかしこれに対しては、状況が改善したら返礼を贈ることが想定されている。この延長線上に、消費貸借取引を展望するのが、ここで言う「欠損モデル」である。

もちろんいったん消費貸借という仕組みが定着してしまえば、それは必ずしもその始点においいて不慮の事故、災難などを想定することなく行われるようになり、その中心問題はそれとは全く別のリスク――つまり贈られた側〜借りた側、債務者が贈った側、貸した側、債権者に対して借財をきちんと返済できるか、というリスクとして認識されるようになってしまう。そしていかにして債務者がその返済義務を履行するように規律するか、が取引の中心課題となっていく。

しかしながらそれでも、常にではないが典型的には、借り手は貸し手に比べて財産が少なく、先に述べたような外的リスクに弱い存在ではある。だから現実の世界では多くの場合、債務者の、というより取引当事者の意志でどうにかしうる範囲の外側にある――自然災害やマクロ経済状況など――外的なリスクと、取引関係者自身の振る舞いに起因するリスク――内的なリスクとでも呼ぼう――の両方が存在している。しかも、結果的に現実に生じたトラブルがどちらにどの程度起因するのか、は多くの場合識別できない。

それゆえに一方では貸し手の方は暴力で威嚇したり、借り手のなけなしの資産や、完全な無産者の場合には人身そのものを担保にしたり、と強制力を行使してでも貸し手に債務を履行させようとする。しかし他方では借り手の方でも、誠実に従順に返済に努めたところで、運が悪ければどうにもならないから、そのような場合の免責など、セーフティーネットを求める（もちろんこうしたセーフティーネットは、内的リスクを外的リスクに偽装するモラルハザードの温床ともなるが）。一般的な慣行として、更には法的制度として消費貸借が確立するには、こうした双方の希望をある程度両立させる必要があるだろう。一方での裁判所による強制執行、差し押さえ、かつての債務者監獄、他方での債権者平等原則、債務奴隷の禁止、破産制度といった枠組みはそうしたものとして理解できる。

信用取引についてもある種のものは、対象の価値もそれほど巨額ではなく、借り手の負担、背負うリスクも大したことはないので、申し込めばほぼ自動的に貸し手に受理され、貸し手も特に不安を覚えずに貸出を行い、期限が来れば粛々と取り立て、借り手もそれに応じる——という風に、取引が決まりきったものとして定式化される、つまりはほとんど現金即決の商品売買と同質になる、ということも考えられる。耐久消費財の割賦販売や住宅ローンなどは比較的そちらの方向に沿ったものであると言えよう（無論当の購入対象が担保として働くのではあるが）。しかし、比較的個性的で一回性の強い案件（能動的なビジネス計画のほとんどはこちらだろう）においては、どうしてもお互いについての無知、取引の進行に際して考えられる不確実性が大きくなり、いきおい貸し手の側では担保や強制執行等に訴える誘惑が大きくなる。この誘惑を抑えて、あくまでも相互の信義誠実を信頼して取引を進める、とは、つまりは古典的な意味での「政治」なのだということは、既に論じてきた。ここにおいては、信用市場の不完全性が孕む問題——取引当事者間の交渉力の不平等、交渉力の弱い側が暴力や搾取に晒される危険——を、信用市場を完全競争市場に近づける——すなわち各取引主体、一回一回の取引の個性を抹消し、定型化、均質化させる——ことによって克服しようとすべきではない、というよりそもそものようなことは不可能である。

同様のロジックは、雇用・請負や賃貸借についてもある程度当てはまる。ここでは雇用・請負について考えよう。非常に理想的な日雇労働、ごくごく単純で定型化され、短時間でまとまった単位が完結し、その成果の観察も容易であるような仕事の取引であれば、無個性な商品としてほとんど即時的に「売買」できるかもしれないが、ほとんどの雇用・請負取引はそのようなものではない。かなり複雑で、場合によっては現場での独自の判断が要求されるような一連の仕事を、ある程度まとまった期間にわたって雇人・請負人に任せる場合、雇主の側は仕事をうまくこなしてくれるかどうかについて雇人・請負人の能力や誠意について不安を抱き、威嚇や強制をもってでもコントロールしようとするだろう。

ただし雇用・請負は消費貸借とは異なって双務契約であり、どちらかが一方的に債権者となる、という状況は避けられる。賃金後払いであれば、雇主側からの「真面目に働かないと賃金を払わないぞ」という条件付け以上の過剰な威嚇は不要となり、他方雇人・請負人には「真面目に働いたから賃金寄越せ」と明確に主張する権利が発生する。そうやって一方的な債務の累積、従属の際限ない延長へのセーフガードが組まれていると言える。それでもそのセーフガードの枠内での、取引の不確実性と、雇主の側からの雇人・請負人へのコントロール要求はなくなることはない。

そもそも、請負の場合には、特定の製品を仕上げる等、まとまった仕事の単位を比較的短期に取引することができる点において、パッケージ化された商品の、現金決済での即時的な売買に相対的に近いと言えるが、雇用の方はそうもいかない。既に示唆したとおり雇用はその歴史的な起源を、家内奉公人・奴隷の取引に持つ。奉公人の場合にはその取引は元来、奉公人本人ではなく、その個人の生家、もともと所属する家と、奉公先の家とを主体とするものであった。つまり奉公人はあくまで取引の客体でしかない、というわけである。そのような取引であれば、奉公人と奴隷の間にはさほど大きな差はないと言える。また家という単位に着目するならば、家同士の取引関係としての奉公は、養子縁組や婚姻と類似したものと見ることもできる。近代までの日本でもごく普通に見られた、農家や商家同士での子弟の奉公人としてのやりとりを想起されたい。あるいは、職人における徒弟修業もまた、この枠内で考えてみるとよい。

奉公とはあえて区別されたものとして奴隷取引を考えるならば、それは家同士の取引としてではなく、奴隷商人を介在し、明確に商取引、売買としてなされるものだと言えよう（それに対して家同士の奉公は、売買よりは貸借の方に近いと言いうる）。歴史を遡るならば、こうした奴隷が労働力のうちの無視し難い割合（一〇パーセント以上のオーダー）を占めていた社会というのはそれほど多くはなく、典型的であるのは古典古代のギリシアとローマ、そして近代の南北アメリカ（植民地期から独立直後）である。更にそうした奴隷の多くは、彼ら彼女らが使役される社会においては異民族であったことにも注意せねばならない（ギリシア、ローマにおける戦争捕虜、近代のアフリカ人奴隷）。当該社会の既存の身分秩序、支配構造の外から導入された存在だからこそ、その従属形態がわかりやすく商品、人ならぬ「もの」いや「人のもの」、財産という形を取るのである。もとからその社会に属しているのであれば、既存の秩序、たとえば家の秩序、家父長の権威、親分子分的な権威関係によって支配されており、所有や商品経済の論理をわざわざそこに適用する必要もないだろう。普通の奉公人の場合も、取引の論理よりもこうした家的・身分的権威の論理で雇主に従属している（契約によって従うのではなく、雇われている間は雇主が自分の「親」だから従う）と考えた方がよい。

いずれにせよ奉公人、奴隷とその主人、主家との関係は公的なものではなく、私的な、家政レベルのものである。奉公人、奴隷が不自由人であるということは、彼らがもっぱら家の中に封じ込まれ、非政治的な実力、暴力に晒されているということだ。近代的な雇用という枠組みは、このような奴隷制、奉公人制を下敷きに、しかしその取引の（一方の）当事者を、取引される当の本人に切り替えて、この関係を公的なそれへと組み替えていくものと理解することができる。

商品ではない労働

もともと奴隷制においても、債務奴隷は返済を終えれば、また戦争捕虜の場合は身内が身請けしに来れば、解放されて自由人となることが想定されていた。商品として購入される奴隷においても、制限付きで自身の財産を保有し、自分自身を身請けして解放することは可能であり、それ以外にも、忠実で有能な奴隷は直系の家人以上の信頼を主人から受け、事業承継者として解放されることもあった。また家同士の関係としての奉公においても、年季明けに際して生家に戻って家業を相続する、分家を立てる以外にも、養子になるなどして正式に主家のメンバーになったり、あるいは主家の分家として取り立てられる可能性もあった。ただそうした解放は、あくまで奴隷身分や奉公人身分から脱して、自らの家を立てる、自ら経営主体となる、という形が基本であった。それに対して近代的な雇用の一つの原型は、自ら経営主体となることなく、奴隷や奉公人と同様、雇主の指揮命令下で働きつつも、そうした雇主の権威への従属を、あくまで双方合意の自発的な契約に基づく条件付きの、制限されたものに組み替える、というものである。

ここで具体的に重要であるのは、契約の継続期間と、労働時間である。前者は長期的な生涯、ライフサイクルの中での雇用期間の制限の問題であり、後者は雇用が継続している間の、日常生活の反復する時間、典型的には一日、長くとも週・月単位での、雇主による拘束時間の制限の問題である。極端に言えば商品として購入された奴隷は、ライフサイクルベースでも、日常時間ベースでも、これといった定めのない無制限の拘束の下に置かれる。無論実際にはそれは純然たる無制限ではなく、奴隷が健康で労働できるような範囲での制約がかけられるが、そうした制約は奴隷が主人に対して要求しうる権利ではない。それに対して奉公人の場合には、普通は年季、つまりライフサイクルベースでの拘束期間が予め定められており、雇主にはそれを守る義務があって、反対に奉公人にも、雇主に義務の遵守を求める権利がある。しかし特に住み込みの奉公人には、往々にして厳密な意味での自由時間はなく、具体的に就労していない場合でも、主人の命令に応じる用意をして待機せねばならない。対して近代的な雇用関係における雇人は、ライフサイクルベースでの雇用の継続期間においても、日常生活における労働時間においても、厳格な制限がなされ、雇主はそれを守る義務が、雇人はその義務の遵守を雇主に要求する権利が明確にある。

このように、中身に相当不定型な部分を残しつつ、外形をどうにか整えたセミパッケージとして雇用契約を標準化していくことによって、そうした雇用労働の取引についても、人々はつい「売買」という言葉づかいを——おそらくは経済学の影響をも受けて——していくようになったのであろう。ただそこで売買される対象とは——雇人が雇主に売りつけているものとは、一体何か？　もちろん労働の成果たる製品（無形のサービスを含めて）ではない。製品の生産主体は工程総体の保有者たる雇主である。かといって、労働それ自体（サービス労働の場合は製品それ自体と物理的には同じ現象だが）でもあるまい。というのは、ここで労働のリーダーシップをとっているのは雇主の方であり、雇人ではないからである。繰り返しになるが、定型化されて、いちいち指揮命令などなくともほぼ自動的に遂行されてしまうような単純作業ならともかく、複雑で臨機応変たるべき作業としての雇用労働を、「商品」と見なすことにはやはり無理がある。

「人的資本」概念

以下、やや余計な話をすれば、この無理をあえて通すための工夫として、マルクスが『資本論』などで提示した「労働力」（Arbeitskraft, labor power）、「労働力商品」の概念がある。売り買いされるのはあくまで「労働をする能力」であって、労働そのものではない、というわけだ。これによって「雇用労働者は自由な契約主体として、労働力を自由に処分しているにもかかわらず、労働は雇主に従属している」という風に無理なく語ることができる。

ただこのような捉え方に対する代替案もまた存在する。アルフレッド・マーシャル以降経済学で用いられるようになった「人的資本」(human capital, personal capital)という概念は、労働力と似て非なるものである。つまりマルクスの言う「労働力」がフローであり、時間決めで丸ごと雇主に売られて消耗してしまう、と想定されているのに対して、「人的資本」はいわば労働というフローを生むストック、「果実」を産み出す「元物」であって、濫用すればともかく、注意すれば丸ごと消耗はしない。それどころか「資本」であるので「投資」(具体的には教育訓練、現場経験等)によって消耗を補って余りある「蓄積(価値増殖)」ができる。この場合は雇用は労働力商品の「売買」というよりも人的資本の「賃貸借」として、賃金はその賃料、レンタル価格として観念されることになる。とは言っても通常の資本設備とは異なり、所有者の人身から分離することはできない。仮に丸ごとを他人に売れば、それは自己を奴隷として売り飛ばすことである(期限付きであれば年季奉公になる)。

おそらくマルクスはこの発想に至らなかったのではなく、わかっていて拒絶した。つまり一九世紀の現実の賃労働者の場合には、「人的資本(彼自身の言葉では「労働者の資本」『経済学批判要綱』)」モデルは当てはまらない、能力向上、収入増につながる「投資」など、無産雇われ労働者にとっては大して意味がない、と判断したのである。これは少なくとも短期的に見れば現実的な判断だったかもしれないが、理論家としては早計かつ整合性を欠くものだったかもしれない。つまりマルクスは、資本主義経済の下では賃金は最低生活ギリギリのところまで押さえつけられ、労働者が自己の能力に「投資」することが可能なほどのレベルにはなかなか達しない、と考えていたということになるが、他方で労働時間については、労働組合運動や国家による政策介入（工場法）によって短縮が可能であり現にされてきた、と論じている。だとすれば、同様の理屈を賃金、賃上げについても展開しないのは、やや不自然である。そして実際、二〇世紀後半以降の経済学は、所得格差や経済成長の分析に「人的資本」概念を援用し、一定の成果を挙げてきたのである。

雇用における不定型な領域

こうしてみると、近代的雇用関係における雇人、賃金労働者とは、予めその解放が約束され、日常的な自由時間も権利として保障された、制限付き奴隷・半自由人とでも呼ぶべき存在である。もちろんそうした側面は近代的雇用の一面に他ならない。請負関係と雇用関係との境界は往々にして流動的であり、雇人という形式をとりながら、その労働実態においては、雇主の指揮命令を受けず自分の裁量で仕事をする、請負人に近い存在も（無論その反対の「偽装請負」も）珍しくはない。

アレントの「労働」(labor）と「仕事」(work）の区別は、この奴隷・奉公人的な仕事・労働のありようと、職人的、請負人的な仕事・労働のありようとの区別に対応している、と考えてみることができる。奴隷・奉公人の中でもとりわけ、主人の命令次第で無限定に様々な仕事に従事する家事使用人の労働のイメージが、アレント的な意味での「労働」概念の中核をなす（アレントは自らの家事労働経験からその「労働」概念に思い至ったという）が、付随的に農業労務者（住み込みの作男や日雇）のイメージもちらつく。それに対して「仕事」の方は、明らかに独立のアトリエを構える熟練職人のイメージである。必ずしも有形の製品を作らないサービス業者で、かつ自分のアトリエから出て雇主の家で仕事をするような場合でも、業務遂行の際の主導権はあくまで自分に留保し、仕事が終われば引き上げる、大工や植木職人、あるいはお抱えではない独立の芸術家、教師などを想起すれば、その奴隷・奉公人との対比は明らかであろう。

やや長くなったが、雇用関係においては、本質的に、予めの契約において規定し切れない不定型な領域が残らざるをえない（どんな仕事をいつさせるか、のみならず、そもそも具体的にどんな仕事をさせることになるのか、さえ事前には厳密に確定できない。こうした雇用や金融取引においてはごく普通のこうした契約のありようを、経済学の用語では「不完備契約」〔incomplete contract〕と呼ぶ）。そのため、定型化されて同質な「商品」の売買のようにはいかない。つまりその不定型な領域を取引当事者間のコミュニケーションを通じて確定していくしかない。しかしながらその実体としては、対等な自由人同士のフォーマルな「政治」とはならず、雇主の側からの指揮命令と、それに対する雇人の服従という、インフォーマルな、非政治的な支配関係が基本となっていることは言うまでもない。なぜか？ それは一つには、雇用関係の歴史的源流が奴隷制、奉公人制だからでもあろう。しかしそうした権威的支配関係が、家的身分関係にではなく、自由な契約に立脚するものになってもなお存続するのはなぜか？ 自由な市場に足場を置いた雇人の交渉力が、なお雇主の交渉力に対して弱くならざるをえないのが普通だ、というわけだが、それはなぜだろうか？　そこで雇主と雇人との間の資産格差というファクターが効いてくることは言うまでもない。

効率賃金仮説

ただここで現代の経済学は、もう少し興味深い論点をも提出する。かつての奴隷主や雇主には奴隷・奉公人に対する体罰権などもあったというが、現代では雇主が雇人に対してなしうる最も厳しい制裁はせいぜい解雇であり、あからさまな暴力を用いて言うことをきかせることはできない。そこで現代の雇用関係では、世間相場よりも良好な雇用機会（高賃金、昇進機会、福利厚生、身分保障等々）を、真面目な勤務態度と引き換えに提供すること、かつそうした条件付き雇用維持を長期的に継続することが普通に行われている。

一時期それは「日本的雇用」ともてはやされたものだが、元をたどれば徒弟制の伝統が強固に残り、戦後は労働組合とは別に従業員参加制度を法制化したドイツ、あるいは大恐慌前のアメリカ合衆国の大企業などでも広く見られた仕組みである。「終身雇用」といった言葉で日本の事例がやや神話化されたきらいはあれ、中核的な従業員を「子飼い」として長く雇用し続け経営を安定させるという雇用管理は、むしろ二〇世紀の中堅以上の企業では常道だったと言える。直接的にネガティブな制裁、鞭によってではなく、ポジティブなインセンティブ、飴をもって——更に言えば、その飴をむしろ常態、当たり前とし、逆に飴の取り消しの威嚇を鞭とすることによって、雇人を規律している、というのである。

経済学の方では「効率賃金仮説」と呼ばれているこの議論の含意はしかし、それにとどまらない。こうして中堅以上の企業が「世間相場よりも良好な雇用機会」を提供するということは、つまるところ競争的水準よりも高めの賃金・待遇を提供するということなので、「本来」のそれがない状況（教科書的に言えば「競争的水準」）よりも多くの労働供給を引き出してしまう。つまり、労働供給が労働需要に対して過剰となり、余分な失業が発生してしまう、というのだ。これによって、必ずしも需要独占的・寡占的でもない労働市場においても、買い手＝雇主優位の状況が出現してしまいがちになる、と一部の研究者は指摘する（ボウルズ前掲書、他）。

更に、類似の状況が金融市場においても、貸し手と借り手の間に発生すると指摘されている。すなわち、貸し手の金融機関（銀行など）としては、有能で誠実な借り手を選んで貸し付けたい。そこで相場より少しばかり安めの金利や緩い返済条件を付けた長期ローンを組む。ただしこのローンは、予め定められた条件を毎期クリアしなければそこで打ち切られ、延長されない。このように低金利の継続を飴、条件をクリアできない場合の更新停止を鞭として、借り手を規律するわけであるが、当然それは（競争的水準以下の）低金利に引き付けられた多くの借り手を引き付け、資金市場における貸出不足を引き起こす。そもそも、奴隷制を捨てた社会においては、債務奴隷、つまり人身を担保とする消費貸借が許されず、破産制度によって債務者は保護されているのだから、そうした環境での信用市場では、借り手が過剰になりがちなのである。かくして、金融機関

＝貸し手は、借り手に対して優位に立ちがちとなる――と。

すべての市民を
「政治」的な主体に

紙幅の関係から賃貸借、ことに歴史的には奴隷制や雇用関係以上に重要な農奴制・小作制（における土地の貸借）についての細かい検討は省略するが、ここにおいても類似の状況が成り立つことだけを指摘しておこう。すなわち、有産者と無産者との間の取引においては、無産者が何らかの形で有産者の財産を活用して事業を行うが、その場合両者の間には信頼関係を樹立することが難しく、いきおい有産者の無産者に対する権力的コントロールの問題が生じるのである（ことに金融セクター――農業専門の銀行や協同組合――が未発達の場合、地主との小作農との間には、土地の賃貸借のみならず資材や金銭の消費貸借関係もまた生じるのが普通である）。

こうした有産者と無産者との間の非対称的な取引関係は、まさに不透明で不確実な――つまり「政治」を要求するものである。しかし両者間には交渉力の非対称性があるため、交渉力がより強い有産者の側には、無産者の側を没「政治」的に力ずくで（あからさまな暴力は用いなくとも、相手の選択肢の幅をコントロールして）従わせようという誘惑が大きい。普通の商品の取引であれば、市場を「理想的な完全競争市場」に極力近づけて、供給側でも需要側でも、市場全体をコントロールできるような特権的存在をなくしてしまう、という戦略が意味を持つ。十分に競争的な市場は、力ずくの強制と同じく没「政治」的——そこにはコミュニケーション、本来の意味での交渉は不在である——ではあっても、一部の特定の有力者、権力者の利害の一方的実現を回避し、人々の（特定の他人からの干渉からの解放という意味での）自由を保障する点では、ましな結果をもたらす。しかし消費貸借、金融取引や雇用関係は「理想的な完全競争市場」が要求するような定型的な商品としてパッケージ化、標準化できないのだ。となればここで人々の自由を平等に保障するためには、競争的市場の圧力や、あるいは外部の国家権力の政策介入によって、一部の有力者の権力を「政治」ごと吹き飛ばすのではなく、各主体の「政治」的交渉力を底上げするしかない。つまり理想的には、すべての市民を「政治」的な主体たりうる——他の有産者やそれこそ「市場」にも抵抗して自己の意志を貫ける——有産者にするしかない。

産業民主主義の必要性と労働組合

パッケージ化された、ルーティン化された取引であれば、リベラルな〈統治〉が効率的であり衡平にもかなう。市場を開放して競争的にすれば、取引参加者同士のコミュニケーションは不可能にもなるし不要にもなる。〈統治〉の主体は取引には参加せず、市場の局外から超然とそれを観察し、基本的には「見えざる手」に任せ、この「見えざる手」をあえて破ろうとする——独占や詐術によって市場を外から操作しようとする——者が出現するなど、市場全体の秩序が破れた時にのみ能動的に介入する。そこでは取引当事者の「政治」的主体性、あるいは「積極的自由」は不要であるし有害であり、「消極的自由」の保障で十分である。

しかしながら不完備情報の下ではそうはいかない。そこではむしろ、ある程度気心の知れた相手との、長期にわたる取引の方が効率的である。ただしそれは当然ながら、公的な取引を私的な閉域へと取り込んでしまう危険と裏腹である。とりわけ、雇用や小作関係は、元来家政レベルの私的な支配関係を、契約関係に組み直して少しずつ公共化していく仕組みであるため、こうした堕落はむしろ本来態への回帰でさえあり、その危険はより一層大きい。それゆえこうした危険に対しては「雇用の流動化」、労働市場の自由化ではうまく対応できない。すなわち、ある程度長期的な関係であることを見越した上での雇人の側の交渉力の強化、すなわち団体交渉や労使協議といった「産業民主主義」の仕組みが必須である。それでもどうしても「雇用の流動化」に固執するというならば、雇用関係から外れた時になお労働者に一定の財産が――個人的な「人的資本」であれ、企業外に足場を置いた労働組合が提供する「社会的財産」であれ――確保されていなければならない。

――しかし一口に「雇用されて働くしかない無産労働者を、実質的（バーチャル〔virtual〕）に有産者にする」とは言っても、具体的にはどうやって？　トップダウン的な再分配政策（国家レベルでの土地改革や、あるいは全員に一定額の所得を保障するベーシック・インカム、更に義務教育による人的資本の公的な形成等）のことは措いておこう。たとえば、消費貸借が累積債務を通じて小規模有産者の零落、無産化や、無産者の金融的従属の強化の危険を増やすからと言って、それを全面的に禁圧すれば、無産者の蓄財、有産化への重要な経路が遮断されてしまう。必要なのは、金融市場全体をそれほど歪めず、窒息させない程度に規制を――具体的には債務者救済などのセーフティーネットを――張り巡らしておくことである。農業や中小零細商工業における協同組合は、そうした事業の担い手たることが期待される。

労働組合はどうか？　無論重要な役割が期待されるが、ここでの文脈でいえば労働組合とは、あくまでも個々の組合員に対して「社会的財産」を提供して、その個人としての政治的交渉力をバックアップする――個人としての財産がなくとも、組合の共済制度を利用すれば、雇主からの圧力によりよく抵抗できる、あるいは退職して職探しをする際にも余裕を持てる――ことがその本来的機能である、ということになる。個別の雇用契約を超えた集団的――最低でも職場レベル、企業レベル、しばしば産業・国家レベル――な労使協定（労働協約ほか）を目指す団体交渉だけが労働組合の任務というわけではない。労働者の団結は個人としての労働者の権利を守るためのインフラストラクチャーである。あえて強い言い方をすれば、雇用労働者を雇主への没政治的従属から解放しても、それが労働組合への、やはり没政治的な従属に置き換えられてしまってはならない、ということだ。

リベラルな共和主義の要求

大衆的な組織として二〇世紀福祉国家体制の一翼を担うこととなった労働組合は、あくまでも多数の職種にまたがり、未熟練労働者までをも含めた数の力でもって、雇主と団体交渉を行い、職場の、更には産業全体、国民経済全体における労働条件の相場を決めていく存在としてイメージされる。徒弟制の規制を含めた職業訓練や、共済保険といった仕組みによって、労働者個人の労働市場での交渉力の底上げを主な任務とする労働組合は、せいぜい一九世紀の一部熟練職人の間でしかリアリティを持っていなかった、と言われる。政治主体としての労働組合は、あくまで、二〇世紀的な大衆民主主義の装置なのであって、共和主義とは相性が悪い、と。

しかしここであえて、雇人、雇用労働者の「原像」について再考してみよう。

先に我々はマルクス主義的な「小農民・零細商工業者没落史観」とでも言うべきものと、近年の社会史が提示する「賤民から無産市民へ」というストーリーとを提示した。「歴史的にはどちらが正しいか?」という類の議論にそれほど意味はない。現実社会史的に見れば、どちらにも相応のリアリティがあるだろう。しかしここでこうした歴史の可能性が理念的、イデオロギー的に読み込まれてしまったら、二つの対照的な近代プロレタリアート=雇用労働者観が立ち上がってくることにある。

一方の、主流派マルクス主義風のそれでは、労働者は没落した有産者市民としてイメージされることになり、その政治的解放は「失った・不当に奪われたものの回復」として物語化されることになる。奪った主体は成功した大資本家、あるいは資本主義的市場経済というシステムそのものということになるので、こうした解放理論はともすれば反資本主義的、反市場経済的になりがちである。マルクス主義の場合のように、反市場主義が反所有主義にまで行き着いてしまえば、それはリベラリズムのみならず共和主義にも敵対的にならざるをえまい。また少なからぬマルクス主義者が賤民を退廃した「ルンペン・プロレタリアート」として――「歴史の進歩」、「革命」の足を引っ張る存在として――ネガティブに評価していたことも忘れてはならない（良知力『向こう岸からの世界史』、他）。

それに対してコンツェ的な歴史観を前提にすれば、労働者はもともとものの数に入らない賤民、被差別民、奴隷、不自由人から半自由人へと成り上がってきた者とイメージされ、その解放も奴隷解放、農奴解放とむしろパラレルに捉えられることになる。本来持っていたはずの失われた財産の奪還ではなく、もともと何も持たなかったところから、少しずつではあれ財産を獲得していくプロセスとして、労働者の解放もまた語られることになる。その時、市場はとりあえずはフローの行きかう場として、労働者を他人の家への従属から解き放ち、独自の世帯を構えることを可能ならしめるものと捉えられる。その意味ではこうした労働者観は、むしろリベラリズムと相性がよい、と言える。

だがリベラルな共和主義の立場からすれば、ここにとどまるわけにはいかない。「労働者は単に自由な契約、自由な取引の主体であるのみならず、労働フローにとどまらないストック、「蓄積」することのできる「資本」としての労働力／人的資本の保有者でもあるべきだ」とリベラルな共和主義者は主張せねばならない。労働者階級を代表する政党が、労働者階級の利害に沿った社会経済政策を実施する、というだけでは全く不十分である。職場レベルでの「産業民主主義」の担い手としても、更には職場の外に出た失業者・求職者としてもなお、外的圧力に容易に屈しない自立した市民、政治的主体として個人がありうるよう支援する枠組みを、リベラルな共和主義者は労働組合、そして労使関係制度に求めることになる。

「社会問題」は「政治」の領分ではない？

ここまできてようやく我々は、アレントの奇妙で受け入れ難い「社会問題」観と、それと一見矛盾する、労働運動に対する高い評価とを、ある程度整合的に理解することが可能となる。

アレントに言わせれば貧困をはじめとする「社会問題」の解決は、自由人の営みとしての「政治」が、貧民を含めた万人を主体として成り立つための前提条件ではあっても、それ自体は「政治」によって解決できるようなものではない、というわけだ。労働運動がアレントにとって、近代における最も輝かしい政治的出来事の一つであったのは、それが「社会問題」を解決したからでは全くない。財産なくしては参加できないはずの公的領域、「政治」への新たな回路を（カステル風に言えば「社会的財産」を提供することによって）無産者たちのために開いたからである。そしてその回路を通じて労働者たちが目指したことが、必ずしも「社会問題」の解決ではなかった——少なくとも単なる自分たちへの再分配要求ではなく、自分たち以外をも含めた公共の利益が主題であった——がゆえに、それは輝かしかった、とアレントは論じる。もっとも、その後労働者階級の利益代表として福祉国家体制に組み込まれることによって、労働組合は他の圧力団体と同様、「政策」、「行政」の下位機構と成り果ててしまったわけであるが。

　では「社会問題」を解決するには、どうしたらよいのか？　それについてアレント自身は詳らかに論じてはいないが、あえてその意を汲むとすればこうなる——「社会問題」への対応は「政策」、「行政」(フーコー的〈統治〉)——具体的には社会経済政策、生活扶助や公教育——の領分であって「政治」の領分ではない。貧困者であったりその他社会的な弱者として位置づけられ、援助のターゲットとなった人々は、そのこと自体によってまさに「政策」の「対象」とされるのであって、たとえその政策の目的が長期的には「市民としての自立」であったとしても、当面はもっぱら主体ではなく受け身の客体として扱われるしかない。すなわち、それは有産者市民による、無産者大衆に対する保護であり規律であり訓練である、と。

　つまりアレントは、労働運動の政治的意義を高く評価しながら、固有の意味での政治にはそもそも社会問題の解決を期待していない。社会問題解決の装置となった労働組合は、政治主体というよりは政策の下請機構であるというわけだ。

水平的再分配

　しかしここまでで明らかにできたことは、アレント風に考えるならば、(1)社会問題の解決は政治が正しく機能するための前提条件であり、それ自体は政治の課題ではなく政策の課題である、(2)労働運動の偉大さは社会問題の解決の主体たるところにあるのではなく、政治から排除されていた人々のための政治参加の経路となったところにある、ということまでである。

(1)だけを前提として受け入れるならば、政治から排除されていた無産者、貧困者に対して政治参加の道を開く主体は、既に政治を担っていた有産者市民である、ということになる。無産者の側からの運動による政治参加への要求も、有産者市民が許容しなければ通ることはない。力押しの暴力勝負なら既得権益を握る有産者の方に分がある。本書では軍事についてほぼ論じる余裕がないが、古代から中世までは武装とはおおむね有産者の特権であったし、近代においても近世のいわゆる「軍事革命」（非常に乱暴に言えば、小火器で武装し、小隊・中隊単位で一糸乱れず動けるよう訓練された歩兵を中核とする常備軍と、その費用を支弁する公共財政システムの確立）以降は、常備軍を保有する国家に対抗しうる武装勢力はほとんど存在しえない（軍事史についてはマイケル・ハワード『ヨーロッパ史における戦争』、ウィリアム・マクニール『戦争の世界史』、アザー・ガット『文明と戦争』、他）。

それに対して(2)だけでは、労働運動がいかにして無産労働者の公共圏への、政治への参加を可能としたのか、がわからない。少なくとも初期の労働組合は非合法的存在であり、国家体制の一部として取り込まれるのは後の話である。力押しの、革命的社会転覆の脅威が既存の支配層の妥協、譲歩を導き出したのだ、としても、問題はその脅威となるほどの交渉力の根拠である。

結局、ここでアレントがきちんと論じていないのは、広い意味での（再）分配の射程の広さである。『人間の条件』、『革命について』でアレントが富の（再）分配（自然や市場＝社会的自然の力によるのではなく、政治・政策による分配）について論じる際には、富める者から貧しい者への、いわば垂直的再分配が対象である。またここまで見てきた賃貸借や雇用も、リスクに強い者と弱い者との間でのリスク（と引き換えのリターン）の取引、という側面を持つことを見てきた。しかしながら我々は、ことにリスク管理において、同じ種類の危険に対して同じ程度に直面している仲間たちの間での、水平的再分配について経験を積んでいる。すなわち共済保険である。我々は既に初期労働組合の基本的な機能をこの共済保険に求めてきた。こうした労働組合を含めた各種組織の共済活動が統治によって取り込まれて、近代的な社会保険制度、福祉国家体制が出来上がってきたことは言うまでもない。

ネガティブな損害、リスクの管理を主眼とする共済保険だけではなく、リスクと背中合わせのポジティブなリターン、利益を追求する投資家たちの会社、組合もまた――それどころか預金銀行でさえ――こうした水平的なリスクシェアリングの仕組みである。それら営利的な会社、組合が、相対的に小規模な、それでもストックと呼びうる程度の富を多数結合して極めて巨大なストックを作り上げることを目的とするのに対して、初期の労働組合やその他のインフォーマルな信用組織においてはむしろ、ストックと言えるほどの財産を持たない無産者たちが、なけなしのフローを集積してどうにかストックと呼べるものを作り上げるところに眼目がある。これが共済の原資となり、また団体交渉に際してはストライキ基金となった。労働者たちのローカルでミクロな「政治」の基盤としての「社会的財産」は水平的再分配なのである。

アレントの視点からすれば、垂直的再分配は「政治」というよりも「政策」、「行政」として捉えられるというのは、十分に理解できる。しかしながら水平的再分配、同輩たちの間の相互扶助活動については、今少しデリケートに見ていく必要があるのではないか。無論初期の労働組合の場合、十分な保険メカニズムを確立できたのは比較的裕福な熟練工の組織に限られていた、とは言われる。しかし無尽講などの原始的な貯蓄・保険組織は、熟練職人や自作農に限らず、スラム住人や貧農などにまで浸透していることが近年の途上国研究などでも報告されている（ジョナサン・モーダック他『最底辺のポートフォリオ』、他）。アレントはこのような、水平的再分配を通じての「政治」の立ち上がりの可能性については、あまり深く考えていないように思われる。

「政治」の「始まり」

もう少し風呂敷を広げるならば、実はアレントの議論の枠組みにおいては「政治」の起源、「始まり」を論じることが難しい。あれほどアレントが「始まり」の思想家として称えられているにもかかわらず、である。

たまたま、何らかの偶然で、それこそ「奇跡」によって、相応の財産と力を得て自由を謳歌できる人々が複数並び立ち、お互いの自由と独立を否定せず、尊重し合いつつ、なおかつ共同の課題について協力し合う、という営みが、ある特定の場所でささやかに――具体的にはギリシア半島とローマで――始まってしまった。しかしそれがいったん始まってしまえば、そしてその営みが可能とする、人間の――個人としてまた集団としての――栄光と尊厳の物語が語り継がれていくならば、そうした具体的な営みの一つ一つは、それほど長続きできずに滅びていったとしても、その記憶は途切れることはなく、そしてそうした記憶に導かれて、何度でも復活する――アレントが「政治」の「始まり」とその反復について語っているのは、つまりはそういうことだ。

ギリシア、ローマのポリス、レス・プブリカを「政治」の原点だとするならば、「政治」の「始まり」自体は奇跡的な偶然の所産である。そしてその後世における反復は、その記憶、記録、歴史＝物語に導かれたものである分、より容易ではあろうが、それでもある程度の幸運な条件の下でしか起きえないし、その時に「政治」の主体、市民＝公民として立つ人々は、問題となる「政治」が行われる地域、社会に生きるすべての人々ではなく、あくまでもその中でも少数の幸運な特権的存在であろう。そうした「特権」が「人権」として普遍化される「市民革命」は、それでは、この幸運な市民たちによる、庶民、民衆に対する「政治」の贈与であり、その限りでは、それは少なくともその「最初の一撃」においては、双方向的な「政治」ではなく、一方的な「統治」であると言うのだろうか？

そういう議論はもちろんありうるが、おそらくそれだけでは労働運動、のみならず農民運動を含めた民衆運動全般の政治的意義を語りえないことになる。だが実際には民衆は、ただ単に上からの贈り物としての「人権」を受け取ったのではなく、しばしば自らそれを要求する主体ともなった。

もちろんそうした運動は、「人権」に先立って「政治」の「物語」を受け取り、自分たちを栄光ある市民の零落した末裔として、いわばその過去を「捏造」する想像力によって駆動されることが多かった。そうして、民衆はしばしば実体としての財産を欠きながらも、財産への権利を主張する想像上の「市民」となることができた。だがそれだけではなかったのではないか。そうした想像力は政治運動を駆動する「大きな物語」を産み出すだけではなく、草の根での共済活動、「社会的財産」の構築をも支えていたのではないだろうか。

第八章　リベラルな共和主義と宗教

共和主義の困難

ここまでの議論、ことにその後半において我々は、「リベラルな共和主義」、同時にまたデモクラシーでもあるような共和主義、のために弁じてきたと言ってよかろう。古典的共和主義、あるいは自然発生的な共和主義は、同輩集団としての市民団をともすれば閉鎖的な特権身分となし、必ずしも開放的ではない。しかしながら「リベラルな統治」をいったん経験した我々が、あえて共和主義を目指すというのであれば、開放的な、リベラルな共和政を目指さないわけにはいかないだろう。しかしながらそのためには、具体的に何が必要か？

前章では無産者を有産者にすること、すべての人に単なる生存の保障を超え、フローとしての所得にとどまらず、積極的なビジネスを興すに足るストック、資産をも保障する社会が、リベラルな共和主義においては要求されるであろうことを示しておいた。しかしその具体的な実現手段については、あえて詳論はしなかった。農地改革を典型とする、ストックの強制収用を伴う資産再分配、財産それ自体の収用は必ずしも伴わず、フローへの課税を手段とする、よりマイルドな所得再分配がすぐに想起されるものであるが、他方、経済成長を促進した上で、その恩恵が賃上げを通じて経済の末端へと十分に波及するようにすること、更に教育や住宅取得等、資産形成を支援することもまた重要である。

「資本主義」の環境下での共和主義の困難は、そこで再分配され保障されるべき財産が、居住目的の土地建物を例外として、具体的な物財であるべきではない、ということである。土地改革が共和主義の基礎付けとして意味を持ちうるのは労働人口の過半が農業に従事しているような場合のみである。更に、農業であろうと何であろうと、特定の職業における雇用や市場を確保しようという政策も望ましくない。そのような政策はつまるところ、保護貿易その他の仕方で市場に介入し、資源配分を歪めるものにならざるをえないからだ。

しかしながら実際には、現実の労働運動の歴史は、そのように展開することが多かった。イギリスにおける労働組合の原語が trade union、つまりは直訳すると「労働組合」というよりは「職業組合」であることからうかがわれるように、生身の身体に体現された知識・技能を、市民権の基盤となりうる財産として擬制しようとした時には、どうしてもそれは一般的な知性とか運動能力などではなく、具体的な職業に結び付いた職能へと引っ張られてしまう。

「資本主義」の下では、全体としての市場経済の中で産業構造が転換し、新陳代謝が繰り返される中で、もちろん多くの企業は消滅しまた新たな企業が生まれてくるわけだが、原理的には「法人」企業はそうした新陳代謝のプロセスを超えて不死でありうる。巨大な法人企業であれば、組織を拡張し、複雑化させて多業種を同時展開し、市場経済の動向に反応して、衰退部門を縮小して成長部門を拡充する、という新陳代謝を自己の中で繰り返すことができる。もちろん人間も学習し、成長し、変容することが——ここでの文脈で言えば転職し転業していくことはできるが、それでもどうしても有限な身体に縛り付けられた存在であり、学習を通じた成長、変容にも限界がある。資産家ならば、容易に換金可能な有体物や金融資産を財産として保有していれば、特定の産業・職業に肩入れするセクショナリズムから距離をとれるが、無産者庶民の場合には、その「人的資本」は、とりわけそれで相応の稼ぎを上げ、取引相手(典型的には雇主)に対する交渉力の担保としようとするならば、それを無色透明な一般的技能にとどめず、具体的な職能に引き付けたものとした方が望ましいであろう。おそらくは、有体物としての財産を持たなければなお一層、雇用労働者たちはその職能にこだわらずにはいられない。

場合によっては、それは必ずしも具体的な、リアルな職業的熟練、高度で特殊な知識と技能である必要はないかもしれない。むしろ想像上のものであっても、非実用的な儀礼的慣行の共有でもよいのかもしれない。たとえば東條由紀彦は、近代日本を対象に、一見したところ熟練不要の単純労働に従事する土工たちの間にそうした結合を見出している(『近代・労働・市民社会』、他)。

農民、小農たちの場合にも、類似の状況が成立しがちであることは言うまでもない。

スミスの重商主義批判と、「市民社会」、「組合」、「国家」

ややくどくなるが、ここで今一度アダム・スミスを参照しておこう。

近代人にとってはロック的、あるいは自然状態論的な財産イメージが強烈な印象を残しすぎているが、この描像に問題があることは先に指摘したとおりである。そこでは自然の曠野が公共圏の代替となっており、都市と公道が明確にイメージされていない。しかしながら、厳密な自給自足、というより自閉を目指すのではない限り、公道によって外の世界とつながれていない領地は役に立たない（農業用水のことも考慮に入れるとなお一層よくわかる）。とは言え、既に都市国家の時代を脱して久しく、領域国家と萌芽的世界経済を見ているロック、あるいはホッブズやルソーが都市を軽視したとしても仕方がない（ルソーは別の観点から都市国家に執着しているが、その構造物、空間秩序という側面についてはそれほど深く考えていないようである）。

そこで逆に、土地を排除し、都市と公道だけを視野に入れた社会イメージを考えてみれば、商工業の遍歴職人の世界はどうにかそこにはまりそうである。むしろ、土地に固定された一つ一つの仕事場よりも、都市と街道こそが遍歴職人の世界をイメージするには相応しい。

ここで我々は団体、あるいは組合というものの、二重性について考えておく必要がある。株式会社にせよ、労働組合にせよ、あるいは近代国家にせよ、それらは、市民社会の中で個人と同格の一個のまとまった主体として振る舞う「法人」ないしそれに準ずるものである。しかしそれらは同時に、それ自体でもまた「市民社会」、ないしは公共体なのである。

家が、またある種の団体もまたそうであるのとは違い、株式会社にせよ、組合にせよ、また近代国家にせよ、構成員の私有財産を収用するわけではない。その構成員は市民として自らの財産を確保した上で、それとは区別されたものとしての、その団体の財産――あえて「公共財」と言っておこう――への権利を保有している。このように、人々は私有財産、そして財産権をはじめとする権利を自然権として留保し、国家を形成してもそれを団体に対して全面的に譲渡はせず、せいぜいその一部を信託するのみであるという点において、それは共同体一般とは、とりわけそのメンバーが一切の権利、一切の個性を捨てて団体と一体化するタイプの共同体――出家修行者の修道団や理想的な共産主義コミューン――とは対極に位置する。このような特異なタイプの共同性を「公共性」と呼んでも別にかまわないだろう。

ここで「市民社会」と呼んだものは英語では「civil society」であるが、現代英語の「society」は常に日本語の「社会」へと翻訳できるわけではない。現代日本語で「社会」と言うと、境目も内も外も持たない、ちょうど水や砂、穀物のように物質名詞で呼ぶことが相応しい無定形な人の集まり(「population」、「人口」もまたそういう言葉である)か、あるいはそうした人々の間の関係やその織りなす空間を指す言葉になってしまっている。しかしながら現代英語の「society」は、そうした開かれた集合としての社会を指示することもあれば、「association」、「company」の同義語として、限定された団体としての「結社」、「会社」、「協会」をも意味する。

そしてこうした「society」の語で指示しうるような団体は、「体」である以上その内と外とを分かつ境界を有し、完全に開放的ではないが、その内側においても、メンバーの私的領域と、メンバーを結び付ける公共圏とを備えており、市民社会のメンバーであると同時に、それ自体もまた一種の市民社会なのである。あるいはそれは、具体的な土地、場所、トポスから引き離された、バーチャルな都市なのである。

教育という介入

スミスが「重商主義」と呼んだものは、一面ではこのような組合たち――同業団体、特権的貿易会社、等々――のセクショナリズムであり、その公共体としての側面が後退して、それぞれのセクショナルな、私的な利害に偏してしまった状態である。それに対してスミスが提示したヴィジョン、後にそれは経済的自由主義と呼ばれるものだが、そうした組合のセクショナリズムの排除である。では、それに代えてスミスが提示するものは何か？　市民社会、公共性の担い手としては組合を否定した上で、スミスは何をそのオルタナティブとして示すのか？

「それが市場経済である」と答えるのも、あながち誤りではないだろう。しかしながら本当は、組合は市場の否定では必ずしもない。組合は、その外側に対しては確かに私的な利害の主体として現れることが多いが、その内側では、メンバーの私的利害がぶつかり合う、公共圏もである。つまり、組合は市場にとっての障害であると同時に、それ自体で市場の組織者でもあることが普通なのだ。

だからスミスが提示するのは、単なる市場経済ではなく、組合によって組織されない、自然状態としての市場経済なのである、というべきであろう。また、その他にも、人為的な公共性の担い手として唯一特権的に残されるのが、今日的に言えば主権国家だ、ということになる。

このようなスミスによる批判を潜り抜けた上で共和主義を再建しようとするならば、少なくとも、無産者庶民たちが重商主義、保護主義に縋り付くように仕向けることは避けなければならない。リベラルな共和主義が庶民に市民的地位を保障するために再分配しなければならない財産とは、主として金融資産と、人的資産の中でも、特定の職業的技能より、むしろ一般的な教養を中心としたもの、にならざるをえない。いずれにせよ、強制という契機を公共圏から締め出し、私的領域に封じ込めたいのが共和主義の本来のありようであるにもかかわらず、共和主義のリベラルな普遍化を目指すのだとすれば、強制的再分配を避けることはできない。

しかし、リベラルな共和主義が強制に手を汚さねばならないのは、再分配においてだけではない。

あるいはこれも再分配の一環と考えてもよいかもしれないが、ここで言いたいのはつまりは教育のことであり、ケアのことであり、本書での言葉づかいで言えば「調教」のことである。先ほど「人的資産」とあっさり書いたが、それは要するに教育のことだ。しかし「人的資産」の分配としての教育は、物的資産の場合とは違う。物的資産を受け取る時、人は己の心身を変容させる必要はない。しかし教育においては、それが本格的なものであればあるほど、それは単なる「もの」の受け渡しではなく、受け渡される当人の心身それ自体への――時に思わざる――介入となる。

公教育

公的領域において活動する、政治の主体たる市民としての資格は、当然ながら「もの」としての財産の十分な所有にとどまらず、それを活用する能力をも必要とする。市民的主体の典型が個人というよりは「家」や団体であった、身分制社会における市民社会であれば、家長に能力が不足していても、能力のある人材を家人として抱え込んでおくことができるが、近代的市民社会ではそれが困難となってくる。フーコーの規律・訓練＝調教の分析はそこを突いたものとして読むこともできる。そのままでは市民社会での社交や経済活動にも、また公共的意思決定（狭義の「政治」）への参加にも十分に適応できない人々を訓練し、それに相応しい資質を身につけさせる仕事は、古典的共和主義のモデルに従えば主として私事として、典型的には子弟を親の責任において養育・教育することとしてなされることになろう。

既に見たように近代初期においても、ロックの『教育論』とはまさにそのような、家庭レベルでの親・家庭教師による養育・教育を想定したものであったし、またアダム・スミスの『国富論』においても、有産者の子弟の教育は家庭教師にせよ大学にせよ、親の費用負担と責任において、私的になされるものとして論じられていた。とはいえ、これも既に見たように、ロックにおいても、そしてスミスにおいても、貧民の子弟の教育はこのモデルから外れ、公的な費用負担によって、行政サービスとしてなされるものとして論じられていた。

しかしながら、ロック、そしてスミスの場合にはまだ、公共政策による教育、つまり躾け・調教の対象は、財産と教養のある人々——市民層と旧身分社会の主役たる貴族層、英語で言えばgentlemenではない貧民たちにとどまっている。のみならずその内容においても、市民教育と言えるようなものではない。ロックの場合には雇用労働者たるに相応しい職業教育を徒弟として与えるというものであるのに対して、スミスの場合には公共政策としての職業教育には意義を見出しておらず、読み書き算盤が主体であるが、それにしても政治参加のためではなく、宗教的迷信や政治的煽動に惑わされない実直な精神を養うこと、という程度の位置づけである。だから彼らの場合には、古典的共和主義の枠は壊れつつあるが、リベラルな共和主義への移行は起きていない。それは無産者の市場経済への参加を見込んでいる以上、リベラルではある。しかし政治参加のための公民教育までは含まれていない。

だがリベラルな共和主義の場合には、公教育は更に踏み込んだものにならざるをえない。富裕な人々がその子弟に私財を投じて行う教育と遜色ない水準のサービスを、費用負担能力はもちろん、そうした教育を望ましいとさえ思わないかもしれない貧困者の子弟にも与えなければならないのだ。

ストックとしての財産を運用するとは、ただ単に（それこそ経済学の教科書が言う意味での「競争的」な）市場に追随して受動的に振る舞うだけでは足りない。もちろん市場から引っ込んだ自給自足に甘んじるわけでもない。自らのイニシアティブで果敢に未来に踏み出すこと――それがさしあたりは純然たる私益のためであってもそうであり、いわんや公共的なコミットメントを意図してのことであればなおさら――が求められるのである。そしてそれは言うまでもなく、単なるknow-whatとしての、言語的な知識のみならず、know-howとしての身体的な技能、ひいてはそのように身体を動かすに相応しい感情――趣味嗜好等――のありようまでをも含んだものとなる。それは子どもたちを――人をあるがままの自然な姿で放置することはない。

宗教の問題

ここで我々は、ここまでの自由主義の検討において取りこぼしていたある論点を呼び出した方がよいだろう。すなわち、広い意味での「宗教」の問題である。すなわち、宗教とはもともと、公的領域での調教――規律・訓練と保護、ケアをその主たる役割としていたからである。実際スミスの貧民教育論においても、教会の役割は小さくない。『国富論』において子どもの教育は読み書き算盤を教えるいわゆる「学校」のイメージで論じられている(福祉供給のみならずこの領域においても、主権国家の公共サービスに先立って教会が活躍したことには今は触れまい)が、成年の貧民に対するいわば(公民=市民教育とは言えなくとも)社会教育は、教会の任務として位置づけられている。

ホッブズ、ロックが今日的な意味での「Liberalism」という言葉を用いていないにもかかわらず、近代リベラリズムの原点とされる理由は、彼らの想定する人間像が私的な利害関心を優先するものであるということ以上に、彼らの関心が宗教の問題、宗教と政治権力との関係にも向けられているからでもあることは、周知の事柄であろう。つまり彼らは、宗教改革以降の、教会とは独立し、教会に対して優越する政治権力としての世俗国家の理論家でもある。

ここで「宗教」とは何ぞやという議論を、とりわけ神学にまで遡って論じる余裕はない。ただここでは、近代以降、つまり西洋世界での宗教改革以降、更に言えば信教の自由と政教分離以降の我々にとっては、宗教とは私事に属するものであるが、かつてはそうではなかったということを思い出しておこう。そもそも宗教とは決して個人的なものではなくむしろ共同的なものであり、公私の区分を知る西洋世界においては、しばしば公的なものでさえあった。政教分離、すなわち宗教の公共領域からの締め出し——より正確には、公的権力、国家権力からの分離は、宗教改革以降の展開である。そしてホッブズにせよロックにせよ、こうした分離の理論家として、同時代において名をはせ、後世にも大きな影響を及ぼしている。

当面の議論に必要な限りにおいて、「宗教」の暫定的な定義を下すなら、「肉体を持って生まれてから死ぬまでの間の人生と、その舞台である現世を超えた、生まれる前やその後の時間、現世の外側の空間までをも射程に収めた、共同性についての信念体系」とでもしておけば十分だろう。ここでは「共同性」という言葉を「公共性」の上位概念としておく。先にも少し触れたように、「公共性」とは「公私の区別を前提とした特殊なタイプの共同性」を意味する、くらいの理解を読者各位にはお願いする。

そのようなものとしての宗教は、自然人への影響力、感化力において、現世しか射程に収めないような思想、共同性に対して、決定的に優越していることは言うまでもない。生きている限りでの現世的な利害関心に訴えるよりも、あの世における賞罰、救済と劫罰に訴える方が説得力は強いし、世界をより広く深く意味づけることも容易だ。それゆえに宗教は、本書で言う意味での「政治」が出現し、更にそれをも食い荒らしかねないほどの力である「市場経済」が発展しても、共同性、そして公共性を支える力として、そう簡単には衰退しなかった。とりわけ政治や経済が一人前の強く賢く豊かな人、戦士貴族や市民をその典型的な担い手として想定している限りにおいて、そうではない人々を支えること、ただ単にあれをしろこれをしろと命じるだけではなく、生きることの意味を教え、欲望そのもの、主体性そのものを形成する——すなわち調教する力として、強く残り続けた。

公共性の担い手としての宗教と、その問題性

しかし「宗教」の抱える問題の一つは、同じ現世、というより現実世界を共に生きる人々の間でも、いくらでも多様な宗教が容易に発生しうるし、実際発生する、ということである。何となれば宗教は見たり触ったりできない「あの世」、「彼岸」更には「神様」についての信念まで含めてこその「宗教」であるから、とりわけ「あの世」、「神様」の理解をめぐっていくらでも多様な

宗教が成り立ってしまう余地がある。

　このような宗教の特性は、魅力的な神話や教義、それをわかりやすく、印象深く伝える儀式や経典、それらを担う教団組織といったメディアに伴われるならば、地域の壁、地理的環境の壁を超えた広範囲の空間にわたる共同性、公共性を作り上げることを可能にする（キリスト教、更にとりわけイスラームの歴史を見られたい）が、他面では逆の可能性もある。すなわち、物理的に統一された社会（それはもちろん地理的な近接性、連続性によるものが第一であるが、交通通信が発達してくれれば、経済的取引によってもそうした統一はなされうる）において多様な宗教が成立して、社会のつながりを揺るがす、という可能性が。

　同じ一つの社会において多数の多様な宗教が存在する、とはどういうことかと言えば、同じ一つの社会において、その同じ社会についての、それぞれに異なる多様な共同性、公共性の理念が併存してしまう、ということである。同じ社会についてそれぞれの個人が、それぞれに異なった、社会のあるべき姿についての理想を持ちうるのだ。近代立憲主義、そしてリベラリズムの基本理念の一つである「政教分離」、「宗教的寛容」とは、ここからくるコンフリクトの危険への対応として理解することができる。すなわち、宗教を基本的には私的領域に封じ込めることによって、多様な宗教の同じ社会内での共存をしやすくする、というわけである。その代償は宗教の公的活動の大幅な制限ということになる。

　もちろん狭い、あるいは普通の意味での「宗教」ではない、「あの世」に一切触れない世俗的な公共へのコミットメントというものもある。現代の我々が考える、一定の理念、イデオロギーに導かれた社会運動や政治運動の多くがそうだろう。ただそれが関係者に対して、単なる私生活上の利益への手段的な寄与にとどまらない、それ自体での生きがいをもたらすのであれば、それは広い意味での「宗教」と呼んでもよいかもしれない。しかしながらそうした「世俗宗教」もまた普通の意味での宗教も、リベラル・デモクラシーの下では利益団体と同じく、多元主義的政治体制を構成する圧力団体の一種として位置づけられる。また場合によってはそうした宗教は、単なる圧力団体を超えて議会で活動し、政権をも狙う政党を結成する場合もある。

「政教分離」、「信教の自由」の本義

本題に戻るならば、「信教の自由」、「政教分離」とは、単純に公私の区別と同一視できる、ないしはそこからの当然の帰結と理解できるわけではない。宗教が私事であることは予め自明であり、だからこそ公的領域から排除する——公事、とりわけ政治に参加する場合にも相応の手続で拘束する、というわけではない。先に見たように宗教はもともと共同性の器であり、しばしば公的領域で権力を行使するものである。リベラリズムにおける「信教の自由」、「政教分離」とは、元来は公的権力から私事を保護することではない。そのように私事として保護された宗教、その上での「信教の自由」は既に追い込まれて去勢された宗教である。互いに衝突し、滅ぼし合うまで争いかねない多数多様な公共性への志向を抑圧して、諸宗教を単なる私的な利害集団へと変形

してしまった上でその私的でローカルな権利を保障するのが、近代立憲主義であり、リベラリズムである。そうした宗教その他の強いイデオロギー集団の濃い公共性理念に対して、「私的な利害の可能な限りの両立と共通基盤の保障」という薄く抽象的かつミニマルな公共性理念を統治権力の編成原理となし、人々の善い生の充実、生きがいの追求は極力、公的領域ではなく私生活においてなされることを求めるのが、リベラリズムである。

以上に見たような近代リベラリズムにおける「政教分離」と、「徳」の軽視とは関係がある。リベラリズムは、人間のあるがままを肯定することと引き換えに、古典的な倫理学の核心をなす徳（ギリシア語でarete、ラテン語でvirtus）の涵養という契機を私的領域へとおいやるが、「宗教」という言葉を広い意味で捉え、共通善へコミットする生き方を人に勧めるもの全般と解するならば、宗教と徳の涵養は不可分であるのだから。「政教分離」、「信教の自由」の眼目は、「人として望ましい生き方」、「人としての正しい在り方」を世に問い、共有しようという運動の抑制にある。

ロックの構図においても、明確に徳の涵養＝人格の規律訓練という主題は明確に登場していたと言える。しかしそれは人――具体的には未熟な子どもを、一人前の経済人へと鍛え上げるプロセスとして解釈することを許すようなものであった。その経済人は同時に政治的主体、市民でもあるが、そもそもロックの描く世界では市民たちが統治権力を確立する理由も、まずもって私的利益、私有財産を守るためである。そしてこの教育という営為は、政治的主体たるべき有産者においては、基本的に私的な家政の一環としてなされるのである。スミスにおいてもこれは同様だ。『国富論』においては子弟の教育のみならず、成年教育の問題として宗教、教会政策が論じられているが、これは基本的に富裕者の子弟の教育（私的に支弁される大学、家庭教師）と同様、公的なコントロールを極力排した、教会、宗派間の自由競争に任されるべきものとされている。ロックやスミスがそもそも宗教不要論者であったとは言い難い（ロックはれっきとした信仰者である。スミスはしばしば「理神論者」とされるが無神論者を名乗ったことはない）。

それに対して、古典的な共和主義には、ここで言う意味での「政教分離」、「信教の自由」へのコミットメントは特に存在しない。公私の区分の問題と宗教の問題は特に結び付けられることはなく、むしろ公事として宗教は扱われる。とは言え、単なる政教一致ではない祭政一致、すなわち、世俗を離れた宗教エリート、出家者や司祭が同時に政治権力者であるような体制は、世俗的な家を営む市民主体の共和主義、民主政治とは相容れ難い。しかしながら、世俗の市民が主体で、なおかつ強い宗教的紐帯に支えられた国家というものもありうるし、現にあったわけである。イスラームのウラマーは出家者とは言えないし、宗教改革以降のプロテスタント諸派の大部分では聖職者は出家者ではない。しかしそうしたプロテスタント諸派がリードして作り上げた北アメリカ植民地は、共和政的であると同時に、強い宗教色をも帯びていた。

また理論、思想のレベルにおいても、キリスト教を含めた既存宗教に政治、世俗国家に対する敵対者として警戒を緩めなかったルソーは、その警戒ゆえにこそ、社会契約に基づく共和国は、市民たちの間に連帯感を醸成する「市民宗教」を必要とする、と論じたのである（『社会契約論』、他）。有徳の市民を育てるためには、世俗的なそれをも含めてここで言う広義の——「彼岸」にはかかわらなくとも、人々を共同性そのもの、祖国そのものを愛するように仕向ける——「宗教」が必要である、とルソーは考えたのだ。繰り返しで恐縮だが、このルソー的な「市民宗教」の役目を果たすものとして、一九世紀以降のナショナリズムは登場した。ナショナリズムにせよ、あるいはマルクス主義を筆頭とする社会主義にせよ、このような意味での「世俗宗教」だったと言える。

世俗宗教としての政治イデオロギー

さて問題は、リベラルな共和主義にとって宗教とはどのように位置づけられるものなのか？である。既に見たようにリベラルな共和主義は公共政策において再分配のみならず、人々の間に強制的にでも市民的徳を涵養せねばならない、つまりは調教、規律・訓練をも行わねばならない。しかしある意味でそれは、リベラリズムの理念、人間の「あるがまま」を肯定し、極力それを捻じ曲げない統治を、という構想を裏切るところがある。ロック、スミスの限定的な公教育論は、そうした裏切り、捻じ曲げを全面回避はできないまでも、極力押さえ込もう、という発想の上に成り立っている、とも言える。

しかしながらフーコーの調教——規律・訓練——分析を真に受けるならば、その捻じ曲げは不可避である。またそれは、古典的な徳倫理学の課題は、抑圧され回避されてきただけであって、消え去ってなどいない、ということをも意味する。公共政策のレベルでも、抽象的な法原則やごくごく一般的な正義原理にとどまらず、ある程度具体的な「人としての善き生き方」、「生きることの意味」についての示唆や「感情教育」は実は回避できないのではないか、と。

しかし抽象的な、リベラリストの正義原理よりも一歩踏み越えた「善き生き方」について考え始めた途端、そこには多種多様な選択肢が浮上する。現に宗教は今もなおおかくも多様である。それどころか先に見たとおり、現世のレベルにとどまっているはずの政治イデオロギーでさえ、かつてのマルクス主義がその典型だったように、そして今日ナショナリズムが再び見直されているように、人に生きる意味を与える「世俗宗教」なのである。

一見逆説的だが、リベラルな共和主義は、単なるリベラルな統治に比べて、より大規模で強力な統治のための機構、より直截に言えば行政府を必要としてしまう。そしてその際にロック＝スミス的な禁欲を踏み外して、ある特定の「善き生き方」へのコミットメントをなしてしまう危険は、無視し難いのだ。

第九章　リベラルな共和主義の可能性

9.1　万人に機会が開かれた自己選抜

リベラリズムが克服すべきもの

ここまでは、リベラリズムが何を克服しようとしてきたのか、しかし克服し切れずに今日回帰しつつあるものは何か、という見地から、乱暴に今日の政治哲学、規範的政治理論を瞥見してきた。その中で我々は、必ずしもストレートにいわゆる「共同体主義」にはコミットしないまでも、そこにおいて提起された徳の問題を真摯に受け止め、市民的徳の概念を主軸に置く規範的政治理論構想としての共和主義の意義を極力肯定的に解し、今日におけるその復興――「リベラルな共和主義」とでも呼ぶべき構想のために弁証してきた。以下、図式的に過ぎるがまとめておこう。
リベラリズムは専制や全体主義を敵とするのはもちろんだが、そうした否定的敵対者以外にも、いわば克服すべき先達として、古典古代的な共和主義を持っていた、と言える。公共圏と私的領域の分離、それを前提とした、公共圏における人間の自由、そうした自由の実現としての政治――といった理念は古典古代の共和主義の偉大な遺産であり、近代的なリベラリズムもそれを継承している。しかしながらリベラリズムは、古典的な共和主義の下では公共圏で活躍しうる自由人はごく一部の特権的エリートでしかないこと、またそうした自由人の「善き生き方」、文化とは実はローカルなもので、さほどの普遍性を持ちえないこと、を批判せねばならなかった。そしてすべての人を自由なものとして扱う統治の論理を、構築してきた。

マルクス主義からフーコーへと連なる批判理論は、そのリベラリズムに内在した欺瞞、自己矛盾を撃つものであった。それはつまるところリベラリズムもまた、「人のあるがまま」を肯定して普遍的な社会構想たらんとしながら、特定の「善き生き方」を、そしてそれを全うしようとする具体的な「徳」を人にこっそりと求めるところを批判していたわけである。ではどうすればよいのか？　古典的なマルクス主義は、リベラリズムのそれに取って代わる真の普遍性を立てようとして失敗した。フーコー的批判は、批判のその先には行かない。それに対していわゆる共同体主義の論者たちは、真正面から古典的な意味での「徳」の復権を提唱した（フーコー自身もまた晩年には古典古代の研究に回帰していたことの意味はおそらく小さくない）。

しかしただ単に徳倫理と、それに基づく政治の復権を唱えるだけでは、リベラリズムがいったんは古典古代的共和主義を退けたことの意義が宙に浮いてしまう。そこでここではあえて共同体主義の論説からは距離をとり、公と私の区別、法と市場、と言った契機に着目して、リベラリズムが共和主義を批判する際に、本来そこから継承していたはずだったのに閑却していた契機を掬い上げることを試みた。それがここで言う「リベラルな共和主義」である。無論今日共和主義を標榜する論者のほとんどが、多かれ少なかれ「リベラルな共和主義」者であることは疑いがない（たとえばキャス・サンスティーン、そして何より後期の、「財産所有のデモクラシー」のロールズ）が、それが「リベラル」でかつ「共和的」であるとは具体的には何を意味するのか、をはっきりさせておくことが肝要である。

リベラリズム、共和主義、デモクラシーの関係

さてここでいったん、リベラリズム、共和主義、そしてデモクラシーの間の関係を整理しておこう。リベラリズムはそもそもが〈統治〉の論理であるのに対して、共和主義とデモクラシーは違う。デモクラシーは狭い意味での「政治」の論理であるし、共和主義もまたそうだ。しかしながら共和主義とデモクラシーは完全には重ならない。そしてリベラルな共和主義とは、その重なりの中にある（それとぴたりと一致するかどうかは、留保しておく）。

厄介なことには、共和主義とデモクラシーは、どちらかがどちらかに包含される、という関係

にはない。共和主義は、一部の特権的エリートのみが政治の主体として公的意思決定に参加する、非民主的なそれと、広範な大衆の政治参加を認める民主的なそれとに分かれるのに対して、デモクラシーの場合にも、比較的共和主義に親和的なタイプのものと、そうではないもの、場合によっては敵対的なものとを見て取ることはできよう。

わかりやすいところでは、『現代議会主義の精神的状況』をものし、ヴァイマール憲法をリベラル・デモクラシーの体現者として『憲法理論』で批判的に評釈したカール・シュミットの特異なラディカル・デモクラシー論がある。それは、公的意思決定への、ステークホルダー全員、その決定にかかわる社会のメンバー全員の直接参加をデモクラシーの本来あるべき理想と見なし（そこではアテナイなどポリスの民会が理想化されている）、リベラル・デモクラシー政体において当然（の必要悪）と見なされている代議制議会、更に言えば立法、行政、司法といった権力分立さえも民主主義の理想からの（仮に必要悪だとしても）逸脱だとする。代議制民主政は擬装せる（非民主的）共和政だ、ということだろうか。とはいえ、古代においてさえ限界が見えていた全員参加の合議制を、近代主権国家の意思決定には用いようがない。ではそこでシュミットが持ち出す、直接参加のツールとは何か？　強力な執政権を受託された指導者選出の直接投票である。この解答は胡散臭いを通り越して、今や忌むべきものとなっていることは言うまでもない。すなわち、討論や手続を「決定・決断からの逃避」と軽んじてヴァイマール憲法体制に風穴を開け、ナチスの権力掌握を導き入れた論理の先触れにしか見えないからである。

とはいえ、シュミットは、議会主義をただ単に直接民主制に比して不完全な間接民主制として批判しているのではない。議会制度の直接民主制に対するメリットの一つとして指摘されるのは、比較的少数の討論者の間で、論点が整理された濃密な討論が行われうる、という点である。たとえ高度な通信システムの力を借りたとしても、少なくとも万単位の人間が同時に参加するような討論を行うことは、自然人、生身の人間の処理能力を超えている。代議制は直接の討論参加者の数を数十からせいぜい数百に抑え込むことによって、何とか有意味な議論を可能にしている。討論の実質性に貢献している限りにおいて、こうした制限は実は、代議員の選出が適切に行われていれば、討論から排除されている者にとってさえ有益でありうるのだ。シュミットの批判は、この問題も押さえてはいる。シュミットの更なる批判の論点は、議会制の、そしてシュミットに言わせれば自由主義の討論の過度の重視、それによる決定、執行の軽視である。

シュミットのこの「リベラル・デモクラシー」は政策の実行につながる最終的な意思決定が苦手で、決定に至らない討論に延々明け暮れる」との趣旨の批判の前提は「リベラル・デモクラシーの背後の社会とは、多種多様な利害、多様な思想信条を抱える人々からなる、雑多で異質な社会である」というものだ。そしてシュミットは、こうした多様性をデモクラシーにとっての死荷重として退け、人々の性質を均質化して、統一的意思決定をより容易にする、とさえ論じてしまう。ここまであからさまな言い方はしなくとも、同様の発想はたとえばマルクス主義の一部においても見られる。その人民民主主義論においては、すべての人々が労働者階級として階級的な利害を同じくする社会の建設が目指されている。社会主義革命後の過渡期としてのプロレタリア独裁を経て到達される、社会主義的なデモクラシーとは、そういうものだ。

リベラル・デモクラシーの二つのタイプ

こうした左右のラディカル・デモクラシーからの批判と、本書でこれまで主として念頭に置いてきたフーコー的な批判とを照らし合わせてみれば、リベラル・デモクラシーの特徴もよく見えてくるだろう。それは「社会内の異質な契機を統一しないままに放置している」と批判される一方、逆に「社会内の異質な契機に十分に配慮せず、同じ枠組みを押し付けている」とも批判されているのだ。

古典的な共和主義においては、社会内の異質性を無理やりに排除し均質化しようという志向は必ずしも強くない。むしろそうした統制には否定的——少なくとも禁欲的だ。しかしながら公共的意思決定という意味での政治への参加については、それに相応しい資質や意欲を持つ人々に限定しようという志向をそれは持つ。逆に古典的なリベラリズムは、そもそも統治の論理であって政治にはさほどの関心はなく、すべての人に保障する自由の主眼を、あくまでも私的自由、せいぜい市民社会における行動の自由、として、政治参加の権利をそこに必ずしも含めない。だから政治的権利を限定的な特権とする古典的な共和主義と古典的なリベラリズムは両立する（がイコールではない。リベラリズムは理論的には、少数者による独裁とも両立する）。

リベラル・デモクラシーにはそうなると、大ざっぱに言って二つのタイプ、あるいは二つの極を見て取ることができそうだ。すなわち、(a)資質や意欲についてはそれほど深刻に問うことなく、ただ単純にすべての人に政治参加の機会、そのための手続的権利を保障することを眼目とするタイプのものと、(b)それにとどまらず、すべての人に機会のみならずそれを十分に活用するに足る財産と資質を与えようとするタイプとである。後者は本書で「リベラルな共和主義」と呼んできたものにおおむね対応する。

本書のここまでの議論は、まず第一章で、リベラル・デモクラシーに対する支配的な理解としての(a)を提示した上で、それへの批判としてのアレントやフーコーの所論を経由して、(a)へのオルタナティブとしての(b)を提示したもの、として理解されるかもしれないが、そうした解釈は著者の本意ではない。(a)は一つの典型ではあるかもしれないが、それが「主流」であるとまで言うつもりはない。他方(b)についても、それが著者の独創などではないことは当然としても、「少数派」、「異端」だと主張するつもりもない。広い意味でのリベラル・デモクラシーが行われている社会、言論の自由に立脚した議会制民主主義が制度的に確立し、市場経済に立脚した市民社会がその基盤となっているような社会においては、そのリベラル・デモクラシーを運用する思想、それへの意味づけは様々な仕方で行われており、(a)、(b)はそのスペクトルの広がりの中での、わかりやすい典型的極論として構成してみたに過ぎない。さしあたり現時点において、規範的政治理論に関心を持つ者の端くれたる著者に言いうるのは「もう少しこの(b)が示すような解釈をリベラル・デモクラシーに対して与えることが生産的ではないか」という程度のことである。「生産的」というのは、この解釈が、リベラル・デモクラシーが擁護するに足るものであることをうまく弁証するだけではなく、その固有の欠点や危険を指摘し、それを改善するための提言の基盤としてもそこそこ働いてくれる、というほどの意味である。

あえて本書で提示した(b)的な「リベラルな共和主義」のための議論の独創――それとても無論著者の独創というわけではない――を指摘するとするならば、第一に、古典古代を基準に、単なる権力や支配の現象とは区別された固有の、あえて言えば真正な意味での「政治」観念を復権させようとしたところであり、その系論として第二に、今日必ずしも政治現象と見られていない領域に「政治」を見出したこと――それもフーコー権力論に見られるような「社会に遍在する権力の剔抉」とは別の仕方で――、にある。それに対して(a)的なリベラル・デモクラシー理解は反政治的、とは言わないまでも「政治」に対して消極的な議論である。

少なくとも一九七〇年代までの政治哲学をリードしたリベラル・デモクラシー理論の少なからず、たとえば初期の『正義論』におけるロールズのそれや、そこでの福祉国家論に対する批判を試みた『アナーキー・国家・ユートピア』でのロバート・ノージックの最小国家論などは、本書で言う意味での「政治」を主題化せず、どちらかと言うと「政策」を主眼とした議論を展開していた。これに対してマイケル・サンデル、アラスデア・マッキンタイアらの所論は市民的徳と古典的な意味での「政治」の復権を提唱するものであったが、共同体という契機の強調には成功したものの、リベラリズムにとってもその原点であったはずの共和主義の理解を深めることにはそれほど成功しなかった。それは「政治」を支える基盤としての市民社会についての適切な理論を与えることの失敗であったと言えよう。それに対して本書での「リベラルな共和主義」論は、

「政治」を支える基盤としての「市民社会」の構造、更にそれを維持するための「政策」、そうした「政策」の更なる基盤としての「政治」の循環構造を描くという作業の準備段階として位置づけることができる。

端的に言えば、共和主義の立場からすれば、国家とは政治の中心的な場ではあっても、政治を独占するわけでは決してない。公共圏における人と人とのかかわり合いはいずれも広い意味での政治である。最も広い意味においては、一人ひとりがもっぱら私的利益を追い求めての行動であってさえもそうだ。ただし、経済学が思考の基準点とするような完全競争市場においては、誰一人として他の特定の誰かに働きかけることはできず、また特定の誰かから働きかけられるということもなくただ「見えざる手」に従うのみであるがゆえに、それは公共圏における活動であるにもかかわらず、私的領域に引きこもっての家事と同程度に「私的」と見なされてしまうのであるが。

実現可能性、持続可能性

我々のここまでの議論は、古典古代的共和主義の理念を普遍化することを目指す、というものである。万人に開かれた公共圏としての市場に、誰もが他人にいいようにされない、だまされ、搾取されない程度の備えをして参加し、その中で様々な他者と様々な交渉を行う、というのが広い意味での「政治」の定義であり、そうした「政治」を各人が問題なくできるようにするために必要な基盤作り、そのための共同作業が狭い意味での「政治」であった（だから政治は「国家」の独占物ではなく、ある程度の規模と複雑性を持った公共的集団においては常に発生する。いわゆる「国家」の「政治」における中心性は、主として武力の問題に由来する）。

だが、身も蓋もなく言えば、そのように普遍化された理想的な「リベラルな共和主義」はもちろん、実現されたためしはない。古典的な共和主義はもちろん、既に「備え」のできた者のみをその主体として、それ以外の者は公共圏からは排除し、私的領域に閉じ込めてきた。近代以降のリベラルな社会では、公共圏の万人に対する開放へと進んでいくが、そうして開放された公共圏では一人ひとりの個人は埋没し、無名化し無力化し、公共圏における自由の意味自体が変質する、すなわち、人々とかかわる中での自由のはずが、私的領域での自由と大差ないものになっていく。我々のここまでの提言、「企業や組合など、国家レベル以外の、小規模でローカルな民間団体の経営もまた真正な意味での「政治」であると自覚せよ」とは畢竟「気付き」の呼びかけ、ある意味お説教の域を出るものではないし、また万人に「備え」を保障する仕組みを整えたとしても、数の圧力による個の埋没に抵抗できるかは心もとない。

だから結局のところ「リベラルな共和主義」とはリベラル・デモクラシーの一バージョンなのであり、しかも「それは支配的なリベラル・デモクラシー解釈へのオルタナティブをなすと先に豪語したものの、実際には、少なくともその見かけや成果においては、あまり見分けがつかないものになるしかないだろう。つまりそれは「政治のアクティブな担い手は比較的少数の選ばれた者でしかない」と認めるという点では、案外と古典的共和主義からも離れていない。ただその選抜の論理が出自や強制的任命によるものではなく、あくまでも、万人に機会が開かれた自己選抜に則っている、という点において異なる、というあたりに落ち着くのがよいところだ。

しかも、我々はまだ、その実現可能性、持続可能性についてはほとんど何も論じてはいないということに、注意しなければならない。ここまでの議論はあくまでも規範理論のレベルに集中しており、実証的政治理論のメスは入っていない。だからそれは「リベラルな共和主義」の弁証として、なお十分な射程を持ったものとは言えない。

無論議論がそのような形をとったことには理由がないわけではない。本書のような意味において「政治」を捉えるのであれば、それは普通の意味での実証科学の範囲からはこぼれざるをえないことは、既に第四章で論じたとおりである。では、実証科学としての政治理論はありえないのだろうか？　必ずしもそういうわけではないが、規範的政治理論を論じることが、特に公共の討論の場でなされる場合には、それ自体が「政治」的な実践であるのに対して、実証科学としての政治学は、それが誠実に実証科学としてなされる場合には、むしろ真正な意味における「政治」ではありえないということだ。それが実証科学的な研究であるためには、研究者は対象としての政治活動、政治的出来事から距離を置き、それを一方的に観察し解釈するだけの存在にならねばならない。

ここまでの規範理論的な立場からする「リベラルな共和主義」のための弁証は、我々が大切に思っている「自由」であるとか「平等」といった価値理念、あるいは本来の意味での「政治」の源流を探り当て、そうした理念を析出し、またそうした理念を具体化していく政治システムについて想像をめぐらしてみる、というものであった。しかしながらそれらは必ずしも、そうした政治システムの実現可能性や存続可能性、頑健性についての考察を十分に含んだものではなかった。そのような考察は、ここまで見てきたような意味での本来の「政治」の立場からは逸脱したものになろうとも、あえて「政策科学」的、こう言ってよければ「工学」的なアプローチを必要とする。

9.2 経済学的観点から

実証的政治理論としての政治経済学

そのような政治科学（political science）の一部としての政治理論、つまり実証的政治理論の基本パラダイムは、二〇世紀の前半から半ばにおいては、社会学のそれと基本的には変わるものではなかった――産業社会論のフレームワークをとるものが多かった――のに対して、二〇世紀末以降は急激に、経済学由来の合理的選択理論――ゲーム理論――の道具立てを用いることが多くなってくる。本書の枠組みの中では経済学とは、「政策科学」の原点とも言うべきものであり、政策はあくまでも政治に従属するものとして捉えられているが、それは「共和主義」的な規範的政治理論の観点からのことであり、ここでは政治を無関係な第三者の立場から理解するための枠組みとして経済学を利用しているのである。

ゲーム理論の実証的政治理論への導入について理解するために、まずは経済学の歴史について簡単に振り返っておこう。

かつて一八世紀末から一九世紀初めに経済学が「市場」の科学として自立した時、そこでモデル＝基準とされたのは、参加者の誰一人として全体の状況に意味のある影響を及ぼせない、後の言葉で言う「完全競争市場」であった。そこでは個人や企業といった具体的な経済活動の主体は、ただ市場の環境に一方的に適応するだけの孤立した意思決定者として描かれた。参入も退出も自由な、潜在的には無数の主体がいる市場の中では、個々の主体の行動の影響は市場全体どころか個々の具体的な取引相手や競争相手に対してさえ無限に小さくなり、各主体はただそこに成立している「相場」——市場価格を与えられたものと受け止めて行動するしかない、と。

しかし二〇世紀半ばには経済学は、少数の有力な大企業同士の不完全競争や、顔の見える相手同士の取引関係などをも分析する科学へと移行していった。つまり、不変の環境にただ一方的に適応する孤独な主体の行動ではなく、自分の利益を追求する主体間の相互作用、駆け引きや交渉を主題とするようになり、かつての基準であった「完全競争市場」はいわばその極限、市場の参加者の数が無限大になって、いちいちそうした具体的な他者相手の相互作用をしてはいられなくなった状況として理解されるようになった。

この「孤独な主体と、心のない環境としての市場の関係」の分析から「心のある主体間の相互関係」の分析への飛躍を可能としたのが、いわゆるゲーム理論である。当初はあくまでも「市場の科学」たる経済学の中で、周辺的現象としての不完全競争や組織内取引を扱う道具として導入され始めたそれは、八〇年代には逆に経済学全体を基礎付ける原理論としての地位を確立したかのように見えた。

この頃には昔からあった「政治経済学」、更に「制度の経済学」といった言葉の意味も、はっきりと転換を遂げる、というよりも新たな意味を獲得する。そもそも「政治経済学」(political economy)こそは「経済学」(economics)のもともとの名称であった。二〇世紀後半には、政治や政策から独立した純粋科学のごとく振る舞う主流派経済学を批判し、政治学のいわば下位部門へと経済学を引き戻そうとする人々(その中には少なからぬマルクス主義者も含まれる)が、好んで「政治経済学」の語を用いたものである。しかしながらゲーム理論の全面的導入以降は、むしろ政治学を経済学の下位部門へと取り込もうとするかのような、新しい「政治経済学」(時に、political economics なる表現さえ用いられる)が登場する。

ゲーム理論以降の経済学は、不特定多数同士がかかわり合う開かれた市場だけではなく、特定の相手との閉じられた関係としての組織や集団をも分析の対象とする。企業は市場の一員であると同時に、それ自体複数のメンバーからなる組織でもある。新しい経済学は、かつては経営学や社会学の領分であった企業その他の経済組織の分析に、市場分析と同じくらいかそれ以上に、力を注ぐようになった。そしてこの組織分析の技法が、そのまま政党やその他の政治・社会運動団体、あるいは政府官僚制の分析へと応用される。あるいはまたこれとは独立に古くからなされてきた、選挙・投票の数学的研究（革命前夜のフランスで、ニコラ・ド・コンドルセ、ジャン＝シャルル・ド・ボルダらによって先鞭をつけられ、二〇世紀半ばにケネス・アロウら数理経済学者たちが中心になって再開される）もゲーム理論的に再解釈されてそこに合流し、政治を経済学の理論枠組みで分析するという意味での「政治経済学」が二〇世紀末には確立するのである。

こうして新たに形成されてきた政治経済学は、経済学出自の研究者からのみならず、ことにアメリカ合衆国においては政治学出自の研究者の間でも大きな支持を集めている。これは他方で狭い意味での（理論構築ではなく現実の出来事を分析する）実証研究における、数量的データを統計解析にかけるアプローチの隆盛とも呼応している。

このようなゲーム理論を用いた新しい政治経済学＝数理政治学のやっていることは、無論伝統から完全に切断されているわけではない。たとえば古いマルクス主義的階級論、あるいはそれを批判して形成されてきた利益集団論の図式を、明示的に数理モデルに移し変えて議論をより厳密にしているだけの場合もある。ただ、数理的な言語に移し変えられることによって、そうした理論がいかなる前提の上で立てられているのか、現実世界のどこに注目し何を捨象して考えているのか、またいかなる道筋で推論はなされているのか、がより明確になったことのメリットは否定し難い。更にそれに加えて、経済学における制度・組織分析と同じように、マクロ的な政治主体としての国家・政党・利益集団を個人などのより小さな単位の集合、相互作用の成果として分析する作業も急速に進んでいる。

リベラル・デモクラシーの正当化論

そのような新しい政治経済学モデルの中で、ここでは比較的本書で言う「リベラルな共和主義」の弁証に近い、少なくともリベラル・デモクラシーのかなりあからさまな正当化論として提示され（その結果規範的政治理論への密航路にもなっており）、それなりによくできているダロン・アセモグルらのモデルをとりあげる。ここで彼らの議論を紹介するのは、その一般向け著作が邦訳もされ広く読まれていることと、それが基本的には実証分析であるにもかかわらず、ややあからさまなほどにリベラル・デモクラシーを熱烈に擁護する、イデオロギー的色彩の強い議論でもあるからだ。それは我々の解釈では、デモクラシーなしのリベラリズムに対する、リベラル・デモクラシー、デモクラシーに裏打ちされたリベラリズムの優位を主張するものなのである。直接に共和主義を主題とするものではないが、いわばそれは「政治」に裏打ちされた政策と、政治なしの政策との対比の作業を行い、「政治」のある世界の方を推そうとする試みなのだ。

その比較は一応、実証科学的な事実判断のレベルと、規範的な価値判断のレベルの双方を含んでいる。事実判断のレベルでは、一方でリベラル・デモクラシーの実現可能性、というより実現のしやすさと、他方でいったん実現したリベラル・デモクラシーの頑健性、存続可能性とが検討に付される。それに対して価値判断の場合には、何らかの尺度に照らしてそのパフォーマンスが評価され、他のオルタナティブ——当面最大のライバルは、デモクラシーを欠くリベラリズム、リベラルな独裁・権威主義（そこには貴族政をとるリベラルな古典的共和主義なども含まれよう）ということになる——と比較される。無論実証科学的文脈でも、こうした比較は行われるだろう。

アセモグルらの場合は元来経済学出身であるだけに、功利主義・帰結主義的な色彩が強く、おおむね「持続的な経済成長への貢献度」という尺度で政治体制に対する価値評価がなされる。また事実判断のレベルでも、いったん持続的経済成長の軌道に乗った体制は存続可能性が高い、と判断されている。ただポイントは、その一方で彼らは、低成長・ゼロ成長が人類史ではむしろ常態である、つまり経済成長に導かない体制ないし状況も持続可能であるとも理解しており、そちらもまた、というよりそれこそが実証分析上は重要な課題となる——それこそは「なぜ経済発展はこれほどまでに困難なのか？」、「なぜ開発援助はうまくいかないのか？」という開発経済学の基本問題である。

「制度と成長の政治経済学」

具体的に見ていこう。経済成長理論から労働経済学、そして政治経済学と多分野にわたる驚異的な生産力で知られる理論家アセモグルと、経済学出自だが現在では完全に政治学者（政治経済学者）として活躍するジェイムズ・ロビンソンの二〇一二年の共著『国家はなぜ衰退するのか』

（邦訳、二〇一三年）は、彼らに経済学者サイモン・ジョンソンを加えた三人が中心となって十数年にわたって続けられてきたプロジェクトの一般向け中間報告、という性格の書物である。本書自体は豊富な歴史的事例を素材に平易に語られているが、その背景には大量の統計的実証分析と、ゲーム理論を用いた政治変動のモデル分析がある。この理論的モデル分析のやはり中間報告的色彩を帯びた書物が、やはりアセモグルとロビンソンの共著の形で『独裁と民主政の経済的起源』（未訳）として二〇〇六年に刊行されている。

そこでここではまず『衰退』を中心に彼らの議論の大枠について解説しよう。

アセモグル―ジョンソン―ロビンソン（以下ＡＪＲ）のプロジェクトの主題は一言で言うと「経済成長の政治経済学」である。彼らによれば、長期的な経済発展の成否を左右する最も重要な要因は、地理的・生態学的環境条件の違いでも、社会学的要因、文化の違いでも、いわんや人々の間の生物学的・遺伝的差異でもなく、政治経済制度の違いである。

それでは、彼らの言う「制度的な違い」とはどのようなものか？　彼らの議論の大枠を規定するのは、包括的（inclusive）な政治制度――その極限が自由民主政――と、包括的な経済制度――自由な（開放的で公平な）市場経済との相互依存（好循環）、それと裏腹の収奪的（extractive）な政治制度――権威主義的独裁等――と、収奪的な経済制度――奴隷制、農奴制、中央指令型計画経済等――との相互依存（悪循環）との対比である。ある社会を支配している制度的枠組みが収奪的であるのか、それとも包括的であるのか、の違いが、その社会において持続的な経済成長が可能となるかどうかを左右しているのだ、と彼らは主張する。

第二次大戦後のソ連の高度成長や、「改革・開放」以降の人民中国、あるいは一時期のいわゆる開発独裁（一九八〇年代頃の開発経済学で言われた「韓国モデル」）など、収奪的政治制度の下でも一定の経済成長は見られた。しかも計画経済のソ連とは違い、「韓国モデル」や「改革・開放」は、国家主導の開発戦略（輸入代替工業化による自力更生を志向した、社会主義的色彩の濃厚ないわゆる「インドモデル」）の失敗を踏まえた、輸出主導の「独裁政治による自由な市場経済の強制」であった。以上の事実からは、一定の条件下では収奪的経済制度の下でも経済成長は可能であると思われるし、百歩譲ってそれが長期的に持続可能ではないとしても、収奪的政治制度＝独裁と、包括的経済制度＝自由な市場経済の組み合わせならば、十分に可能ではないのか？　と思われる。実際今日の左翼の多くは「新自由主義」（Neoliberalism）のことをそのようなセットだとして批判する。

しかしAJRによれば、そうした成長は――収奪的経済制度のみならず、収奪的政治制度と包括的経済制度の組み合わせによるものでさえ――持続可能ではない。それはあくまで、後発性の利益（将来有望な産業が予めわかっており、かつ先進国の優れた技術が簡単に移転できて利用できるような状況）などの一時的な好条件に支えられた過渡的なものである。たとえば七〇年代までのソ連の高度成長は重化学工業中心で、しかも採算を度外視した軍需や宇宙関係に引っ張られたものであって、民需主導の情報技術革新に対応できなかった。

更に重要なことには、収奪的政治制度の下では、仮に包括的経済制度が機能していたとしても、創造的破壊を伴う技術革新への許容度が極めて低い。創造的破壊による新技術、新製品、新産業の出現は、既存の産業構造を揺るがし、既得権益に対して破壊的に働く。政治体制を支配するエリートの社会経済的基盤が揺るがされることを、収奪的政治制度は許さない。それゆえ、収奪的政治制度の下では、政府による統制が緩められ、自由な市場競争がある程度進んだとしても、そうした規制緩和の限界はすぐに訪れる。つまり収奪的政治制度の下では、包括的、開放的な経済制度は持続可能ではなく、あるいは一定の限界内に押し込まれる。ソ連東欧社会主義体制下の「人間の顔をした社会主義」、「経済改革」の試みが最終的には行き詰まったのもこのためである。このような理解に立ってAJRは、現下の中国の経済発展も、現在の政治体制——共産党の一党独裁の下では長期的には限界に突き当たる、と予想している。

まとめるならば、継続的技術革新（創造的破壊）を伴う経済成長は、長期的には包括的経済制度≒自由な市場経済の下でしか持続可能ではない。しかしながら包括的な経済制度は、包括的な政治制度——つまり「法の支配」、そして究極的には自由な言論に支えられた民主政の下でしか持続可能ではない。収奪的な政治制度≒権威主義的独裁の下では包括的経済制度は長期にわたっては存続できず、早晩、収奪的な経済制度に移行してしまう——AJRはこう主張している。

民主政と統制経済の組み合わせは持続可能か？

それでは、民主政のような包括的政治制度と、統制経済のような収奪的経済制度の組み合わせの方は、どうだろうか？　このテーマは『衰退』では正面切って論じられてはいないが、ＡＪＲはこの組み合わせの可能性に対しても否定的である。『起源』などでの議論によると、収奪的制度セットの下では当然、支配エリートが経済的権益（価値ある資源や主導産業）を占有し、政治権力も握っている。

そのような社会の経済構造が変わらないところで、いきなり政治権力だけが、形式的には民主的な制度的枠組みの下で、主要な経済的権益から排除されていた民衆の手に移動したとしよう。その場合でも民主化された国家権力は、そもそも包括的な経済制度が不在のところでは、それを苦労して構築して長期的に経済成長を実現することでよりも、どうしても近視眼的に、旧エリートの富を収奪することで短期的に民衆の利益を実現する誘惑に打ち勝ち難い。つまり富裕者に重税を課したり、強引な農地改革を行ったり、といった急進的な再分配政策に走る可能性が高い。

となれば旧エリートは反撃しようとするであろうが、その反撃は、もともと彼らの権力基盤は収奪的政治制度に立脚していた上に、民主的制度の下では支持を得難いであろうから、暴力的なものになるし、その結果も収奪的政治への回帰になってしまうだろう。独立以降のラテンアメリカの、クーデターが反復される不安定な政治情勢は、このような観点から理解されうる。

更に、もしここで民衆による権力奪取が、包括的政治制度を確立する民主化としてではなく、収奪的政治制度の枠組みの中で、新たな権力者の座に自分たちが収まる、自分たちだけの代表を立てる、というだけのものとして行われてしまえば、旧エリートによるクーデターがなくとも、その新たな権力者がいつしか民衆と無関係の新エリート、新支配階級になるだけのことである。

それはたとえ民衆を基盤としていたところで、収奪的政治の中での権力の単なる簒奪であって、民主化ではない。サブサハラ・アフリカの多くの国々の事例に、これは当てはまるだろう。

そもそも「収奪的政治制度」とは何なのだろうか？　ＡＪＲによれば収奪的政治制度とは、帝政期のローマや中華帝国、あるいは一党独裁型社会主義国家のようなあからさまに集権的なものだけではなく、そもそも明確な統一政権が不在のソマリアのような破綻国家までをも含む。

他方「包括的政治制度」とは、実は集権的な政治体制の特別なタイプに他ならない。自由民主政を極とする「包括的政治制度」とは、高度に集権的な政治権力機構であり、かつ、そこにおける権力がある特定の個人や具体的な社会集団の財産になっていないような仕組みである。そこにおける権力者はあくまでも権力機構の「機関」――その機能を果たすための役割の担い手――であって、その地位を離れればもはや権力者ではないが、それでも単なる普通の人間＝市民ではある（「人」ならぬ「法の支配」という言葉がその特徴を集約している）。

それに対して「収奪的政治制度」とは、集権的な帝国であれ、無政府状態に割拠する軍閥・徒党であれ、こうした権力機構と権力者の区別を知らず、権力機構が丸ごと権力者の財産、その身体の延長なのである。それゆえ権力者は権力を奪われれば零落して何者でも――場合によっては人でさえ――なくなり、命さえ奪われる。

そして人類史の全体としては、収奪的制度セットの方がデフォルトの常態なのである。それに対して包括的制度セットは、いったん成立すればそれもまた収奪的制度セット同様に、良循環によって安定的に存続するかもしれないが、そもそもその発生自体がおよそありそうもない僥倖なのだ。

民主化の必要条件

ではそのような僥倖は具体的にはどのようにして起きるのか？　我々の解釈も交えて簡単にイメージしてみよう。――まず、ある社会の収奪的政治制度の下で、強力な集権化が進行する。その下で権力者が、ライバルや民衆によって追い落とされる危険がない限りにおいて、自分の直接支配下にある産業のみならず、ライバルや民衆の財産を含めた、社会全体の経済成長を促進する動機を持ったとする。

権力者がこう考えるのはいかにも当然、と思われるかもしれないが、実際には違う。ＡＪＲによれば、支配エリートの収入は大ざっぱに、自分たち自身の財産からの収益と、ライバルや民衆から徴収する税、貢納からなる。しかし税の機能はただ単に支配層の収入の確保だけではない。重い税を課せばそれだけライバルや民衆は貧困となるわけだし、更に課税によって市場の価格構造は歪み、課税されない権力者たちが生産する財に比べて、課税されたライバル、すなわち民衆の生産する財の価格は、本来そうであるよりも割高となり、競争上不利になってしまう。つまり課税には純然たる支配層の収入確保という機能以外に、ライバル、民衆に対する単なるいやがらせ、その弱体化という機能があるのだ。ＡＪＲによれば、長期的な成長阻害効果という点では後者の方がよりたちが悪い。

しかしここでエリートにおいてライバルの弱体化への関心が弱まり、税率を下げても税収が総体として増えるなら、ライバルや民衆が少しくらい豊かになってもいい、と思うようになったとしよう。そうなれば収奪的制度の下でも、少しずつ経済活動に対する収奪性が薄れ、包括的経済制度の原型——というより、政治制度による保護を求める新たな社会経済的「現状」(status quo)——が徐々に形成されていく。具体的には、多様な産業セクターと、その下で多様な経済的利害にコミットする、多種多様な集団が成長し始める。

単なる権力奪取、すなわち、力をつけたある特定の集団の反乱による支配エリートの追放と、その集団の新エリート化、とははっきりと異なる民主化＝収奪的政治制度の解体と包括的政治制度の確立は、無論並大抵のことではない。民主化の成功のためには第一に、多様な社会集団が、その多様性を維持したままで、現支配者を打倒するための「連合」を首尾よく組むことが必要である。その上で(a)この連合による革命的体制転覆の脅しに対して支配層が譲歩して民衆の参政権を認め、かつそれを一時的な事実上(de facto)のものにとどめず、恒久的な権利上(de jure)のものとして制度化するか、あるいは(b)妥協を拒む支配層を連合が実力で打倒するか、という形で民主化は進行する。だがいずれにせよ、ノンエリート中間層・民衆の多元的な提携、連帯の形成こそが、民主化の必要条件である。

仮に少数者による電撃的な革命的体制転覆が可能であったとしても、特定の個人や同質的な集団が権力奪取の主体となるのでは、相変わらずの権力私物化に立脚した収奪的政治の再生産となる危険が高い。私物化されない公共体としての権力機構の確立のチャンスは、異質な者同士の連合を通じての方が大きいのである。ゆえに、著者たちが「多元性」を強調することの意義は小さくない。連合した多元的な民衆は、その多元性を解消して同質的な新支配階級になってはならないのである。

経済発展の最重要ファクターはガバナンス

ＡＪＲによれば、長期的な経済発展の成否を左右する最も重要なファクターは、地理的・生態学的環境要因でも、社会学的文化要因でも、いわんや人々の間の生物学的・遺伝的差異でもなく、政治経済制度――最近の言葉で言えばガバナンスの違いである。自由な言論に支えられた民主政治と、自由で開放的な市場経済という制度セットこそが、創造的破壊を伴う経済成長の安定した継続を可能とする。こうした政治経済制度の整備なくしては、物的・人的資源の投入も、知識や技術の導入も虚しい――さて、このような議論の含意はどのようなものか？　まずは理論的なレベルで考えてみよう。

ラディカルな左翼は、民主政治と資本主義の間の緊張、対立関係を強調してきた。すなわち、資本主義は人々の間の不平等を拡大することが多いので、政治的権利の平等を前提とする民主政治に対して、敵対的に作用する恐れもある、と。その延長線上に先にも触れた、「新自由主義」を開発独裁の変型――「自由な市場経済を強制する権威主義的独裁」――とし、人民中国までをもその一種とする立場がある。つまりは「デモクラシーなしのリベラリズム」、「リベラルな独裁」はありうる、という立場だ。包括的経済制度の最初の偉大な理論家と言うべきアダム・スミスも、既に見たように決して民主主義者ではなかった。彼は「法の支配」論者ではあったが、それを実現する主権者が人民である必要は認めていなかった。つまり、自由な経済活動の場としての市場制度は、公平な「法の支配」を行う政治権力を必要とするが、それは必ずしも民主的である必要はなく、極端に言えば「賢明な独裁」でもよい――という議論は、相応の説得力を発揮してきたのである。

それに対してAJRは「長期的には」という条件付きではあるが、あくまでも自由民主政治と資本主義の不可分性を主張する。彼らは資本主義が格差を生み出すことを否定するものではないが、それ以上に資本主義――というより自由な市場経済――が誘発する創造的破壊、それによる経済的強者の交替可能性の方を重視するのである。それはまた民主政治においても、単なる政治的権利の平等にとどまらず、政治的リーダーシップの高い交替可能性を重視する立場ともつながっている。

実践的な政策提言としてみた時には、彼らの主張は楽観主義と、悲観主義の両義性を持つ。「ここで言う「制度」とは人間にはどうにもならない運命、宿命ではなく、努力と工夫で人為的に変えることができる何事かである」という意味においては、それは楽観的だ。しかし「制度セット」は並大抵のことでは変わらない」という意味においては、それは悲観的な議論である。既に見たとおり、市場化プラス民主化という包括的制度セットの確立は、異質な利害を持った人々の間の、異質性を維持したままでの奇跡的な連携である。我々が知る歴史上の革命の多くはそうした「奇跡」が、しかもしばしば膨大な時間をかけて達成されたものである。それを意図的に、いわば「工学」的、「政策」的に実現することは、いかにして可能なのだろうか？　そもそもそれはあくまでも当事者を主役としてしかなしえないものなのだから、先進国・国際社会の援助主体が、収奪的制度セットの罠にはまった最貧国に対してなしうることは、極めて限られているのではないか？

更にここで人民中国と、サブサハラ・アフリカをめぐる現下の状況について、改めて考えてみよう。少なくとも短期的には――しかしその「短期」は既に二〇年以上にわたっているが――中国の未曾有の成長は継続しており、しかもその高度成長が、長らく停滞していたアフリカに対して、資源需要の爆発という形でこれまた未曾有の成長刺激を与えている。しかし現下のアフリカの高度成長は、本書の議論に照らせば中国のそれ以上に歪んだものである。アフリカでは政治制度の未成熟に加えて、中国とは異なり、活況を呈する鉱業など一部資源産業を除いた商工業全般、そして農業においては、未だに本格的な生産性向上の兆しが見られない（この辺については平野克己『経済大陸アフリカ』を参照）。

ＡＪＲの枠組みからは、現下のアフリカの活況もまた、中国と同様、いやそれ以上に危うく、持続可能性がない、という予測が出てくる。彼らが正しければこの成長は長続きせず、かつての石油危機以降の資源ナショナリズムの挫折と同様の結末を迎えるであろう。しかしその結論が出るのは当分先のことである。

また「アフリカの経済停滞のネックはガバナンスの悪さにある」という議論は、二〇世紀末以来の定番であり、それゆえに政治経済制度の改善を国際社会は長らく求めてきた。しかしそれは功を奏することなく、そして今ろくなガバナンス改善もないまま、資源需要主導でアフリカは高成長に突入している。もちろん、アフリカにおける従来のガバナンス改革の失敗も、AJRの議論への反証にはならない。外側から指示や示唆を与えるだけのトップダウン型改革の虚しさ、草の根の連帯の重要性こそが、AJRの主張の眼目である。それでも彼らの議論もまた、広い意味でのガバナンス重視論には違いなく、現下の成長の「身も蓋もなさ」は旧タイプのトップダウン型改革論もろとも、AJRの議論までをも古臭く見せてしまう可能性がある。中国とアフリカの向こう数十年は、彼らの議論にとってはまさに試金石とならずにはいまい。

9.3　リベラルな共和主義は可能か

国家の枠組みを前提とした思考

以上のごときAJRの議論を本書全体の論脈の中に位置づけるなら、どういうことになるだろうか？　それは言うまでもなく、国家の枠組みを前提とした思考である。つまりは、同じ貨幣が流通し大体の商品について一物一価が成立する一つの経済をなす社会を、一つの集権的政府が統治するというその組み合わせを単位として、それらの間を比較し、ああでもないこうでもないという風に論じるというスタイルだ。そこでは政治制度も経済制度も、国家という枠で一つのシステムとしてまとめられた社会の構成要素として捉えられている。その上で、政治制度と経済制度の異なるタイプの組み合わせ、つまり包括的制度セットと収奪的制度セットそれぞれの安定性、持続可能性を強調する。一方におけるリベラル・デモクラシー、他方における独裁や無政府状態は、それぞれなかなか壊れにくいものである。そして言うまでもなく持続的経済成長と、その下での安全と福祉の供給、個人の権利の保障はリベラル・デモクラシーの下でこそ実現できるのであるから、両者の間での価値判断については悩むまでもない。

しばらくこの、あくまでも国家単位の議論についていこう。ここで問題は我々の言う「デモクラシーなきリベラリズム」、「リベラルな独裁」である。AJRの理解に従うならば、それは価値判断の俎上に載せる以前に、まず事実判断のレベルで不安定で長期的に持続困難な体制として理解される。無論価値判断のレベルでも「リベラル・デモクラシーにおいてはリベラルな独裁において欠けている政治的自由があるから、他の条件が同じであれば、前者の方がより優れた体制である」という議論は可能だろう。ただしこれに対しては「「他の条件が同じ」ということは実はありえないのではないか?」という反論がありうる。すなわち「実は民主政治がリベラルな統治に対して障害となり、ある程度政治参加を制限した方が、場合によっては独裁的な方が、リベラルな統治をスムーズにできる可能性もあるのではないか?」と。しかしAJRは、この反論をふさぐ壁を提示したわけだ。

なぜそうなるのかと言えばつまるところは、リベラルな独裁の下でも独裁者＝統治者は畢竟生身の人間存在に根ざしており、統治に徹する機械とはなりきれない。何となれば、そこではまだ統治者の地位は占有可能な「財産」であるからだ。統治者としての地位を利用して私的利益を追求し、そのために市民社会のリベラルな秩序を歪めることへの誘惑から無縁とはなりえないからだ。真正な意味においてリベラルな統治を実現するためには、統治者の地位は特定の誰かによって占有可能な「財産」となってはならない。しかし、かと言って、決まりきった手順を繰り返すだけの自動機械にも、何が起きるかわからない、自由な市民社会の統治は担えない。非効率的でのろのろしたものになっても、市民社会の統治の主体は、自由人たちの合議による集団的自治を基軸にするしかない、というわけである。

さて、ＡＪＲの議論の焦点は既に触れたように軍事力の主体でもある国家であるが、我々としてはこの論法自体を、法人企業や労働組合その他市民社会レベルの公的団体にも、また国際機関にも延長していかねばならないだろう。

ＡＪＲが典型的に示しているような理解の枠組み、つまりは暗黙の国民国家中心主義は、二〇世紀末以降の社会科学の展開の中で批判され、相対化されてきたものでもある。つまり、国民国家という単位、それが複数並び立つ国際社会の枠組み自体、歴史的な形成物であって比較的新しいのだから、国家を単位としてそれらを比較するという社会科学的研究の射程自体、普遍的ではありえず、歴史的に限られている、と。より具体的に言えば、そうした複数の国家が共存する国際社会の枠組みは、長く取ってもせいぜい一七世紀、三十年戦争後のいわゆる「ウェストファリア（ヴェストファーレン）体制」以降に確立したものでしかない。当然それはその成立時には極めてローカルな西欧的枠組みに過ぎず、それがグローバル化という意味で普遍化したのも、これら西欧諸国による他世界の植民地化が成功し、後に植民地が独立してからも、西欧的な国家体制を模倣し継受したからに他ならない。

ナショナリズムが果たした役割

国民国家中心主義、言い換えればいわゆるナショナリズムは、一九世紀から二〇世紀にかけて確立し、各国レベルでの民主化の進展において大きな役割を果たした。これは単純に言えばこの国家というものに先立って、いわば「自然」な、自然発生的に成立した、言語や文化、風俗習慣を共有し、血縁的にも近い人間集団としての民族（nation）なるものが存在する、という発想である。そして本来あるべき国家とは、この民族集団の政治的統一体＝国民国家（nation state）である、と考える。しかし実際には、こうした自生的な民族集団――現代の社会科学では state との関連が強くなりすぎた nation の語を避けて ethnos などと呼んだりする――と国家は必ずしも一致できるわけではない。

後に見るように、近代国家にはどうやら最低規模その他のいくつかの条件が必要で、それを満たせない民族――人口の絶対量が少ない、地域的に集住していない、等――は自前の国家を持つことが難しい。また逆にこうした民族は、必ずしも全面的に自然発生的であるとは限らず、逆に国家などによって半ば意図的に作り出される。つまり、一九世紀以降の義務教育制度、その中での識字率向上、それを踏まえてのマスメディアによるジャーナリズム・芸術・娯楽等の発展によって国語・国民文化は形成されていくものでもある。そう考えるならば、主権を持って独立した国家からなる国際システムの成立が一七世紀頃だとしても、それらの国家はその頃はまだ国民国家とは言えない、ということになる。それでも、これらの国家の間の比較——それらが同じ「国家」という種の一員である、という前提に立っての比較——はまだ可能だろう。しかしそれ以前に遡ればそれは難しい。また当然、西欧以外にも適用はできない。

ただ、その一方で我々は、こうした国民国家をあくまでもその下位タイプとして含む、より一般的な国家概念を持っていることも確かである。すなわち「都市国家」や「帝国」といった概念を、国民国家と使い分けた上で、それら全部を含む上位概念としての、より一般的な「国家」のイメージを持ってもいる。本書のここまでの論述も、大体においてそのような広い意味での「国家」概念を念頭において論じてきた。その上で、「政治」理解における(国民国家中心主義はもとより)「国家」中心主義を相対化しようとしてきたのである。

公共財の「最適規模」

公的団体が占有し管理する財産のことを、以下経済学風に「公共財」と呼んでみよう。「公共財」の管理主体として国家という特殊な公的団体がクローズアップされる結果になったのだろうか？　話は少し長くなるが見ていくことにしよう。

ここで言う意味での「公共財」は極めて多層的である。普通「公共財」の概念が指すのは、問題の社会の一人前のメンバー、市民であるならば誰でも、直接の費用負担なしでも、自由に使えるような財・サービスのことである。道路や電信電話など交通通信や、水道・電気などライフラインを支えるインフラストラクチャーが典型だ（道路を例に採ると、一部の高速道路などならともかく、一般道の使用に際してその都度使用量支払いなどの形で費用負担を求めるとかえって効率がよくない。また料金を払わないからと言ってライフラインを遮断すると、相手を死に追い込みかねないので、技術的に可能であっても倫理的に難しい）。また、初等教育や困窮者への生活支援なども含めて考えることが多い（ライフラインと類似の性質を持つ）。

とはいえ、現実の世界では公共財と私的財の区別は相対的で流動的であり、何が公共財とされるかはその時々の技術や社会のありように応じて変わる。純粋な公共財と純粋な私的財というのも案外少なく、両者の中間のグレーゾーンに位置するものも多い。またそもそも公共財というものは普通全面的に開放的――文字通り誰にでも開かれているわけでもなく、ある限られたメンバーにとってのみ開放的であるだけで、そのメンバー以外に対しては閉鎖されていることも多い。「国家」はそのような閉鎖の境界付けの仕組みとして、すなわち「国境」によって、あるいは「国籍」によって内と外を分かつ仕組みとして理解されることが多い。だが、何が公共財とされるのか、が時と状況に応じて変化するのであれば、またそもそもそれら公共財が多種多様であるならば、それぞれの公共財にとっては大体において「最適規模」――つまりは、どの領域に住む、どれくらいの数の人々をその公共財の顧客、クラブのメンバーとするかについての最適な組み合わせ――といったものが存在し、しかもそれが互いに食い違う、ということになるだろう。早い話が電力、水道、電話、学校教育、治安維持、といった様々な公共サービス（そもそもそれらがすべて「公共財」であり続け、私的なサービスとして「民営化」されないとしても）にとっての「最適規模」がうまいこと一致する、という保障はない。

こうした様々な公共財の「最適規模」のずれの問題は、現実にはいわば規模のヒエラルキーを積み重ねることによって対処されてきた。すなわち、いくつかの公共財の事業単位は市町村といったせいぜい通勤通学圏の規模のいわゆる「基礎的自治体」とされ、別のより大きな「最適規模」をもつ公共財の事業単位はより大規模な県・州といった領域的自治体に任される。更により大きな「最適規模」の公共財は「国家」によって担当される、という風に。つまり重層構造が「国家」の枠内に収まるように整序されることによって、公共財の雑然とした多様性は処理されてきた。

そしてその中でも「国家」が特権的な公共性、公益の担い手とされるのは、歴史的に見ればおそらく、組織的軍事力を調達し維持できる規模が、単一の都市共同体ではなく、多くの都市をそのうちに含みこんだ領域、しかも少なくとも百万、典型的には千万単位の人口を抱え込む領域になってしまったという多分に偶然的な事情であろう。すなわち「近世軍事革命」と後に呼ばれるようになった一七世紀前後の西欧における軍事技術、軍制の変化と、それに伴っての一連の制度変化がカギである。

この時代、小火器の発達と普及によって、それ以前から中世西欧の軍事力の中核であった騎士、重装騎兵の優位を脅かしつつあった歩兵の地位が決定的に向上していく。しかしこの小火器で武装した歩兵を戦力として適切に運用するには、彼らを大量に動員し、かつ集団として規律を以て動くように訓練し、指揮通りに戦場で動くように仕込む必要がある。小規模の自律的な戦闘集団であった騎士（と従者たち）とは異なり、こうした歩兵中心の兵力を運用するには、彼らを常日頃から一つの組織へと動員したまま維持する必要があった。こうした兵力はまずはプロの戦争ビジネスマンである傭兵隊長によって担われ、そうした傭兵隊長の軍事サービスを、単に必要な時に臨時雇いするだけでは済ませず、恒常的に確保できるような財政システムを、まずはルネサンス期イタリアの都市国家（皮肉にも古典古代的共和主義復興の気運の担い手でもあった）が開発していく。

雑多で多元的な世界像

しかしながらこの新しいシステム――プロの専業的軍隊とそれを恒常的に維持する公共財政――の最適規模は、都市国家のレベルを上回っていた。大量の歩兵と、それを支援する砲兵や、もはや独立戦士としての騎士ではない新時代の騎兵、更に工兵といった多種多様な兵種を組み合わせて運用し、更に彼らが使用する兵器、消費する弾薬や食料を調達する巨大で機動的な官僚組織としての新しい軍隊は、現在の国民国家の原型となったある程度広大で大人口を抱えた領域を支配する国家にしか、運用できないものだった。

軍事力という財・サービスのどこが特別か、一口に言うのは難しいが、ここでは二つのポイントに絞って見ておこう。一つには、少なくとも短期的にはそれらは相手の意を無視して強制的に押し付ける「押し売り」が可能である、ということだろう。国家であろうがやくざであろうがこの辺の基本メカニズムは同じである。武装集団が非武装の民衆のところにやってきて「外敵やもめごとから守ってやるから、その代金を払え」と言ってきたとする。普通のサービスに対しては、このような押し売りをされても拒絶は容易だが、軍事力、暴力はそうはいかない。「いや結構です」と拒めば当の武装集団自身がいきなり「外敵」に変身して襲い掛かってくるからだ。もちろんこの武力、軍事力は収奪的制度においては中核をなし、それ以外のほとんどの公共財はひどい場合には無視されるわけである。

しかし同時に、その強制力は他の公共財の費用負担を人々に行わせるためにも用いられうる。社会契約論において、この軍事力を背景とした強制力こそが統治権力の根幹として捉えられていたのも、これゆえであることは言うまでもない。公共圏と私的領域を区別し、私的領域のもの――私有財産とそこでの行動の自由を人々に保障し、またその保障のための仕組みとしての公共圏のインフラストラクチャーを維持するということこそが、社会契約論における法であり、その実現のためには強制力を行使する統治者が必要である、というのがその基本的なロジックだった。人々が同時に等しく法を守れば、その利益はうまく実現するが、各人にとっては、他人が法を正直に守っている限りにおいて、自分だけがそれを破り、他人を出し抜いて利益を得ることが少なくとも短期的には可能である。それを防ぐために、法を強制的に遵守させる仕組みが必要である、というのが社会契約論のロジックである。そこでは法の重点は、各人の生命と財産の安全、私的な行動の自由に置かれていたが、それを守らせる共通の仕組みとしての統治機構を含めた公共財の維持、つまりは公共財を生産し維持するための費用負担を人々に割り当てることもまた、そこに含まれる。つまり簡単に言えば、軍事力を中心とする組織化された武力は、他のすべての公共財が適切に作動するための前提条件のような位置づけを与えられるのである。

しかしながらこのような武力、軍事力の中核性、特権性もまた相対的なものであり、歴史的な条件の下で流動的である。近世軍事革命以降、千万単位の国民を抱える国家が抱える常設の官僚機構としての軍隊、常備軍が軍事力の標準的な在り方となったとはいえ、傭兵、つまりは民間の営利ビジネスとしての軍事力が消滅したわけではない。近世軍事革命以前の西欧において多くの騎士たちは傭兵稼業に精を出していたし、またそもそも常備軍の起源自体が、傭兵団の国家への取り込み、公務員化にあるのだとしたら、状況の変化次第では逆に軍事力の民営化が起きないとも限らない。というよりそれは現にある程度起きていると言える。

しかしながらここでの主題は、軍事力の変容とそれに伴う国家の変容それ自体ではない。軍事力の主体たる担い手としての国家は、他の様々な公共財・サービスの運営に際しても戦略的な位置を占めるため、国家それ自体のレベルでの「政治」の健全性、少なくともリベラル・デモクラシーの要件を満たすことの重要性は、無論否定できない。ＡＪＲの議論は、その意味で極めて意義がある。しかし軍事力を含めて、何が公共財で何が私的財か、の境界線は流動的で可変的であるし、また公共財だとしてもその最適な経営規模も可変的であろう。それゆえ、仮に国家それ自体が機能分化した複数の組織からなる複合体であり、空間的にも国家―広域自治体―基礎自治体という階層構造を備えたものだからと言って、ありとあらゆる公共財を国家のもとに集約することができるし、またそうすべきであるという発想は非現実的である。様々な公共財を管理する様々な団体が、様々なレベルで存在している、という雑多な多元的世界像が必要となる。そしてAJRの議論の本旨を継承するならば、国家のみならずそうした団体すべてで、何らかの意味でのリベラル・デモクラシーが展開されていなければならない、ということになる。

歴史的に例外的な現象

さて、かくしてAJRの国家レベルに焦点を合わせたリベラル・デモクラシーの正当化論を、我々のリベラルな共和主義へとつなぐ理路はどうにか見えてきたわけであるが、それで万々歳というわけではない。以下再び、議論を後退させるようだが、国家レベルに焦点を戻して考えてみよう。国家レベルでこれほど難題が残っているなら、後は推して知るべし、という風に議論を組み立てるためだ。

「デモクラシーなきリベラリズム」、「リベラルな独裁」、そしておそらくは「リベラルではないデモクラシー」が「長期的には不安定」だとしても、問題はその「長期」がどれくらいになりうるか、である。「長期的には我々はみな死んでしまう」。中国の改革・開放からも既に三〇年にはなる。

またもちろん更に注意すべきは、リベラル・デモクラシーへの移行の困難さ、ありそうもなさ、である。「ありそうもない」？　無論かつてのフランシス・フクヤマの『歴史の終わり』のごとき楽観論は崩れたとしても、リベラル・デモクラシーは絶対多数派ではないとしてもスタンダードとしての地位を誇りうる程度には有力な潮流ではないのか？　しかし我々が注意すべきは、リベラル・デモクラシーの拡大はいわば先行した少数の例外的範例の模倣、伝播として、ここ二、三百年ほどの間に急激に起こったのであって、歴史的に見れば極めて例外的な現象であると考えるべきである、ということだ。近代のリベラル・デモクラシーの更なる範例としての古典古代のデモクラシーと共和主義の場合には、素直にその範例が直接に伝播するということはなく、むしろその伝統はいったんは潰えたとさえ言える。

我々は本当にAJRの言うほどにリベラル・デモクラシー——民主政と自由な市場経済の共存——の安定性、持続可能性を信頼できるものかどうか、過度に楽観すべきではない。しかも我々は単にリベラル・デモクラシーを擁護するにとどまらず、より強く「政治」化した「リベラルな共和主義」を志向するのであるから、なおさら実現可能性や存続可能性は気になるところである。言うまでもなく、本書での不十分な議論からもあまり楽観はできない。リベラル・デモクラシーは、いわんやリベラルな共和主義は、「条件さえ整えば高い確率で成立する」などとは到底言えない。

つまり言葉を換えて言えば、問題は、リベラル・デモクラシーより、それどころかリベラルな独裁と比較しても明らかに価値的に劣る腐敗した独裁（収奪的制度セット）がそれ自体としては安定しており、そこからの脱出、すなわちリベラル・デモクラシーへの転換どころかリベラルな独裁への移行でさえ極めて困難である、ということだ。

政治についての自由な議論という歴史的奇跡

腐敗した独裁の下での支配層には、そこから脱出する動機がない。総体として貧しい社会の中でも、収奪によって自分たちだけは豊かになる――それこそ豊かなリベラル・デモクラシーの市民以上に――ことができる。もちろん収奪を緩め、被支配人民の生産力向上を許し、税率を下げ、収奪を弱めても結果としての税収、収奪の成果の絶対量を増やすこと――リベラル・デモクラシーへの移行においてほぼ必須のステップ――もできなくはないが、支配層は普通その手は選ばない。それが被支配層の力を強め、反逆されることを恐れるからである。この隘路が突破される一つのありうべきシナリオとしてすぐに思いつくのは、支配層と被支配人民の双方に共通する外敵の出現に、富国強兵をもって立ち向かう可能性、であろう。明治維新の記憶がこんな風に解釈されることもある。しかしながら、征服戦争が非合法となったポスト植民地時代、「戦争の敗北」イコール「国家の滅亡」を意味しない条件の下では、支配層は必ずしもその路線にも乗るまい。

民主国家においては敗戦は、国が亡びたり占領されたりせずとも、しばしば政権の交代を意味する一方、戦争の敗北を超えて生き延びる独裁者は、よく考えてみれば珍しくはない（ブルース・ブエノ・デ・メスキータ&アラスター・スミス『独裁者のためのハンドブック』を参照）。

このような「ありそうもなさ」に過度に拘泥するべきではない、という考え方ももちろんありうる。確かに民主政、共和政、更には自由な市場の下でのリベラルな市民社会、そしてそれらの好循環の発生は極めてありそうもない、発生確率の低い出来事ではあるかもしれないが、現に、既に発生している。そしていったん発生するならばその記憶は受け継がれ、範例として模倣され反復され、普及していく。現に我々の社会、国家もまたそうした反復の例である以上、他に何を望むことがあるのか？　と。

それは幾分かは進化論的な発想であるし、また幾分かはキリスト教的な福音のイメージとも重なる。遠い昔に、それほどの長きにわたることはなかったかもしれないが、それでも民主政や共和政はいったんは実現し、その栄光の記憶は長きにわたって継承され、時を経てやや異なる様相であれ復活し、復活後は相当に普及した。それはいったん発明されてしまえば、いちいちゼロから新しく思いつき直し、作り直す必要はない。そもそもこうして我々が政治について自由な議論をなしていること自体が、その歴史的奇跡によって可能となっているのだ、と。

そう考えれば、我々は絶望する必要はない。それでもなお、リベラル・デモクラシーの実現が極めて困難なことであることについては、肝に銘じておかねばなるまい。「ありえない」ことではないが「ありそうもない」つまりは「ありがたい」出来事として、我々はリベラル・デモクラシーを理解せねばならず、まして「リベラルな共和主義」については実は未だそれが「ありうる」ものなのかどうかも定かではないのだ。

第十章　政治の場

共和主義の大前提

最後に少し整理しておこう。

本書においてその復権にコミットした共和主義とは、どのようなものであるのか？　まずそれは公的な物事と私的な物事を截然と区別する。これは空間、領域、あるいは人やものなどについてだけではなく、行為、活動、言論、出来事にも当てはまる区別である。この区別が共和主義の大前提である。

そのように考えると「それでは、公的な物事と私的な物事とを区別する、という営みそれ自体は、公的なのか、私的なのか？」という難問が浮上する。かつてフェミニズム、女性解放運動が

「Personal is political.」というスローガンとともに問題視したのはこれである。つまり家庭やその他私的領域における男と女（そして子ども）の間の権力支配関係の孕む問題性を剔抉するためには、この区別、境界付け自体を政治的、公的な問題とせねばならなかった、というわけだ。しかしこれは実はフェミニストが主として念頭に置いていた家族関係や私的な性関係においてのみならず、雇用関係にも当てはまる問題であることは、既に本書を読み通してこられた方には自明であるはずだ。つまり、公的な物事と私的な物事の区別を与えられた「自然」として受け入れてしまうことには危険がある。その区別は言ってみれば、「社会的に構築」されているのであり、人間には左右し難い自然法則によって固定されているわけではない。

だが、このフェミニズムや労働問題の教訓を過度に受け止めることもまた危険である。すなわち「公的な物事と私的な物事との区別それ自体は公的なのであるから、実はすべては公的である、あるいは私的な物事は公的な物事による二次的構築物として還元されてしまう」と考えるならば、そもそも公と私の区別自体の意義が宙に浮く、解消されてしまう。そしてこの区別がなくなったら、私的な物事だけではなく公的な物事も実はなくなってしまう。両者は互いの区別、差異化によってのみ成り立つものだからだ。

公と私の区別は自然なことではなく、人為の所産であるとしたら、普通に考えればそれは私的な営為の所産ではありえないように見える。つまり、誰か一人が「自分としてはこうだと思う！」と勝手に境界線を引いても、他人がそれを受け入れなければそれは公私の区別としては働かない。つまりその区別は社会的な合意としてなされるしかない。

しかし、それこそアレントが強調したのは「公的な物事」と「社会的な物事」の区別であった。社会的な物事イコール公的な物事ではない。私生活レベルでの風俗習慣は、広く共有される社会的なものではありうるが、公的ではない。あるいはスミス以降の巨大な市場経済が公共空間として捉えられないのも、これと無関係ではない。競争的市場における人々の協働は、意図せざるものであるのみならず、普通の意味でのコミュニケーションさえ欠く。匿名的な大衆のうごめきは、社会的ではあっても公的ではない。法の変更は公的な営みだが、風俗習慣の変更は、まさに私的な営為の意図せざる集合的効果である。

「公的」、「私的」の指標

更に、もう少し身も蓋もないが、実は公と私の区別を私的につけることは、局所的にも不可能ではない。その区別を私的につけることが不可能に思えてしまうのは、法とか規則とかいったものをあくまでも抽象的なルールとして、言葉として、人々の頭の中とコミュニケーションの上にのみ存在するものとして捉えてしまう、近代の高度技術文明、文書社会に生きる我々ならではの偏見があるからとも言える。我々は既にアレントやシュミットが注目した、古典古代的な意味での「ノモス」について少し検討している。法というものをあのように、道路や壁、掘割などの、物理的な実体を持った建築やインフラストラクチャーと不可分なものとして捉えるならば、たとえば誰かが自分が占有支配する土地の周囲に塀や濠をめぐらし、周囲がそれを認めるならばそれはある意味、私的に公と私の区別――この場合は公共圏と私的領域との区別――がなされたと言える。またこのような区別は言ってみれば、人間が生きる自然環境のアーキテクチャによって可能になっているとも言えるので、この場合の公と私の区別は、もっぱら自然によって与えられたものではもちろんないにせよ、物理的・生態学的という意味においての自然的な条件によっても支えられている。

あるいはもっと身も蓋もなくプラグマティックに「その時その時の状況、問題設定に応じてどこに公私の区別の線が引かれるか自体、可変的である」と居直ってよいのかもしれない。たとえば公私の区別と全体―部分の区別とは、時に重なることもあるとはいえ、やはりこれまた明確に区別されなければならないが、全体―部分の区別が状況に応じて、問題設定に応じて可変的であることは言うまでもない。生き物個体は生態系の中では部分だが、個体を構成する諸組織、細胞のレベルから見れば当然に全体である。このような融通無碍さは、公私の区別においては全くないのだろうか？　全体―部分の区別ほどではないが、ないことはないだろう。家は普通には私的な集まりであるが、企業やＮＰＯなど法人団体はそれ自体公的な団体であり、そのメンバーのレベルで公私の区別は問題となる。その一方、こうした団体が一個の主体（法人）として他の団体や団体メンバーではない別の個人とかかわる時には、そうした関係は公的なもので、そこにおける団体の利害は私的なものとして位置づけられる。

公的な物事と私的な物事の区別とは、実体的なものであるというよりは機能的なもの、営みの持つ性質の違い、というほどに理解しておく方がよい。そうだからこそ、それは往々にして程度問題であるし、視点を変えることによって境界線も移動する。しかしながらそうした区別をせずにものを見、考え、生きていくとまずいことになる。そう考えるとたとえばコミュニケーションとしての「政治」は公的な営みだが、「統治」、「政策」は必ずしもそうではない。統治されるということ、政策によってコントロールされることは私的な経験である。では統治を行うこと、政策を立案執行することはどうだろうか？　それが「政治」の所産としてある場合には十分に「公的」と言えるだろうが、そうでなければ怪しいところである。非常に大ざっぱに言えば開かれた自由なコミュニケーションにかかわっていれば「公的」であり、そうでなければ「私的」である、くらいでよいのかもしれない。

この程度にある意味緩く理解せず、過度に厳密に考えようとした時には、思わぬ落とし穴に落ち込む。たとえば先の「Personal is political.」を真に受けすぎて、公私の区別の社会的構築性を重視するあまり、その区別を公的な政治としてコントロールすることが大事だ、と思い込みすぎるとどうなるか？　極端に言えば私的領域が確保され、その範囲内で人々が私的な自由を享受できるのは、当然に公私の区別があるからだが、その区別自体が公共的決定の所産であれば、結局のところ市民社会とは、そしてもちろんその中の人々の私的な家も国家という「全体」の部分であり、私的な自由は常に既に予め公的な制約の下にある、ということになってしまう。これでは先に述べたように、公私の区別の意味が消滅してしまうし、しかも消滅した果てに特権的な主体として残るのが国家になってしまう。

至るところに

我々の考える共和主義とは、このような公私の区別を大前提としている。国家もまた、この区別の創造者ではなく、むしろその区別を前提として、この区別を含めての公共圏の秩序を維持するための人々の協働団体である。しかしこの国家の管理運営のみが「政治」なのではなく、公共圏における人と人とのかかわりは、大体において広い意味での「政治」である。公的団体は国家がすべてではないし、必ずしも団体を形成しない関係や協働であっても「政治」でありうる。

問題は、人がこのような「政治」の十分な主体であるためには相応の条件を満たさねばならないことであり、そのためその原点とも言うべき古典古代のポリス、レス・プブリカは、民主政というよりはエリート的な貴族政をとっていた。

それに対してリベラリズムは、公的な生のみならず私生活にも、いや私生活にこそ価値がある、とある種の価値転倒を行った上で、あくまでも私生活の充実という目的に奉仕する手段として公的生活を位置づける。そして市場における取引において、小作や賃労働の主体として無産者をも主体、自らの主人たる自由人として公共圏で活動する市民として承認する道を開く。かくして近代のリベラリズムは、古典的共和主義の見出した公共圏を否定することなく、しかもそこを万人に開かれた普遍的な空間として編成し直す道を提示した。しかしながらそれに代償がなかったわけではない。そこで人々、特に無産者は私的領域での主人への従属の代わりに、匿名的な競争的市場へと従属するようになった。特定の他人の恣意からは自由になりつつも、公共圏で自らのイニシアティブを発揮するという意味での自由人にはなかなかなりえない、というわけである。

リベラルな社会で共和政的な公的な自由が衰退していく理由として大きなものは、一つには公共圏に大衆が入り込んでくることによる数の効果、一人ひとりの存在感が希薄化することの効果であり、いま一つは、大衆が公共圏に参入する際のハードルは低くなったと言っても、やはり無産者としては市場の圧力に屈せざるをえず十分に自由とは言えない――特定の誰かにいいようにされることはなくなっても、自分のイニシアティブで事業を起こしたり、政治参加したりは難しい――からである。前者は数の効果の問題だが、後者は必ずしもそうではない。エリートの富は必ずしも貧困者を搾取して、横取りして得たものではない。経済発展によって、無産者もまた資本を蓄積して有産者になっていくことは可能である。我々の「リベラルな共和主義」はまずはそちらの道にコミットする。

と同時に前者の数の効果の問題については、現代社会において政治の中心的な場としての国家のレベルにおける個人の埋没はある意味致し方ないものと考えるが、政治の場が国家に独占されているわけではないこと、地方政治はもとより、「コーポレート・ガバナンス」も労使関係もれっきとした政治であることを確認しておきたい。「政治」の場は実は至るところにあるのだ。

あとがき

本書は基本的には書き下ろしだが、作業途中の経過報告とも言うべき小論を「政治の理論のための覚書」(『明治学院大学社会学部付属研究所年報』四三号、二〇一三年)、「古典古代における「政治」と「経済」について——覚書」(『明治学院大学社会学部付属研究所年報』四四号、二〇一四年)として発表している。その他にもインタビュー「公共圏、人々が個性を発揮できる場所」(『談』九八号、二〇一三年)で関連する論点につき触れている。

非常に乱暴に言えば本書は、二つの論点を提示しようとしたものだ。

第一に、近代における政治権力をめぐる議論の中には、ある強力な倒錯があった。すなわち「現実存在としてはお互いに大差ない平等な存在であるはずの人間たちの間に、どうして不平等が生じ、支配する側とされる側との分断、対立が生まれるのだろうか?」という問いかけが、そのおおもとの根っこの方にあって全体を規定していたように思われる。そしてそうした問題設定からする批判理論は、「自然」へ、「本来性」への回帰という志向を持つことが多かった。

しかしながら、近代政治理論の原点とも言うべき一七世紀の「社会契約」の理論家たちの議論をよく見ると、確かにそこにそのような倒錯の原点を見つけることはできるものの、それは基本的には誤読、誤解のなせるわざであり、当の理論家たち自身はその倒錯には陥っていなかったことがわかる。

たとえばジョン・ロック『統治二論』を見るならば、その第一部はロバート・フィルマーの『パトリアルカ』における王権神授説、王の主権の根拠をアダム以来の連綿たる継承に求める発想の批判である。第二部における水平的な市民社会からの統治権力の立ち上げは、別に自明なものではなく、いったん家父長制的、垂直的な権力を拒絶した上で、その代替物を構想する、という形で提示されている。このような戦略は実はトマス・ホッブズの場合にも見られる。『リヴァイアサン』では、征服者による垂直的な「獲得によるコモンウェルス」といわゆる社会契約、すなわち彼の言う信約による水平的な「設立によるコモンウェルス」が対比されている。開放的かつ水平的な空間は決して本来的な「自然」ではなく、人為的に構築しなければならない（アレント流に言うところの）公共世界である、という認識は、彼らにもあったのではないか（無論それは古代人の想像力と比べた場合、良くも悪くも抽象化されているが）。

現代的な政治哲学の中では、ニーチェを承けてドゥルーズ&ガタリが展開した権力論がこのような垂直的な力の作用を活写しており、その観点からの資本主義論は後にマウリツィオ・ラッツァラートらに受け継がれているが（ラッツァラート『〈借金人間〉製造工場』杉村昌昭訳、作品社、市田良彦他『債務共和国の終焉』河出書房新社、他）、彼らが軽視しているのは古典古代の共和主義というモメントであり、その下で、公共圏としての市場経済を捉えることに失敗している。ドゥルーズ＆ガタリは古代をもっぱら専制帝国モデルで理解しており、市場経済をそこからの逃走の線としてのみ理解してしまっている。その結果彼らは、資本主義の克服の展望においても、市場を公共圏として水平化し民主化する可能性などには思い及ばず、結果的には、プロレタリアートに「資本主義より速く走れ」と促すアジテーションに堕する。つまりはそれも一種の自然主義なのである（「器官なき身体」といった言葉づかいにもそれはしのばれる）。もちろん、細かく見れば、そうした衝動はファシズムと紙一重であることに、彼らも気付いてはいたのだが、彼らはセーフガードを用意できなかった。その果てに、ドゥルーズ＆ガタリ派極左のいわゆる「加速主義」から、反民主主義的リバタリアン＝新反動主義（Neoreactionary, Alt-right. 八田真行「アメリカの「ネトウヨ」と「新反動主義」」〔http://www.newsweekjapan.jp/stories/world/2016/08/post-5739.php〕他参照）の同伴者となったのが、ニック・ランドである（Nick Land, "The Dark Enlightenment"〔http://www.thedarkenlightenment.com/the-dark-enlightenment-by-nick-land/〕）。

二一世紀に入って一部のリバタリアン（Libertarian）は「民主主義と自由主義は両立しない」という諦念を大っぴらに表明するようになった。実のところこの両立不可能性の指摘はむしろかつてのマルクス主義者の十八番であり、今日のリベラル・デモクラシーにおいてさえ、両者に緊張関係があること（だからこそ立憲主義が必要なこと）は常識に属すると言えば言える。リバタリアンの源流の一人たるハイエクの立憲主義論も大衆民主主義への深い懐疑の上に成り立ち、司法や代表制議会の強い制約の下でのみ、自由を民主主義の脅威からよく守ることができる、との認識を示していたはずだ。しかしながら今日の一部のリバタリアンは、この懐疑を再認識するのを通り越して、もう少し向こう側に行こうとさえする。つまりは共産党支配下の中国や開発独裁のシンガポールを肯定的に評価し、絶対王政や封建制の再評価さえ口にするのだ。つまりはAJRが否定しようとしている「リベラルな独裁」かそれ以上のものを求める。かつてのリバタリアンにおいては、リベラリズムの一翼として性差別や人種・民族差別の確固たる否定があったが、昨今ではそれをも放棄して権威主義的統治を志向する論者さえもいる。

リバタリアンが脚光を浴びる前、すなわち新自由主義が時代の寵児となる以前には、第二次世界大戦後の西側の政治的保守主義は、東側のマルクス主義的社会主義に対抗するためにも、民主主義と自由主義の両立に固執したが、冷戦の終焉以降、そうした対抗の必要性は薄れた。無論それからも大部分のリバタリアンは、民主主義、少なくとも立憲的なリベラル・デモクラシーを否定することはなかった。それこそ新自由主義的な政策思想が優勢な中で、リバタリアンは過激な少数派とは言え、時代の先端をリードする存在と自負することができた。しかしながら二一世紀に入ると、ある種の疲労が見えてきた。ムードとしての新自由主義的思潮の浸透にもかかわらず、地球環境問題の深刻化や急激な少子高齢化は、福祉国家体制の見直しまでは要求しても、その否定は無論のこと、後退さえも許さなかった。更に二〇〇八年のリーマン・ショックをはじめとする経済的危機の連続は、一時期は滅び去ったかに見えたケインズ的なマクロ経済政策思想を、再び時代の表舞台に呼び戻した。そのような中で、一部のリバタリアンは敗北感――民主的政治プロセスを通しては、リバタリアンが理想とする政策体系、社会経済体制はついに出来上がることはないだろう、という断念――に到達しつつある。皮肉にも彼らは、かつての、暴力革命なしでの体制変革の可能性を否定し、社会民主主義を批判した正統派マルクス主義者と同様の結論に達したのである。

とは言え、マルクス主義者とは異なり、広義のリベラルであることを捨てないとなればリバタリアンは、暴力革命、クーデターによるリバタリアン・ユートピアの樹立を提唱するわけにはいかず、たとえばメガフロートによる人工海上都市、あるいは他天体や宇宙ステーション上のスペース・コロニー、あるいはポスト／トランスヒューマニスティックな人間改造、たとえば全脳エミュレーションを介したマインドアップローディングによるサイバースペースなどの、テクノロジーによる新たなフロンティアへの移住・植民といった手段に訴えないわけにはいかない。それゆえに彼らは、もはやリベラルとは言えない「反動」――エリートによる独裁や寡頭政を求める場合――となっても、技術革新と経済成長の器となる自由な市場経済だけは否定できないのだ。ただし経済成長にプラスになるかどうか定かではない、あるいはマイナスかもしれない類の社会的な自由に対しては、かつての「リベラルな」リバタリアンとは異なり、今日の新反動に転向したリバタリアンは極めて敵対的である。

「国家の暴力から逃れて自由になるには、市場を介してひたすら外へと逃げ続けるしかない！」という彼らの選択は、いかにも滑稽ではあるが理屈は通っている。少なくともドゥルーズ＆ガタリに忠実に左派の看板を下ろそうとはしないマルチチュード論のアントニオ・ネグリ（ネグリ＆

マイケル・ハート『帝国』水嶋一憲他訳、以文社、他）よりは、だ。ネグリがほのめかすのとは異なり、市場において無産者＝プロレタリアートは、決して資本家より速く走ることはできない。運のいい者、気の利いた者は自分の才能を「人的資本」に変じ、更にはそれを物的資本に転化して資本家に成り上がるだけのことだ（労働者自主管理企業の経験からも、結局は労働者仲間のうちで経営者層とそれ以外とが分離し、やがて経営者層が資本家に転じていく、というパターンが多いことがわかっている）。自分の身体以外に利用できるものを持たず、アレント的な意味での公共世界から引きはがされた（もとより高度な資本主義の下では、それは解体し溶解していくのであるが）ジョルジョ・アガンベンの言う「剝き出しの生」を生きるホモ・サケル（アガンベン『ホモ・サケル』高桑和巳訳、以文社）たる無産労働者は、資源として有産者に搾取されるのみである（この論点について詳しくは拙著『「公共性」論』を参照）。彼らに望みうるのはせいぜい、せめて最大限の成長の下で、賃金が可能な限り高くなり、売り手市場の労働市場の下で、気に染まない働き口からは自由に逃げられる可能性が確保される、という程度のことだ。

しかしながらフロンティアへの無産者の逃走は、実はかつても困難であったし、地球上に自然なフロンティアが枯渇しつつある現在は、なおのこと至難である。いわゆる「大航海時代」から産業革命前、ヨーロッパ旧世界から「新大陸」アメリカ植民地に無産者が渡航する場合には、渡航費用を数年間の年季奉公で支弁するケースが支配的だった（川北稔『民衆の大英帝国』岩波書店）。同様のロジックは、スペース・コロニーであれ仮想空間であれ、未来のハイテクノロジーのフロンティアにおいても当てはまるだろう。ネグリらドゥルーズ＆ガタリ左派はしばしば「サイボーグ化」を称揚するが、単なる比喩として用いているならば人畜無害なおしゃべりに過ぎず、本気で言っているならばナイーブすぎる（この論点については拙著『宇宙倫理学入門』をも参照）。「サイボーグ化」とは人的投資の一種に他ならない。

無産者と有産者の間での、雇用や請負といった形での取引は、公的な制度の支えなくしては、対等で水平的なものにはなりえないことは、既に論じてきたとおりである。労働の取引にせよ金融取引にせよ、信用取引の要素を持つ無産者と有産者のゲームにおいて、そのスキーム自体を提供する形で先手を取るのは、通常は有産者の側である。

ここから第二の論点が浮上する。真に自由な市場経済、ただ単に逃げる（アルバート・ハーシュマンの言う exit〔ハーシュマン『離脱・発言・忠誠』矢野修一訳、ミネルヴァ書房〕）権利だけではなく、無産者でも有産者と取引相手と対等に交渉し（ハーシュマンの言う発言〔voice〕）、やろうと思えば起業もできるような市場経済のある社会は、実際には誰でもが有産者である共和主義的な社会でなければならない。市場経済のみならず、民主的な統治もまた、形式的な参政権の平等のみならず、他人によって操作され誘導されることのない判断力と、それを支えるに足る十分な資産とを万人が備える必要がある。

十分に自由な市場経済も、機能的な民主政も、教養ある有産者によってしか担いえない。そこで無教養な無産者は政治から排除し、自由な市場においても能動的な主体ではない、受動的な商品になってもらう、とするのではなく、無産者においても長期的な財産形成を支援し、必要とあらば再分配も行って、万人を有産者市民とする——それが「リベラルな共和主義」の眼目である。しかしながら資本主義経済の環境下では、かつての産業革命以前の世界とは異なり、財産の典型は有体物から無体物へ、実物ではなく金融資産かあるいはもっと心もとない「人的資本」に移行している。公共世界もまた実体性を失い、抽象的な論理空間となっている。このようにすべてが「資本」として流動化していく世界の中で、確固とした（アレント的な意味での）公共世界と私有財産を、資本主義といかに折り合いをつけつつ構築し維持していくか？　これが「リベラルな共和主義」にとっての基本課題である。

——このたった二つのことを言うためだけに、存外時間がかかってしまった。実質的な作業としては、木庭顕『ローマ法案内』を手掛かりに前著『「公共性」論』をより簡潔に書き直す、以上の作業ではないはずが、思いのほか難航した。

中央公論社の郡司典夫氏から中公新書への書き下ろしのご提案を戴いた時には、『政治理論入門』とでも言うべき小著を書きたい、とお答えした。既に『経済学という教養』（東洋経済新報社、ちくま文庫）、『社会学入門』（ＮＨＫブックス）をものした身としては、ここに政治学を加えて入門書三部作をこぎれいに揃えたい、という野心があった。しかしながら苦心惨憺しながらひねり出されてくる原稿は、そう大部なものではなかったにせよ、新書の箱に入れるにはかなり難解で入り組み、少なくとも「入門」と銘打つのははばかられるものとなってしまった。

上に書いた二つの論点を新書サイズで簡潔明瞭に書き下ろすには、正直なところ「勇気」が足りなかったと言わざるをえない。入門書を書くに際しては、書き手が必要不可欠、最重要と考える若干の論点に主題を絞り込み、それ以外については大胆に切り落とす胆力が何より重要である。「他にも大事なことはある」、「主題についてちゃんと理解してもらうには、その周囲の論点もくまなく説明し、外堀を埋めておく必要がある」などといった迷いを、あるところで振り捨てて、読者を信頼する――取りこぼしたところは読者が自分で拾ってくれると信じてゆだねることができなければ、入門書など書くことはできない。

『経済学という教養』、『社会学入門』においては自信を持ってそうした裁断を行うことができたが、正直なところ今回は失敗した。それだけ「読者にわかってもらうにはもう少し言葉を尽くさないと」という焦りが筆を重くし、記述をくどくしたのではないかと危惧する。にもかかわらずレーベルを新書から叢書へと移しての刊行を決断して下さった郡司氏には感謝の言葉もない。

＊本書は二〇一二年度明治学院大学社会学部付属研究所一般プロジェクト「労働問題研究と教育研究の交錯――「政策学」から「経済学」へ」(研究者代表　稲葉振一郎)、二〇一三年度一般プロジェクト「統治の哲学」(研究者代表　稲葉振一郎)、並びに二〇一四～一六年度明治学院大学社会学部付属研究所特別推進プロジェクト「大災害と社会――東日本大震災の社会的影響と対策の課題」(稲葉班「低頻度大規模災害の倫理学」)の交付による研究成果である。

稲葉振一郎

二〇一六年一〇月

詳細目次

参考文献

●第一章

◇基本的な古典的著作は多くの場合複数の翻訳が利用できる。入手しやすく読みやすいものを挙げる。ベンタム（ベンサム）とベルンシュタインは例外である。図書館などで当たられたい。

プラトン『国家』藤沢令夫訳、岩波文庫、他
アリストテレス『ニコマコス倫理学』渡辺邦夫・立花幸司訳、光文社古典新訳文庫、他
アリストテレス『政治学』山本光雄訳、岩波文庫、他
トマス・ホッブズ『リヴァイアサン』水田洋訳、岩波文庫、他
ベネディクト・スピノザ『国家論』畠中尚志訳、岩波文庫
ジョン・ロック『統治二論』加藤節訳、岩波文庫
ジャン＝ジャック・ルソー『人間不平等起源論』坂倉裕治訳、講談社学術文庫、他
ジャン＝ジャック・ルソー『社会契約論』作田恵一訳、白水社、他
ジェレミー・ベンタム『民事および刑事立法論』長谷川正安訳、勁草書房
デイヴィッド・ヒューム「原始契約について」『市民の国について』小松茂夫訳、岩波文庫
アダム・スミス『法学講義』水田洋訳、岩波文庫、他
アダム・スミス『国富論』杉山忠平訳、岩波文庫、他
イマヌエル・カント『道徳形而上学原論』篠田英雄訳、岩波文庫、他
ジョン・スチュアート・ミル『自由論』斉藤悦則訳、光文社古典新訳文庫、他
ジョン・スチュアート・ミル『代議制統治論』水田洋、岩波文庫、他
カール・マルクス『共産主義者宣言』金塚貞文訳、平凡社ライブラリー、他
カール・マルクス『ルイ・ボナパルトのブリュメール18日』植村邦彦訳、平凡社ライブラリー、他
エドゥアルト・ベルンシュタイン『社会主義の諸前提と社会民主主義の任務』佐瀬昌盛訳、ダイヤモンド社
アイザイア・バーリン『自由論』小川晃一他訳、みすず書房
ジョン・ロールズ『正義論　改訂版』川本隆史他訳、紀伊国屋書店

◇多元主義政治理論については、代表的な古典の邦訳。
ロバート・A・ダール『ポリアーキー』高畠通敏・前田脩訳、岩波文庫
◇学説史の研究書として、次書がある。
早川誠『政治の隘路　多元主義論の20世紀』創文社
◇功利主義対カント主義、という近代倫理学上の対立構図については、次書でも論じている。
稲葉振一郎『宇宙倫理学入門　人工知能はスペース・コロニーの夢を見るか?』ナカニシヤ出版
◇また「自由」については、次を参照されたい。
稲葉振一郎「「存在の自由」?」『メールマガジンα-Synodos』vol.202 + 203 (2016/08/22)
◇本書全体は、次書の続編としての色彩が強いので、余裕のある方はそちらも参照していただきたい。
稲葉振一郎『「公共性」論』NTT出版

●第二章

ハンナ・アーレント『全体主義の起源』大久保和郎・大島通義・大島かおり訳、みすず書房
ハンナ・アーレント『活動的生』森一郎訳、みすず書房（『人間の条件』ドイツ語版からの新訳）。
ハンナ・アレント『人間の条件』志水速雄訳、ちくま学芸文庫
ハンナ・アレント『革命について』志水速雄訳、ちくま学芸文庫
山口定『ファシズム』岩波現代文庫
フリードリヒ・フォン・ハイエク『隷従への道』村井章子訳、日経BP社、他
フランシス・フクヤマ『歴史の終わり』渡辺昇一訳、三笠書房
稲葉『「公共性」論』（前出）

●第三章

ミシェル・フーコー『言葉と物　人文科学の考古学』渡辺一民・佐々木明訳、新潮社
ミシェル・フーコー『監獄の誕生　監視と処罰』田村俶訳、新潮社
ミシェル・フーコー『性の歴史1　知への意志』渡辺守章訳、新潮社
ミシェル・フーコー『ミシェル・フーコー講義集成6　社会は防衛しなければならない』石田英敬・小野正嗣訳、筑摩

書房
ミシェル・フーコー『ミシェル・フーコー講義集成7　安全・領土・人口』高桑和巳訳、筑摩書房
ミシェル・フーコー『ミシェル・フーコー講義集成8　生政治の誕生』慎改康之訳、筑摩書房
ベネディクト・アンダーソン『完本想像の共同体』白石隆・白石さや訳、書籍工房早山
ジョン・ロック（マーク・ゴルディ編）『ロック政治論集』山田園子・吉村伸夫訳、法政大学出版局
マックス・ヴェーバー『社会学の根本概念』清水幾太郎訳、岩波文庫
森重雄「モダニティとしての教育」『東京大学教育学部紀要』二七巻（一九八八年）。
東浩紀「情報自由論」『情報環境論集　東浩紀コレクションS』講談社
ピーター・ブラウン『貧者を愛する者　古代末期におけるキリスト教的慈善の誕生』戸田聡訳、慶應義塾大学出版会
ジョルジョ・アガンベン『王国と栄光　オイコノミアと統治の神学的系譜学のために』高桑和巳訳、青土社
ローレンス・レッシング『CODE　インターネットの合法・違法・プライバシー』山形浩生、柏木亮二訳、翔泳社
◇本章の議論は全体として森「モダニティ」論文の影響を強く受けている。

●第四章

バーリン『自由論』（前出）
東「情報自由論」（前出）
ジョン・D・バロウ『科学にわからないことがある理由』松浦俊輔訳、青土社
ドナルド・マッカイ（マッケイ）『科学的自然像と人間観』池田光男・有賀寿訳、すぐ書房
稲葉「「存在の自由」?」（前出）

●第五章

木庭顕『ローマ法案内』羽鳥書店
木庭顕『現代日本法へのカタバシス』羽鳥書店
M. I. Finley, *The Ancient Economy*, University of California Press.
ユルゲン・ハーバーマス『公共性の構造転換』細谷貞雄・山田正行訳、未来社
ユルゲン・ハーバーマス『晩期資本主義における正統化の諸問題』細谷貞雄訳、岩波書店
ヴラディーミル・イリイチ・レーニン『帝国主義論』角田安

正訳、光文社古典新訳文庫、他
絵所秀紀『開発の政治経済学』日本評論社
アレント『人間の条件』（前出）
稲葉『「公共性」論』（前出）
◇本章と次章、いや本書全体の構想は木庭顕の決定的な影響下にある。しかし残念ながら木庭の主著三部作『政治の成立』、『デモクラシーの古典的基礎』、『法存立の歴史的基盤』（すべて東京大学出版会）を十分に読み解くことはできなかった旨、お断りしておく。

●第六章

木庭『ローマ法案内』、『現代日本法へのカタバシス』（前出）
フリードリヒ・ニーチェ『道徳の系譜』木場深定訳、岩波文庫、他
ジル・ドゥルーズ＆フェリックス・ガタリ『アンチ・オイディプス』宇野邦一訳、河出文庫
サミュエル・ボウルズ『制度と進化のミクロ経済学』塩沢由典・磯谷明徳・植村博恭訳、NTT出版
◇政治理論的なコンテクストにも配慮したミクロ経済学の教科書としては、次書をも薦める。
浦井憲・吉町昭彦『ミクロ経済学』ミネルヴァ書房
◇倒産処理を含めた債権者と債務者の関係の問題については、木庭両著、後出の深尾著の他、次の二書を参照した。森田著では「債権回収の集団的秩序」という概念が提示されている。
森田修『債権回収法講義』有斐閣
山本和彦『倒産処理法入門』有斐閣
◇特に本章の信用取引、消費貸借をめぐる議論は、拙著『「資本」論——取引する身体／取引される身体』（ちくま新書）における資本取引をめぐる議論——それと消費貸借との相違の等閑視——の全面的放棄の上に成り立っている旨、お断りしておく。

●第七章

ロベール・カステル『社会問題の変容』前川真行訳、ナカニシヤ出版
村上泰亮『産業社会の病理』中央公論新社
ピーター・ドラッカー『経済人の終わり』上田惇生訳、ダイヤモンド社
ピーター・ドラッカー『産業人の未来』上田惇生訳、ダイヤモンド社

コルナイ・ヤーノシュ『コルナイ・ヤーノシュ自伝』盛田常夫訳、日本評論社
コルナイ・ヤーノシュ『資本主義の本質について』溝端佐登史・堀林巧・林裕明・里上三保子訳、NTT出版
深尾光洋『コーポレート・ガバナンス入門』ちくま新書
カール・シュミット『大地のノモス』新田邦夫訳、慈学社出版
ピーター・ラスレット『われら失いし世界』川北稔他訳、三嶺書房
G・W・F・ヘーゲル『法の哲学』藤野渉・赤沢正敏訳、中央公論新社、他
カール・マルクス『資本論』資本論翻訳刊行委員会訳、新日本出版社、他
カール・マルクス『マルクス資本論草稿集（一八五七―五八年の経済学草稿）』資本論草稿集翻訳委員会訳、大月書店
石川健治『自由と特権の距離』日本評論社
Werner Conze, 'Vom "Pöbel" zum "Proletariat"', in *Vierteljahrschrift für Sozial- und Wirtschaftsgeschichte*, 41, 1954.
森建資『雇用関係の生成』木鐸社
東條由紀彦『近代・労働・市民社会』ミネルヴァ書房
良知力『向う岸からの世界史』ちくま学芸文庫
マイケル・ハワード『ヨーロッパ史における戦争』奥村房夫・奥村大作訳、中公文庫
ウィリアム・マクニール『戦争の世界史』高橋均訳、中公文庫
アザー・ガット『文明と戦争』石津朋之・永末聡・山本文史監訳、中央公論新社
ジョナサン・モーダック、スチュアート・ラザフォード、ダリル・コリンズ、オーランダ・ラトフェン『最底辺のポートフォリオ』野上裕生監修、大川修二訳、みすず書房
稲葉振一郎『不平等との闘い』文春新書
稲葉『「公共性」論』（前出）
アレント『人間の条件』、『革命について』（前出）
ボウルズ『制度と進化のミクロ経済学』（前出）

● 第八章

ジョン・ロック『子どもの教育』北本正章訳、原書房、他
『ロック政治論集』（前出）
ルソー『社会契約論』（前出）
スミス『国富論』（前出）
アンダーソン『想像の共同体』（前出）
森『雇用関係の生成』（前出）
東條『近代・労働・市民社会』（前出）

●第九章

キャス・サンスティーン『熟議が壊れるとき』那須耕介編・監訳、勁草書房

ロールズ『正義論　改訂版』（前出）（特に序文）

カール・シュミット『現代議会主義の精神史的状況』樋口陽一訳、『カール・シュミット著作集1』慈学社出版、他

カール・シュミット『憲法論』阿部照哉・村上義弘訳、みすず書房

ロバート・ノージック『アナーキー・国家・ユートピア』嶋津格訳、木鐸社

マイケル・サンデル『自由主義と正義の限界』菊池理夫訳、三嶺書房

アラスデア・マッキンタイア『美徳なき時代』篠崎榮訳、みすず書房

稲葉『「公共性」論』（前出）

ダロン・アセモグル＆ジェイムズ・A・ロビンソン『国家はなぜ衰退するのか』鬼澤忍訳、早川書房

Daron Acemoglu and James A. Robinson, *Economic Origins of Dictatorship and Democracy*, Cambridge University Press.

平野克己『経済大陸アフリカ』中公新書

ハワード『ヨーロッパ史における戦争』（前出）

マクニール『戦争の世界史』（前出）

ガット『文明と戦争』（前出）

Philip Bobbitt, *The Shield of Achilles: War, peace and the course of history*, Penguin.

ブルース・ブエノ・デ・メスキータ＆アラスター・スミス『独裁者のためのハンドブック』四本健二・浅野宜之訳、亜紀書房

Bruce Bueno de Mesquita, James D. Morrow, Randolph M. Siverson and Alastair Smith, 'Political Institutions, Policy Choice and the Survival of Leaders', in *British Journal of Political Science*, Vol. 32, No. 4 (Oct., 2002).

マ

ヤ

タ

ナ

索　引

稲葉振一郎（いなば・しんいちろう）

1963年、東京生まれ。明治学院大学教授。1986年、一橋大学社会学部卒、1992年、東京大学大学院経済学研究科博士課程単位取得退学。岡山大学経済学部助教授、明治学院大学社会学部助教授等を経て現職。専門は、社会科学基礎論、社会倫理学。
著書に、『経済学という教養』（東洋経済新報社、増補版／ちくま文庫）、『「資本」論――取引する身体／取引される身体』（ちくま新書）、『「公共性」論』（NTT出版）、『社会学入門――〈多元化する時代〉をどう捉えるか』（NHKブックス）『不平等との闘い――ルソーからピケティまで』（文春新書）など。

政治《せいじ》の理論《りろん》
――リベラルな共和主義《きょうわしゅぎ》のために

〈中公叢書〉

著　者　稲葉振一郎

2017年1月25日　初版発行

発行者　大 橋 善 光

発行所　中央公論新社
〒100-8152　東京都千代田区大手町1-7-1
電話　03-5299-1730（販売）
　　　03-5299-1840（編集）
URL　http://www.chuko.co.jp/

装幀・本文組　細野綾子
印刷・製本　共同印刷

Published by CHUOKORON-SHINSHA, INC.
Printed in Japan　ISBN978-4-12-004935-4 C1031
定価はカバーに表示してあります。

落丁本・乱丁本はお手数ですが小社販売部宛にお送り下さい。
送料小社負担にてお取り替えいたします。